S.68 ff Cese4

Rolf Bergmann / Peter Pauly / Claudine Moulin-Fankhänel

Neuhochdeutsch

V&R

Neuhochdeutsch

Arbeitsbuch zur Grammatik der deutschen Gegenwartssprache

von
Rolf Bergmann und Peter Pauly

4., erweiterte Auflage

Bearbeitet von Rolf Bergmann und
Claudine Moulin-Fankhänel

Vandenhoeck & Ruprecht
in Göttingen

Die Deutsche Bibliothek – CIP-Einheitsaufnahme

Bergmann, Rolf:
Neuhochdeutsch : Arbeitsbuch zur Grammatik der deutschen
Gegenwartssprache / von Rolf Bergmann und Peter Pauly. – 4., erw. Aufl. /
bearb. von Rolf Bergmann und Claudine Moulin-Fankhänel. –
Göttingen : Vandenhoeck und Ruprecht, 1992
ISBN 3-525-20782-4
NE: Pauly, Peter:

Druck und Bindung: Hubert & Co., Göttingen

Inhaltsverzeichnis

Literaturverzeichnis

Wladimir *Admoni*, Der deutsche Sprachbau, 4.A. München 1982

Otto *Behaghel*, Deutsche Syntax. Eine geschichtliche Darstellung, I-IV, Heidelberg 1923-1932

Rolf *Bergmann* - Peter *Pauly* - Michael *Schlaefer*, Einführung in die deutsche Sprachwissenschaft, 2.A. von Rolf Bergmann und Michael Schlaefer, Heidelberg 1991

Klaus *Brinker*, Linguistische Textanalyse. Eine Einführung in Grundbegriffe und Methoden, 2.A. Berlin 1988

Hennig *Brinkmann*, Die deutsche Sprache. Gestalt und Leistung, 2.A. Düsseldorf 1971

Ingerid *Dal*, Kurze deutsche Syntax auf historischer Grundlage, 3.A. Tübingen 1966

Deutsche Orthographie. Von einem Autorenkollektiv unter der Leitung von Dieter Nerius, 2.A. Leipzig 1989

Deutsche Wortbildung. Typen und Tendenzen in der Gegenwartssprache. Eine Bestandsaufnahme des Instituts für deutsche Sprache, Forschungsstelle Innsbruck, I. Ingeburg Kühnhold - Hans Wellmann, Das Verb. Mit einer Einführung von Johannes Erben; II. Hans Wellmann, Das Substantiv; III. Ingeburg Kühnhold - Oskar Putzer - Hans Wellmann unter Mitwirkung von Anna Maria Fahrmaier, Artur Moser, Elgin Müller, Lorelies Ortner, Das Adjektiv; [IV.] Ingeburg Kühnhold - Heinz-Peter Prell, Morphem- und Sachregister zu Band I-III, Düsseldorf 1973-1984

Duden. Aussprachewörterbuch. Wörterbuch der deutschen Standardaussprache, 2.A. Bearbeitet von Max Mangold in Zusammenarbeit mit der Dudenredaktion, Der Grosse Duden: Band 6, Mannheim - Wien - Zürich 1974

Duden. Deutsches Universalwörterbuch. Hg. und bearbeitet vom Wissenschaftlichen Rat und den Mitarbeitern der Dudenredaktion unter der Leitung von Günther Drosdowski, 2.A. Mannheim - Wien - Zürich 1989

Duden. Grammatik der deutschen Gegenwartssprache, 4.A. Herausgegeben und bearbeitet von Günther Drosdowski in Zusammenarbeit mit Gerhard Augst, Hermann Gelhaus, Helmut Gipper, Max Mangold, Horst Sitta, Hans Wellmann und Christian Winkler, Duden Band 4, Mannheim - Wien - Zürich 1984

Duden. Das große Wörterbuch der deutschen Sprache in sechs Bänden. Hg. und bearbeitet vom Wissenschaftlichen Rat und den Mitarbeitern der Dudenredaktion unter Leitung von Günther Drosdowski, I-VI, Mannheim - Wien - Zürich 1976-1981

Duden. Richtiges und gutes Deutsch. Wörterbuch der sprachlichen Zweifelsfälle. 3.A. Bearbeitet von Dieter Berger und Günther Drosdowski unter Mitwirkung von Otmar Käge und weiteren Mitarbeitern der Dudenredaktion, Duden Band 9, Mannheim - Wien - Zürich 1985

Einführung in die Grammatik der deutschen Gegenwartssprache. Von einem Autorenkollektiv unter Leitung von Karl-Ernst Sommerfeldt und Günter Starke, Leipzig 1988

Peter *Eisenberg*, Grundriß der deutschen Grammatik, 2.A. Stuttgart 1989

Ulrich *Engel*, Deutsche Grammatik, Heidelberg 1988

Johannes *Erben*, Deutsche Grammatik. Ein Abriß, 12.A. München 1980

Johannes *Erben*, Einführung in die deutsche Wortbildungslehre, 2.A. Berlin 1983

Hans-Werner *Eroms*, Funktionale Satzperspektive, Tübingen 1986

Walter *Flämig*, Grammatik des Deutschen. Einführung in Struktur- und Wirkungszusammenhänge. Erarbeitet auf der theoretischen Grundlage der „Grundzüge einer deutschen Grammatik", Berlin 1991

Wolfgang *Fleischer*, Wortbildung der deutschen Gegenwartssprache, 5.A. Tübingen 1982

Hans *Glinz*, Die innere Form des Deutschen. Eine neue deutsche Grammatik, 6.A. Bern - München 1973

Jacob *Grimm* - Wilhelm *Grimm*, Deutsches Wörterbuch, I-XVI, Leipzig 1854-1954; Neubearbeitung, Iff., Leipzig 1983ff.

Grundzüge einer deutschen Grammatik. Von einem Autorenkollektiv unter der Leitung von Karl Erich Heidolph, Walter Flämig und Wolfgang Motsch, Berlin 1981

Käte *Hamburger*, Die Logik der Dichtung, 3.A. Stuttgart 1977

Gerhard *Helbig* - Joachim *Buscha*, Deutsche Grammatik. Ein Handbuch für den Ausländerunterricht, 12.A. Leipzig 1989

Gerhard *Helbig* - Wolfgang *Schenkel*, Wörterbuch zur Valenz und Distribution deutscher Verben, 7.A. Tübingen 1983

Elke *Hentschel* - Harald *Weydt*, Handbuch der deutschen Grammatik, Berlin - New York 1990

Walter *Jung*, Grammatik der deutschen Sprache. Bearbeitet von Günter Starke, 8.A. Leipzig 1984

Olga I. *Moskalskaja*, Textgrammatik, Leipzig 1984

Gustav *Muthmann*, Rückläufiges deutsches Wörterbuch. Handbuch der Wortausgänge im Deutschen, mit Beachtung der Wort- und Lautstruktur, Tübingen 1988

Hermann *Paul*, Deutsche Grammatik, I-V, Tübingen 1968 (Nachdruck der 1.A. von 1916-1920)

Hermann *Paul* - Peter *Wiehl* - Siegfried *Grosse*, Mittelhochdeutsche Grammatik, 23. A. Tübingen 1989

Herbert *Penzl*, Vom Urgermanischen zum Neuhochdeutschen. Eine historische Phonologie, Berlin 1975

Marthe *Philipp*, Phonologie des Deutschen, Stuttgart - Berlin - Köln - Mainz 1974

Marija D. *Stepanowa* - Wolfgang *Fleischer*, Grundzüge der deutschen Wortbildung, Leipzig 1985

Aleksander *Szulc*, Historische Phonologie des Deutschen, Tübingen 1987

Gerhard *Wahrig*, Deutsches Wörterbuch. Mit einem "Lexikon der deutschen Sprachlehre". Hg. in Zusammenarbeit mit zahlreichen Wissenschaftlern und anderen Fachleuten. Völlig überarbeitete Neuauflage, bearbeitet von Ursula Hermann, Gütersloh - Berlin 1985

Harald *Weinrich*, Tempus. Besprochene und erzählte Welt, 4.A. Stuttgart - Berlin - Köln - Mainz 1985

Wörterbuch der deutschen Gegenwartssprache. Hg. von Ruth Klappenbach und Wolfgang Steinitz, Akademie der Wissenschaften der DDR. Zentralinstitut für Sprachwissenschaft, I, 10.A. Berlin 1980, II, 6.A. 1978, III, 6.A. 1984, IV, 5.A. 1985, V, 4.A. 1980, VI, 3.A. 1982

Jean Marie *Zemb*, Satz - Wort - Rede. Semantische Strukturen des deutschen Satzes, Freiburg - Basel - Wien 1972

Jean Marie *Zemb*, Vergleichende Grammatik. Französisch - Deutsch. Comparaison de deux systèmes, Teil 1. Mit Beiträgen von Monica Belin, Jean David, Jean Janitza, Hans-Ludwig Scheel, Mannheim - Wien - Zürich 1978

Einleitung

Zur vierten Auflage

Die Vorbereitung der vorliegenden vierten Auflage dieses Arbeitsbuches bot wiederum Gelegenheit, die vielfältigen Erfahrungen mit dem Buch in seiner inzwischen mehr als zwanzig Jahre dauernden Verwendung im akademischen Unterricht zu berücksichtigen.
Durch umfangreiche Erweiterung um neue Kapitel, gänzliche Umarbeitung einzelner Kapitel, eine durchgehende neue Gliederung der Syntax und erhebliche Erweiterung der Analysebeispiele ist wiederum eine Neufassung entstanden, die als neubearbeitete Auflage bezeichnet werden muß. Gleichwohl ist an dem bewährten Grundkonzept festgehalten worden, auch was die Zielsetzung betrifft.

Zielsetzung

Neuhochdeutsch ist als einführendes Arbeitsbuch zur Grammatik der deutschen Gegenwartssprache konzipiert. Das Buch ist selbst keine Grammatik, und es will auch nicht die Grammatiken ersetzen; es will vielmehr gerade zur Benutzung der Grammatiken hinführen. Zu diesem Zweck sind wichtige, grundlegende Komplexe der Grammatik auf der Grundlage der Handbücher und neuerer Einzelforschungen didaktisch und methodisch so aufbereitet dargestellt, daß sie im Grundstudium erarbeitet werden können. Dies kann, wie entsprechende Erfahrungen zeigen, in selbständiger Arbeit geschehen; das Buch ist aber vor allem auch für die Verwendung in Seminarveranstaltungen gedacht, sei es für Einführungen in die Grammatik der deutschen Gegenwartssprache, sei es für Proseminare mit engerer und speziellerer Zielsetzung. Als Seminargrundlage ist das Buch auch durchaus offen für eine andere Reihenfolge in der Behandlung der Kapitel oder gegebenenfalls für die Auslassung des einen oder anderen Abschnittes. Die Bestimmung zur Verwendung in Lehrveranstaltungen schließt aber ein, daß das Buch in den Grundzügen in einem Semester durchgearbeitet werden kann.
Die allgemeine Zielsetzung der Einführung in die Grammatik der Gegenwartssprache wird erweitert durch die spezielle Zielsetzung der Einführung in die Satzanalyse. Alle mit syntaktischen Phänomenen befaßten Kapitel

führen auch zur Satzanalyse hin, die an vielen Stellen angesprochen wird, insbesondere in der ausführlichen Erläuterung von Analysebeispielen. Hier wendet sich das Buch außer an den Anfänger auch an den wiederholenden Examenskandidaten, der sich etwa auf eine Satzanalyse-Aufgabe in einer Klausur vorbereitet.

Gliederung

In der inhaltlichen Abgrenzung der Grammatik ist in den vorliegenden Grammatiken der deutschen Gegenwartssprache ein unterschiedliches Verhalten zu beobachten. Die Phonologie wird teils knapp, teils ausführlich behandelt, die Orthographie oft stillschweigend weggelassen; mit der Wortbildung verhält es sich ähnlich. Angesichts der Bedeutung dieser Gebiete erscheint es aber angemessen und zweckmäßig, Phonologie und Orthographie sowie Wortbildung wenigstens in den Grundzügen zu berücksichtigen. Damit ist auch dem einführenden Seminar wie der Examensvorbereitung am besten gedient. Fragen der lexikalischen Semantik dagegen, die in den ersten beiden Auflagen dieses Arbeitsbuches in Ansätzen berücksichtigt worden waren, müssen ausgeklammert bleiben.
Phonologische und orthographische Phänomene werden in Teil I behandelt, wobei die Gliederung im Prinzip nach Vokalismus und Konsonantismus erfolgt. Das Hauptgewicht liegt hier bei der Vermittlung systematischen und historischen Wissens über die Orthographie; phonetische und phonologische Fragen werden nur soweit behandelt, wie sie für die Orthographie von Bedeutung sind. Bei der Behandlung in Seminarsitzungen kann Kapitel I.1 jeweils den Einstieg in die Behandlung von Kapitel I.2 und I.3 vermitteln, während aus Kapitel I.4 die entsprechenden Abschnitte einbezogen werden können.
Teil II. Wortbildung gliedert sich nach Komposition und Derivation. Neben der Vermittlung von Grundwissen geht es hier auch um den Erwerb der Fähigkeit, Wortbildungsprodukte zu analysieren.
Die Orthographie- und Wortbildungskapitel bilden jeweils eigene selbständige Einheiten, die auch an anderer Stelle behandelt oder bei einer Konzentration auf die Syntax übergangen werden können. Die folgenden Kapitel dagegen sind durch den thematischen Zusammenhang der Syntax und durch den methodischen Aufbau der Satzanalyse untereinander verbunden und nicht beliebig umstellbar, obwohl etwa Teil IV auch in stark verkürzter Form an anderer Stelle Berücksichtigung finden könnte (z.B. in III.2 oder in VI.1) und ein Seminar unter Umständen auch schon vor Teil VII aufhören muß.
Ausgehend von der Grundlage des Satzes in einer Proposition wird in Teil III zunächst unter Absehung von allen in gegebenen Sätzen vorhandenen Modifizierungen die Struktur analysiert. Den Ausgangspunkt bildet die

Verbvalenz (III.1). Von hier aus ergibt sich die Klassifizierung der nichtverbalen Satzglieder (III.2). Die dafür besonders wichtigen Nominalsyntagmen werden in Teil IV nach ihrer Flexion behandelt, zunächst Pronomen und Adjektiv (IV.1), dann Substantiv (IV.2). Die Verteilung der starken und schwachen Adjektivflexion, ihr Zusammenhang mit der Pronominalflexion sowie die Kasus- und Numerusflexion des Substantivs sollen jeweils im gegenwartssprachlichen Befund verstanden und wenigstens in Grundzügen sprachgeschichtlich hergeleitet werden. Die Beobachtung des Zusammenhangs der Flexion der nominalen Wortarten führt mit der Analyse nominaler Syntagmen bereits in einem ersten Schritt zur Satzanalyse hin.
Teil V behandelt die vielfältigen Möglichkeiten der Realisierung und Modifizierung der Proposition in Sätzen. Die Tempus- und Modusformen des Verbs und ihre Bedeutung, die Modifizierung durch Modalverben, die durch das Genus verbi ermöglichte Darstellungsperspektive sowie die insbesondere durch Funktionsverbgefüge geleistete aktionale Einordnung sind Gegenstand systematischer Erfassung unter morphologischem, syntaktischem und semantischem Aspekt. Damit sind wichtige Komplexe der Grammatik der Gegenwartssprache angegangen, in denen im einzelnen Probleme der Sprachnorm, der Systemdarstellung, der geschichtlichen Entwicklung enthalten sind. Über den Erwerb grammatisch-systematischer Kenntnisse hinaus soll hier vor allem Einsicht in derartige Probleme erworben werden, womit auch ein kritischer Umgang mit den Grammatiken selbst vorbereitet wird. Daneben steht auch hier die Vorbereitung auf die Satzanalyse, nämlich der Erwerb der Fähigkeit, komplexe verbale Satzkerne zu analysieren und vor allem für die Satzbedeutung zu interpretieren. Die Verbstellung führt schließlich zu den kommunikativ-pragmatischen Funktionen der Sätze im allgemeinen.
Teil VI führt über die Ausgestaltung von Satzgliedern durch Attribute und die satzförmige Realisierung von Satzgliedern und Satzgliedteilen weiter zur Analyse von Satzreihen, Satzgefügen und komplexen Sätzen. Bei den Attributen und erst recht bei den Nebensätzen beschränkt sich die Erarbeitung auf die Grundzüge, soweit sie für die Satzanalyse notwendig sind. Eine ausführliche Darstellung der Nebensätze kann in einem einführenden Arbeitsbuch nicht geleistet werden.
Zur weiteren Übung und Vertiefung der Satzanalyse bietet Teil VIII eine ganze Reihe von Beispielen, bei denen von ganz einfachen Satzreihen und Satzgefügen ausgegangen wird. Gerade die ersten Beispiele sind bewußt breit erläutert, damit sie sicher zur eigenen selbständigen Übung anleiten. Die Kommentierung kann dann kürzer werden und sich auf problematische Einzelfragen beschränken. Alle Analysebeispiele betreffen tatsächlich belegte Sätze in ihrer originalen Gestalt.
Der Textanhang (Teil IX) bietet die Kontexte der in den einzelnen Kapiteln jeweils als Material herangezogenen Sätze und Satzglieder. Die gegenüber früheren Auflagen erweiterte Textsammlung wird in den Kapiteln des

Buches nicht ausgeschöpft. Sie kann auch in Seminaren zur weiteren Übung genutzt werden. Das Sachregister (Teil X) erschließt das Arbeitsbuch von grammatischen Einzelphänomenen oder Verfahren aus. Die in der Satzanalyse verwendeten Abkürzungen und Symbole werden aus praktischen Gründen ganz am Schluß des Buches in Teil XI erklärt, da sie dort am bequemsten aufgeschlagen werden können. Dabei ist auch an die Anwendung an weiteren Satzgefügen gedacht; die Fähigkeit zur Satzanalyse bedarf ausgedehnter Übung.

Arbeitsweise

Die Zielsetzung der Einführung in den Gegenstand Grammatik der deutschen Gegenwartssprache umfaßt die Vermittlung von Kenntnissen über den Gegenstand, die Vermittlung von Einsichten in sprachwissenschaftliche Probleme und die Vermittlung von Fähigkeiten zur Analyse von Wörtern und Sätzen. Diesen Zielen dienen die Anlage des Buches insgesamt und der Aufbau der Kapitel im einzelnen. Da das Arbeitsbuch nicht selbst darstellendes Handbuch sein soll, wird ein schrittweise erarbeitendes Vorgehen praktiziert. Den Ausgangspunkt bilden häufig Beispiele aus dem Textmaterial im Anhang. Auf selbstgebildete Beispiele wird nur gelegentlich zurückgegriffen. Damit wird auch dem Anfänger von vornherein unverändertes Corpusmaterial zugänglich, das ihn nicht - wie konstruierte Beispiele - über Schwierigkeiten hinwegtäuscht. Die vorgeschlagenen Verfahren können so stets auf ihre Benutzbarkeit geprüft werden. Darin unterscheidet sich die hier angewandte Syntax von manchen anderen, bei denen die Übertragung von den passend konstruierten Beispielen auf belegte Texte häufig scheitert. Von den Textbelegen aus werden in unmittelbarer Anwendung syntaktischer Ermittlungsverfahren die Befunde gewonnen. Diese Befunde haben manchmal den Charakter von Zwischenergebnissen; es kann in einem Arbeitsbuch gelegentlich unzweckmäßig sein, beim ersten Auftreten eines Begriffs bereits seine vollständige Erklärung zu liefern, wenn dadurch eine für die Erarbeitung weiterer Begriffe nützliche Spannung vorzeitig gelöst wird.
Mit der Bezeichnung als Arbeitsbuch wird dieses erarbeitende Vorgehen bewußt herausgestellt. Diese Bezeichnung soll aber auch den erforderlichen Anteil eigener Arbeit des Benutzers kennzeichnen. So kann schon der Erarbeitungsgang der meisten Kapitel durch weiteres Material aus dem Textanhang unterstützt werden; vor allem aber sind die am Ende vieler Kapitel gebotenen Analysebeispiele als Aufforderung zur Erprobung des Verfahrens an weiteren Fällen gemeint.
Mit der weiteren Auswertung des Textanhangs und erst recht mit der Heranziehung anderer Texte wird dann der Inhalt des Arbeitsbuches überschritten, was bei einem einführenden Werk gar nicht anders sein kann. Spätestens hier muß die selbständige Weiterarbeit des Benutzers mit den

angegebenen Grammatiken einsetzen; die Hinweise auf diese Grammatiken und auf weitere Literatur sind aber von Anfang an als Aufforderung zur Vertiefung in eigener Arbeit gemeint.

Dem einführenden Charakter des Arbeitsbuches entsprechend werden beim Benutzer keine besonderen, über den schulischen Grammatikunterricht hinausgehenden Vorkenntnisse vorausgesetzt. Die erforderlichen sprachwissenschaftlichen Grundbegriffe und Verfahrensweisen werden an Ort und Stelle knapp erklärt oder finden in der Anwendung selbst ihre Erläuterung, so daß eine Arbeit mit diesem Buch ohne entsprechende Vorkenntnisse möglich ist. Derartige Grundbegriffe können hier nicht selbst ausführlich behandelt werden; für ihre Erarbeitung und einführende Darstellung sei verwiesen auf:

> Rolf Bergmann - Peter Pauly - Michael Schlaefer, Einführung in die deutsche Sprachwissenschaft, Germanische Bibliothek, 2.A. Heidelberg 1991.

Weitere Literatur zu den allgemeinen Problemen der Sprachwissenschaft ist dort in einer Auswahlbibliographie angegeben (Nr. 43-62).

Die Kenntnis der grammatischen Strukturen der älteren deutschen Sprachstufen ist für das geschichtliche Verständnis gegenwartssprachlicher Befunde notwendig; sie wird aber ebenfalls nicht einfach beim Benutzer vorausgesetzt. Wo auf die sprachhistorischen Zusammenhänge Bezug genommen wird, werden die entsprechenden alt- und mittelhochdeutschen Verhältnisse kurz vorgeführt; im übrigen sei verwiesen auf:

> Rolf Bergmann - Peter Pauly, Alt- und Mittelhochdeutsch. Arbeitsbuch zur Grammatik der älteren deutschen Sprachstufen und zur deutschen Sprachgeschichte, 3.A. Göttingen 1985 (mit weiterer Literatur).

Die Benutzung des vorliegenden Arbeitsbuches ist daher nicht an eine bestimmte Reihenfolge sprachwissenschaftlicher Einführungsveranstaltungen gebunden.

Grundlagen

Die zu den Einzelkapiteln gegebenen Literaturhinweise sind auch als Verweis auf die Grundlagen der hier gegebenen Darstellung zu verstehen. Dem Charakter des einführenden Arbeitsbuches entsprechend können nicht Einzelnachweise in Anmerkungen gegeben werden; auch eine Diskussion problematischer Einzelfälle und eine Auseinandersetzung mit den verschiedenen Ansichten der Grammatiker kann hier nicht geführt werden. Die Darstellung sucht von den unterschiedlichen Vorzügen der einzelnen Grammatiken zu profitieren; sie greift auch über die Grammatiken hinaus auf Einzelliteratur zurück, die in den Grammatiken ebenfalls genannt ist. Ferner sind in die Darstellung unsere Erfahrungen aus zahlreichen Vorlesungen und Seminaren an der Universität Bamberg eingegangen.

Arbeitsorganisation

Die Planung und Organisation der Neuauflage wurde von Claudine Moulin-Fankhänel und Rolf Bergmann gemeinsam durchgeführt. Doch erwies es sich als zweckmäßig, die Verantwortung für die einzelnen Kapitel aufzuteilen. Danach hat Claudine Moulin-Fankhänel die Kapitel I.1-4, II.1, IV.1-3, V.2-3, VI.1-2 bearbeitet, Rolf Bergmann die Kapitel II.2-3, III.1-2, V.1, 4-6, VI.3, VII.1-3.
Einleitung, Analysebeispiele (VIII.), Textanhang (IX.), Sachregister (X.) und Abkürzungsverzeichnis (XI.) wurden gemeinsam betreut, so wie die neubearbeiteten Kapitel natürlich auch gegenseitig kritisch gelesen, diskutiert und überarbeitet wurden.
Peter Pauly hat trotz seiner Belastung in dem der Universitätslehre fernerstehenden Bereich der Kultusverwaltung an der Neubearbeitung Anteil genommen und sie durch kritische Lektüre und nützliche Hinweise gefördert.

Dank

Dem Dank an die vielen interessierten Studenten, deren Fragen vor allem der Entwicklung des Satzanalyseverfahrens sehr genützt haben, schließen wir den Dank an Petra Ewald, Elvira Glaser, Ursula Götz und Stefanie Stricker für ihre kritischen Hinweise und Ratschläge an. Besonders dankbar sind wir Vera-Astrid Vogt, ohne deren engagierte Mitarbeit diese Neuauflage nicht hätte verwirklicht werden können.

Bamberg, im Februar 1992 R. Bergmann - C. Moulin-Fankhänel

I. Phonologie und Orthographie

1. Aussprache und Schreibung in der deutschen Gegenwartssprache

Verschiedene Schreibung - Gleiche Aussprache

Wichtige Befunde der Phonologie und Orthographie der deutschen Gegenwartssprache können von folgenden Beispielen aus gewonnen werden:

Hände	*alt - älter - am ältesten*
behende	*die Eltern*

Leib	*Lid*	*nehmen*
Laib	*Lied*	*geben*

In den geschriebenen Beispielwörtern lassen sich verschiedene Schreibungen von Vokalen zusammenstellen, und zwar im Hinblick auf die jeweils gleiche Aussprache: Der Buchstabe *i* in *Lid* und die Buchstaben *ie* in *Lied* geben jeweils denselben langen *i*-Laut in der Schrift wieder; entsprechendes gilt für ein *eh* in *nehmen* und *e* in *geben*, *ei* in *Leib* und *ai* in *Laib* usw.
Die Bezugsebene im Bereich der gesprochenen Sprache für die neuhochdeutsche Orthographie ist die kodifizierte Aussprachenorm der deutschen Gegenwartssprache. Ungeachtet verschiedener regionaler Aussprachebesonderheiten ist in der Aussprachenorm z.B. für *Leib* und *Laib* dieselbe Aussprache festgelegt:

Laib laịp

Leib laịp

aus: Duden. Aussprachewörterbuch, S.445, 454.

Die Beispiele *Laib, Leib* zeigen ferner eine Abweichung zwischen Schreibung und Aussprache des am Wortende befindlichen (d.h. auslautenden) Konsonanten, wie auch im Ausspracheworterbuch angegeben wird.
Die angeführten Beispielpaare lassen also erkennen, daß Schreibung und Aussprache in der deutschen Gegenwartssprache nicht im Verhältnis ein-

facher Entsprechung zueinander stehen. Um die hier ansatzweise erkennbaren komplizierten Verhältnisse zu verstehen, muß der Bereich der Aussprache phonetisch und phonologisch beschrieben werden. Im Bereich der Schreibung müssen die in der Orthographie wirksamen Prinzipien aufgedeckt werden.

Phonetische Grundlagen

Die Laute können unter dem Gesichtspunkt ihrer Erzeugung, der Artikulation, beschrieben werden, die der unmittelbaren Beobachtung zugänglich ist. Zur genaueren Bezeichnung der tatsächlich gesprochenen Laute verwendet man - etwa im Ausspracheworterbuch - sogenannte Lautschriften. (Die Wiedergabe der Aussprache in Lautschrift wird in eckige Klamern gesetzt).
Die Vokale werden im Hinblick auf die Aussprachenorm des Deutschen durch folgende artikulatorischen Eigenschaften charakterisiert:

Kürze oder Länge der Artikulation:
[ɛ] in *Ärger* - [ɛ:] in *Ähre*;

tiefe oder mittlere oder hohe Zungenlage:
[a:] in *Wahl* - [e:] in *Ehre* - [i:] in *Wiese*;

vordere oder hintere Erhöhung der Zunge in Richtung auf den vorderen Gaumen (palatal) bzw. auf den hinteren Gaumen (velar):
[i:] in *Wiese* - [u:] in *Mut*;

gerundete oder nicht gerundete Lippenstellung:
[ø:] in *Öl* - [e:] in *Mehl*;

offener oder geschlossener Kieferwinkel:
[ɛ:] in *Ähre* - [e:] in *Ehre*.

Neben den einfachen Kurz- und Langvokalen stehen Diphthonge, die durch verbundene Artikulation zweier verschiedener Vokale entstehen: [a̯ɪ] in *Leib*, [a̯ʊ] in *Laub*, [ɔ̯ʏ] in *neu*.
Mit der Kenntnis der phonetischen Grundlagen und der Lautschrift wird es nun möglich, die Verhältnisse in den Beispielpaaren zu beschreiben: Der betonte Vokal in *Hände* und *behende, älter* und *Eltern* ist identisch; es ist der kurze, mittlere, vordere, ungerundete, offene Vokal [ɛ].
Die Konsonanten unterscheiden sich von den Vokalen dadurch, daß bei ihrer Artikulation eine teilweise oder vollständige Behinderung des Luft-

stromes gebildet wird. Sie werden nach folgenden Gesichtspunkten beschrieben:

Artikulationsstelle:
z.B. [b] in *geben* (labial) - [g] in *Garten* (velar)

Artikulationsart:
z.B. [b] und [g] in *geben* (explosiv) - [n] und [m] in *nehmen* (nasal)

Stimmtonbeteiligung:
z.B. [g], [b] in *geben* (stimmhaft) - [k], [p] in *kapern* (stimmlos)

Mit der Kenntnis der phonetischen Grundlagen läßt sich die Abweichung von Schreibung und Lautung im Auslaut des Wortpaares *Leib* - *Laib* nun bestimmen: Gesprochen wird der stimmlose bilabiale Explosivlaut [p], in der Schrift erscheint das Zeichen für den stimmhaften Laut *b*.

Phonologische Grundlagen

Die Laute werden auch unter dem Gesichtspunkt ihrer Funktion für die Bedeutung der Wörter beschrieben. Diese Funktion wird da besonders deutlich erkennbar, wo die Umgebung verschiedener Laute identisch ist, wo sich Wörter also nur in einem Laut unterscheiden:

Hand - Hund, Wind - Wand	[a] - [ʊ], [ɪ] - [a]
Kosten - Kasten, liegen - lügen	[ɔ] - [a], [i:] - [y:]
Hand - Wand, liegen - siegen	[h] - [v], [l] - [z]
Deich - Teich, Bein - Pein	[d] - [t], [b] - [p]

Solche Wortpaare heißen Minimalpaare, da sie den kleinstmöglichen Unterschied zwischen zwei Wörtern aufweisen. Unter diesem Aspekt der Bedeutungsunterscheidung werden die Laute als Phoneme bezeichnet. Phoneme sind die kleinsten bedeutungsunterscheidenden Einheiten der Sprache. Phoneme werden in Schrägstriche gestellt und durch Buchstaben der Lautschrift bezeichnet: /a/ und /ʊ/ bezeichnen die Phoneme, die in dem Minimalpaar *Hand* - *Hund* erkannt werden können. Im Hinblick auf den durch sie gegebenen Wortunterschied stehen /a/ und /ʊ/ in Opposition zueinander.
Die Wörter *Lid* und *Lied* bilden demnach kein Minimalpaar, da in beiden das gleiche Phonem /i:/ enthalten ist. Sie werden nur orthographisch unterschieden.

Phonemermittlung

Die Phoneme werden über die Aufstellung von Minimalpaaren ermittelt. Die im neuhochdeutschen Vokalsystem vorhandenen Phoneme ergeben sich beispielsweise aus folgenden Minimalpaaren:

Kurzvokale	/ɪ/	/ʏ/	/ʊ/		/ɛ/	/œ/	/ɔ/	/a/
Opposition der Kurzvokale	*bitter*		*Butter*					
		Hülle			*Helle*	*Hölle*		*Halle*
	Kisten						*Kosten*	*Kasten*
Opposition der Kurz- und Langvokale	*bitten*	*füllen*	*muß*		*Vetter*	*Hölle*	*offen*	*laß*
	bieten	*fühlen*	*Mus*		*Väter*	*Höhle*	*Ofen*	*las*
Opposition der Langvokale	*liegen*	*lügen*	*lugen*	*legen* *Ehre*	*lägen* *Ähre*	*lögen*	*logen*	*lagen*
Langvokale	/i:/	/y:/	/u:/	/e:/	/ɛ:/	/ø:/	/o:/	/a:/

Prinzipien der Orthographie

Die graphische Normierung des Deutschen ist durch das phonologische und das semantische Grundprinzip geprägt.
Das phonologische Grundprinzip drückt die Beziehung zwischen der phonologischen und der graphischen Ebene aus: Dem jeweiligen Laut (genauer: dem Phonem) wird die jeweilige Schreibung (das Graphem) zugeordnet. So entspricht z.B. dem Phonem /m/ ein Graphem <m>. Buchstaben oder Buchstabenkombinationen, die jeweils ein Phonem schriftlich wiedergeben, sollen als Grapheme bezeichnet werden. Diese werden durch spitze Klammern gekennzeichnet. Jedoch ist das phonologische Prinzip nicht ausschließlich als eindeutige Zuordnung von Phonem und Graphem verwirklicht, wie schon die Beispiele *Laib* - *Leib* (in bezug auf die Diphthongwiedergabe) zeigen: Einem Phonem entsprechen hier zwei verschiedene graphische Realisationsweisen <*ei*>, <*ai*>.

Das semantische Grundprinzip drückt seinerseits die Beziehung zwischen semantischer und graphischer Ebene aus, es ist demnach auf die Inhaltsseite der Sprache gerichtet. Je nachdem, welche grammatische Ebene inhaltlich angesprochen ist, ergeben sich folgende Einzelprinzipien des semantischen Grundprinzips:

- das morphologische Prinzip
- das lexikalische Prinzip
- das syntaktische Prinzip
- das textuale Prinzip

So unterliegt die Schreibung *Bad* /ba:t/ mit <d> als Kennzeichnung der Morphemzugehörigkeit einem morphologischen Prinzip, die Unterscheidung *Laib* - *Leib* einem lexikalischen Prinzip, die Großschreibung am Satzanfang einem syntaktischen sowie die Großschreibung von Überschriften einem textualen Prinzip.
Zur speziellen Verwirklichung des phonologischen und semantischen Grundprinzips im Bereich des Vokalismus und Konsonantismus sieh auch unten Kapitel I.2 und I.3.

Literaturhinweise: sieh Kapitel I.4.

2. Phonologie und Orthographie des Vokalismus

Das Phonemsystem der Vokale

Die vokalischen Phoneme des Neuhochdeutschen können in ihrem systematischen Zusammenhang erkannt und dargestellt werden, wenn ihre unterscheidende Wirkung in den Minimalpaaren genauer untersucht wird. Minimalpaare wie *Vetter - Väter, füllen - fühlen, laß - las, muß - Mus* usw. führen zu der Beobachtung, daß hier jeweils Vokale gleicher oder doch sehr ähnlicher Qualität in Opposition zueinander stehen. Die Bedeutungsdifferenzierung wird nicht wie in dem Minimalpaar *Hand - Hund* einfach durch verschiedene Vokale geleistet, sondern durch bestimmte Merkmale dieser Vokale. So steht in *Vetter - Väter* /ɛ/ in Opposition zu /ɛ:/. Kürze und Länge des Vokals erweisen sich als unterscheidende, als distinktive Merkmale.
Für die systematische Darstellung der Vokalphoneme des Neuhochdeutschen werden also die artikulatorischen Merkmale der Vokale zugrunde gelegt, soweit sie für die Opposition der Phoneme relevant sind, d. h. soweit sie bedeutungsunterscheidend wirken.
Die Kurzvokalphoneme tragen gleichzeitig alle das Merkmal 'offen'. Für die Darstellung ihres Teilsystems sind daher die Merkmale vorn/hinten, ungerundet/gerundet, hoch/mittel/tief zu berücksichtigen.

	vordere		hintere
	ungerundete	gerundete	
hohe	/ɪ/	/ʏ/	/ʊ/
mittlere	/ɛ/	/œ/	/ɔ/
tiefe		/a/	

Für die hinteren Vokalphoneme /ʊ/ und /ɔ/ kann ihr Merkmal 'gerundet' unberücksichtigt bleiben, da es hier keine distinktive Funktion hat. Bei dem Phonem /a/ ist seine mehr vordere oder mehr hintere Artikulation ohne phonologische Relevanz.
Das Langvokalsystem entspricht dem Kurzvokalsystem insofern, als alle Langvokalphoneme, bis auf das Phonem /ɛ:/, das Merkmal 'geschlossen' tragen:

	vordere		hintere
	ungerundete	gerundete	
hohe	/i:/	/y:/	/u:/
mittlere	geschlossen: /e:/	/ø:/	/o:/
	offen: /ɛ:/		
tiefe		/a:/	

/ɛ:/ als einziges offenes Langvokalphonem stört die Symmetrie der beiden Teilsysteme von geschlossenen Langvokalen und offenen Kurzvokalen. In verschiedenen Gegenden wird dieser Vokal in der Aussprache allerdings nicht von /e:/ unterschieden, so daß die Annahme eines Phonems /ɛ:/ hier nicht unproblematisch ist.
Neben den Kurzvokalen und den Langvokalen stehen in der deutschen Gegenwartssprache drei Diphthonge, die in folgenden Minimalpaaren erkennbar sind:

Leib : *Laub*	*Laute* : *Leute*	*Eule* : *Eile*
/a͜ɪ/	/a͜ʊ/	/ɔ͜ʏ/

Die Orthographie der Kurzvokale

In bezug auf das Kurzvokalsystem gilt in der gegenwärtigen Orthographie aufs Ganze gesehen das phonologische Prinzip, wonach, wie gesehen, einem Phonem ein Graphem zugeordnet ist. Eine Nebeneinanderstellung von Phonemsystem und Graphemsystem gibt aber bereits eine charakteristische Besonderheit wieder:

Phonemsystem			Graphemsystem		
/ɪ/	/ʏ/	/ʊ/	<i>	<ü>	<u>
/ɛ/	/œ/	/ɔ/	<e>, <ä>	<ö>	<o>
	/a/			<a>	

Für die Wiedergabe des Phonems /ɛ/ stehen zwei Grapheme <e> und <ä> zur Verfügung. Die zu Beginn genannten Beispiele können das der Verwendung der <ä>-Graphie zugrundeliegende Prinzip veranschaulichen:

Hand - Hände
alt - älter - am ältesten

Der Vergleich mit *behende* und *Eltern* zeigt, daß in *Hände, älter* statt <ä> auch <e> stehen könnte. Das Graphem <ä> ist bei der Festlegung unserer Rechtschreibnorm gewählt worden, damit die bedeutungsmäßige Zusammengehörigkeit der Wortformen *Hand - Hände, alt - älter* auch in der Schreibung augenfällig wird. Sofern durch die orthographische Regelung Bedeutungsbeziehungen sichtbar gemacht werden sollen, kommt also hier das semantische Grundprinzip der Orthographie zum Tragen. Die Verfügbarkeit des Graphems <ä> ermöglicht dann eine durchgehende orthographische Kennzeichnung derartiger Zusammenhänge bei allen umlautfähigen Kurzvokalen: *Hand - Hände, alt - älter* neben *Kopf - Köpfe, Duft - Düfte, oft - öfter, jung - jünger*. Das semantische Grundprinzip wirkt hier im Zusammenhang von Pluralbildung und Steigerung, also innerhalb der Morphologie; es wird daher auch in diesem engeren Sinne vom morphologischen Prinzip der Orthographie gesprochen.

Die Orthographie der Diphthonge

Für zwei der drei Diphthonge stehen jeweils zwei Grapheme zur Verfügung

/aɪ̯/	<ei>	<ai>
/aʊ̯/	<au>	
/ɔʏ̯/	<eu>	<äu>

Das Nebeneinander von <eu> und <äu> entspricht dem Nebeneinander von <e> und <ä> bei den Kurzvokalen. Die Verwendung des <äu> ist durch das morphologische Prinzip geregelt: *heute* - *Häute* wegen *Haut*.
Das Nebeneinander der Grapheme <ei> und <ai> wird ebenfalls im Sinne des semantischen Orthographieprinzips genutzt. In dem Beispielpaar *Leib* und *Laib* werden mit Hilfe der Grapheme <ei> und <ai> Wörter, also Einheiten der lexikalischen Ebene, unterschieden. Bei dieser Anwendung des semantischen Grundprinzips handelt es sich also um das lexikalische Prinzip.

Die Orthographie der Langvokale

Bei den Langvokalen stehen für jedes Phonem mehrere Grapheme zur Verfügung:

Phonemsystem			Graphemsystem		
/i:/	/y:/	/u:/	<i> <ih> <ie>	<ü> <üh>	<u> <uh>
/e:/	/ø:/	/o:/	<e> <eh> <ee>	<ö> <öh>	<o> <oh> <oo>
/ɛ:/			<ä> <äh>		
	/a:/			<a> <ah> <aa>	

Drei Typen von Längenbezeichnung sind erkennbar:

Einfache Schreibung bei allen Vokalen
h-Zusatz bei allen Vokalen
Doppelschreibung bei *e, o, a,* der die *ie*-Schreibung zugeordnet werden kann.

Phonem	einfache Schreibung	Längenzeichen *h*	Doppel-schreibung	Längenzeichen *e*
/i:/	*Lid*	*ihm*	-	*Lied*
/e:/	*Weg*	*Sehne*	*Beet*	-
/ɛ:/	*träge*	*Mähne*	-	-
/a:/	*Tag*	*Fahrt*	*Saal*	-
/o:/	*Lot*	*Lohn*	*Moos*	-
/ø:/	*schön*	*Höhle*	-	-
/u:/	*Mut*	*Huhn*	-	-
/y:/	*Blüte*	*Bühne*	-	-

Das Auftreten der einzelnen Schreibungen ist durch die Wirkung des phonologischen und des semantischen Prinzips bestimmt, ohne daß die Wahl der jeweiligen Schreibung vorhersagbar wäre. Das Dehnungs-*h* tritt jedoch im allgemeinen nur vor *l, m, n, r,* im Auslaut oder vor unbetontem Vokal auf. Hier konkurriert es jedoch auch mit der einfachen Vokalschreibung.

In dem Beispielpaar *Lid* und *Lied* werden zwei Grapheme im Sinne des lexikalischen Prinzips verwendet. Weitere Beispiele sind etwa: *Moor - Mohr, Wal - Wahl.* Die Verwendung der Längenzeichen *h* und *e* in <ie> läßt sich mit Hilfe der historischen Phonologie erklären. Die *ie*-Schreibung wird aus dem Zusammenhang der Vokalentwicklungen vom Mittelhochdeutschen zum Neuhochdeutschen verständlich. (Sieh Kapitel I.4!)

Literaturhinweise: sieh Kapitel I.4.

3. Phonologie und Orthographie des Konsonantismus

Das Phonemsystem der Konsonanten

Die konsonantischen Phoneme der deutschen Gegenwartssprache werden wie beim Vokalismus durch Minimalpaarbildung ermittelt:

Bach : Dach : Schach	*Tat : Tal : Tang*
Tal : Schal : kahl : Pfahl : Zahl	*Nase : Name*
mein : dein : Schein : kein : Hain	*fegen : Regen : legen*
Besen : Wesen : lesen	*Mast : Rast : Last*
Lot : Los : Lohn	*Jahr : Paar : gar : Zar*

Die Konsonantenphoneme sind durch Merkmale charakterisiert, die auf der Artikulation der Phoneme beruhen. Die artikulatorischen Merkmale liegen der Darstellung des Konsonantensystems zugrunde.

In der Darstellung des Phonemsystems (Abbildung 1) erscheinen in eckigen Klammern [ç] und [x] sowie [r] und [ʀ], die als Varianten je eines Phonems eingetragen sind. [r] ist Zeichen für mit der Zungenspitze gebildetes *r*, [ʀ] ist Zeichen für Zäpfchen-*r*. [r] und [ʀ] können in derselben Lautumgebung auftreten: 'Riese' [ri:zə], [ʀi:zə]. Die phonetische Opposition ist jedoch nicht bedeutungsdifferenzierend. [r] und [ʀ] sind Allophone, d.h. Varianten eines Phonems /[r], [ʀ]/; ihr Auftreten ist nicht phonetisch geregelt, sondern sprachgeographisch bedingt. Im Süden des deutschen Sprachgebietes ist Zungen-*r* [r] verbreitet, in anderen Gegenden Zäpfchen-*r* [ʀ].

Auch das Phonem /ch/ tritt in zwei verschiedenen phonetischen Varianten auf, einer palatalen [ç] und einer velaren [x]; vgl. z.B.: *'Licht'* [liçt], *'lacht'* [laxt]. Die palatale Variante tritt stets nach palatalen (vorderen) Vokalen auf sowie nach *n, l, r* und im Anlaut bei Fremdwörtern, die velare Variante nach velaren (hinteren) Vokalen. Die Varianten sind stellungsbedingt, können nicht in bedeutungsdifferenzierende Opposition treten und sind deshalb Allophone eines Phonems /[ç] [x]/, das in Anlehnung an die Orthographie auch durch /ch/ bezeichnet wird.

Abbildung 1:

Artikulationsart \ Artikulationsstelle und -organ		Labial	Dental	Dental-Alveolar	Präpalatal		Postpalatal-Velar	Velar	Uvular	Laryngal-Pharyngal
		Labial	Labial	Koronal	Koronal	Mediodorsal	Postdorsal	Postdorsal	Postdorsal	
Explosiv	stl.	/p/ *Post*		/t/ *Tasse*			/k/ *Kasse*			
	sth.	/b/ *Ball*		/d/ *Dach*			/g/ *Gans*			
Affrikata		/p͜f/ *Pfanne*		/t͜s/ *Zahn*						
Frikativ	stl.		/f/ *Fisch*	/s/ *Haus*	/ʃ/ *Schiff*	[ç] *Pech*		[x] *Bach*		/h/ *Haus*
	sth.		/v/ *Wald*	/z/ *Dose*		/j/ *Jäger*				
Nasal		/m/ *Maus*		/n/ *Nase*			/ŋ/ *Ring*			
Lateral				/l/ *Lampe*						
Vibrant				[r] *Rock*					[ʀ] *Rock*	

Abbildung 2:

<p> <pp> <b> im Auslaut		<t> <tt> <d> im Auslaut			<k> <ck> <kk> <g> im Auslaut <q> in <qu> /ks/ = <chs>, <x>			
<b> <bb>		<d> <dd>			<g> <gg>			
<pf>		<z> <tz>						
	<f> <ff> <v>	<s> <ss> <ß> /ks/ = <x>	<sch> <s> vor <p> <s> vor <t>	<ch>		<ch>		<h>
	<w> <v> <u> in <qu>	<s>		<j>				
<m> <mm>		<n> <nn>			<ng> <n> in <nk>			
		<l> <ll>						
		<r> <rr>					<r> <rr>	

Das Graphemsystem der Konsonanten

Die wichtigsten Schreibungen der konsonantischen Phoneme sind in Abbildung 2 in der Anordnung des Phonemsystems dargestellt.
Für fast jedes Phonem stehen mehrere Grapheme zur Verfügung. Dabei sind einige sich wiederholende Prinzipien zu erkennen.

Doppelschreibung:
Die Verwendung von Doppelbuchstaben in Fällen wie *Lippe, Latte* usw. steht mit der Kürze des vorhergehenden Vokals in Verbindung und dient als indirekte Quantitätenbezeichnung.

<b>, <d>, <g> - Schreibung für /p/, /t/, /k/ im Auslaut.
Sonderregelungen für Phonemkombinationen wie z.B. <x> für /ks/.
Verwendung eines Graphems für mehrere Phoneme wie z.B. <v> für /f/, /v/, <s> für /s/, /z/.
Die Verhältnisse sind wie beim Vokalismus von den verschiedenen orthographischen Prinzipien bestimmt.

<b>, <d>, <g> für /p/, /t/, /k/ im Auslaut

Im Konsonantismus der deutschen Gegenwartssprache treten im Auslaut nur stimmlose Konsonanten auf, auch in Konsonantenkombinationen. Ihnen entsprechen häufig inlautend stimmhafte Konsonanten, wie insbesondere im Nebeneinander von Flexionsformen desselben Wortes deutlich wird:

[ta:k]	[ˈta:gə]	[ˈle:bən]	[le:pt]
<*Tag*>	<*Tage*>	<*leben*>	<*lebt*>

In der Orthographie werden entsprechend dem morphologischen Prinzip auch im Auslaut die sonst für die stimmhaften Konsonanten üblichen Zeichen verwendet; der Bestandteil *Tag-* erscheint so stets in derselben graphischen Gestalt. Entsprechendes gilt für Fälle wie *Hand - Hände, Leib - Leiber.*
Im Mittelhochdeutschen wurde demgegenüber in diesen Fällen eine streng phonologische Orthographie angewendet: *hant - hende.*

Die Orthographie der Phoneme /s/ und /z/

Die Verteilung der Phoneme /s/ und /z/ ist folgendermaßen geregelt:

Im Anlaut tritt nur /z/ auf.
Im Auslaut tritt nur /s/ auf.
Im Inlaut nach Vokal treten /z/ und /s/ auf.

In der Orthographie besteht daher zunächst nur im Inlaut eine Notwendigkeit für eine graphische Unterscheidung der Phoneme. /z/ wird im Inlaut durch <s>, /s/ durch <ss>, <ß> wiedergegeben: *reisen* - *reißen, Füße, Nüsse*. Das Graphem <s> repräsentiert auch im Anlaut das Phonem /z/: *Sonne*. Im Auslaut erscheint das Graphem <s> für das Phonem /s/ in vielen Fällen aufgrund des morphologischen Prinzips: *zu Hause* - *Haus*. Ebenso erscheint <ß> im Auslaut morphologisch bedingt: *Fuß*. Darüber hinaus erscheint <ß> im Auslaut auch in Fällen, in denen ihm inlautend <ss> entspricht: *Nuß*.
Wie die Beispiele *Füße* - *Nüsse* zu erkennen geben, erscheint im Inlaut <ß> für /s/ nach Langvokal und Diphthong, <ss> für /s/ nach Kurzvokal.

	Anlaut	Inlaut nach Vokal	Auslaut
/z/	<s> *Sonne*	<s> *reisen* *zu Hause*	
/s/		<ss> *Nüsse* <ß> *Füße* *reißen*	<s> *Haus* <ß> *Nuß* *Fuß*

Die Schreibungen der Phonemkombination /ks/

Für /ks/ treten folgende Schreibungen auf:

<ks> *links, Keks, Koks*
<cks> *Klacks, Knacks, stracks, Klecks, zwecks, augenblicks, Knicks, hinterrücks*
<gs> *alltags* (usw.), *halbwegs* (usw.), *flugs*
<chs> *Dachs, Lachs, Flachs, Fuchs, Luchs, Ochse, Wuchs, sechs, wachsen*
<x> *Hexe, fix, Jux, Nixe, Taxi, Mixer*

Ein Großteil dieser Schreibweisen läßt sich nach dem morphologischen Prinzip erklären:

Tag - Tage - alltags	*linke - linker - links*
Weg- Wege - halbwegs	*Kokerei - Koks*
Flug - Flüge - flugs	*Augenblick - augenblicks*
knacken - Knacks	*knicken - Knicks*
Zweck - zwecks	*Rücken - hinterrücks*

In manchen Fällen ist der morphologische Zusammenhang nicht ohne weiteres erkennbar wie bei *stracks*. Bei *Keks* handelt es sich um eine Anlehnung an die englische Ausgangsform *cakes*.
Die Schreibungen <chs> und <x> sind dagegen nicht nach dem morphologischen Prinzip ableitbar. Es handelt sich hier um ein aus der Gegenwartssprache nicht weiter erklärbares, historisch vermitteltes Graphemnebeneinander wie beispielsweise auch bei <v> für /f/ neben <f> und für /v/ neben <w>, <dt> neben <tt> usw.

Literaturhinweise: sieh Kapitel I.4.

4. Historische Betrachtung

Betrachtet man das orthographische System des Deutschen, so kann man sich die Frage stellen, wie es zu den verschiedenen Schreibungen (etwa bei den Langvokalen) und ihrer unterschiedlichen Verwendung gekommen ist.
Die Grundlage für diese Vielfalt bilden hauptsächlich die verschiedenen Lautentwicklungen vom Mittelhochdeutschen zum Neuhochdeutschen. Eine historische Betrachtung der Lautentwicklung ist besonders für den Vokalismus von Bedeutung, wo wichtige Veränderungen vom Mittelhochdeutschen zum Neuhochdeutschen stattgefunden haben.

Vokalentwicklungen vom Mittelhochdeutschen zum Neuhochdeutschen

Bei einem Vergleich etymologisch identischer Wörter des Mittelhochdeutschen und des Neuhochdeutschen lassen sich innerhalb des Vokalismus die folgenden Lautveränderungen erkennen (die mittelhochdeutschen Phoneme werden anhand der üblichen mittelhochdeutschen Schreibungen wiedergegeben):

a) Senkung von hohen zu mittleren Vokalen:

mhd. *günnen*	nhd. *gönnen*
hüle	*Höhle*
sunne	*Sonne*
sun	*Sohn*

b) Hebung von tiefen Vokalen:

mhd. *mâne*	nhd. *Mond*
âne	*ohne*

c) Rundung:

mhd. *zwelf*	nhd. *zwölf*
lewe	*Löwe*
finf	*fünf*
mâne	*Mond*
âne	*ohne*

d) Entrundung:

mhd. *küssen*	nhd. *Kissen*
nörz	*Nerz*

e) Kürzung mittelhochdeutscher Langvokale in geschlossener Silbe:

mhd. *hêrlih*	nhd. *herrlich*
brâhte	*brachte*

f) Dehnung mittelhochdeutscher Kurzvokale in offener Silbe:

mhd. *geben*	nhd. *geben*
nemen	*nehmen*
übel	*übel*
bote	*Bote*
klagen	*klagen*

g) Diphthongierung der mittelhochdeutschen Langvokale *î, iu* [y:], *û*:

mhd. *mîn*	nhd. *mein*
niuwez [y:]	*neues*
hûs	*Haus*

h) Monophthongierung der mittelhochdeutschen Diphthonge *ie, üe, uo*:

mhd. *liebe*	nhd. *liebe* [i:]
guote	*gute*
brüeder	*Brüder*

i) Senkung der mittelhochdeutschen Diphthonge *ei, öu, ou*:

mhd. *weinen*	nhd. *weinen*
fröude	*Freude*
boum	*Baum*

Vielfach zeigt ein Wort mehrere Veränderungen gleichzeitig, so etwa *Löwe* Rundung und Dehnung gegenüber *lewe*. Die unter f) bis i) genannten Erscheinungen sind in der neuhochdeutschen Standardsprache durchgehend durchgeführt, während den anderen Lautentwicklungen a) bis e) keine generelle Gültigkeit zukommt.

Die Veränderungen der Vokalsysteme vom Mittelhochdeutschen zum Neuhochdeutschen

Die Auswirkungen, die die vokalischen Veränderungen für das phonologische System haben, werden bei einer Gegenüberstellung des mittelhochdeutschen und neuhochdeutschen Phonemsystems deutlich.

Die Kurzvokalsysteme:

mhd.	/i/	/ü/	/u/
	/ẹ/ /ë/ /ä/	/ö/	/o/
	/a/		

nhd.	/ɪ/	/ʏ/	/ʊ/
	/ɛ/	/œ/	/ɔ/
	/a/		

Die Langvokalsysteme:

mhd.	/î/	/iu/	/û/
	/ê/ /æ/	/œ/	/ô/
	/â/		

nhd.	/i:/	/y:/	/u:/
	/e:/ /ɛ:/	/ø:/	/o:/
	/a:/		

Die Diphthongsysteme:

mhd.	/ie/	/üe/	/uo/
	/ei/	/öu/	/ou/

nhd.	/aɪ̯/	/ɔʏ̯/	/aʊ̯/

Die Entstehung der <e> / <ä>- Schreibung

Das Mittelhochdeutsche hat drei verschiedene mittlere vordere Kurzvokale /ẹ/, /ë/, /ä/, die verschieden offen artikuliert werden. In der mittelhochdeutschen Orthographie werden /ẹ/ und /ë/ beide <e> geschrieben (z.B. *hende* mit /ẹ/ und *herze* mit /ë/). /ä/ wird <ä> geschrieben (z.B. *geslähte).*
Die drei Laute fallen in dem einen neuhochdeutschen Phonem /ɛ/ zusammen. Die beiden im Mittelhochdeutschen auf verschiedene Laute bezogenen Schreibungen <e> und <ä> stehen im Neuhochdeutschen zur Wiedergabe des einen Phonems /ɛ/ zur Verfügung. Die neue Regelung der Schreibung folgt nicht mehr dem phonologischen Prinzip. Die <ä>-Schreibung wird zur Kennzeichnung morphologischer Zusammenhänge genutzt (z.B. *Hand - Hände*)

	mhd.			nhd.	
hende	<e>	/ẹ/		<ä>	*Hände*
herze	<e>	/ë/	/ɛ/	<e>	*Herz*
geslähte	<ä>	/ä/		<e>	*Geschlecht*

Das Mittelhochdeutsche hat zwei verschiedene mittlere vordere Langvokale /ê/ und /æ/, die verschieden offen artikuliert werden. In der mittelhochdeutschen Orthographie wird /ē/ durch <e> und /ǟ/ durch <æ> bezeichnet (z.B. *wênec, sælec, gæbe*).
Die beiden Laute fallen zunächst in dem einen neuhochdeutschen Phonem /e:/ zusammen. Die Schreibung wird nach dem morphologischen Prinzip neu geregelt, wobei wie im Kurzvokalismus die Grapheme <e> und <ä> verwendet werden: *wenig, selig; gäbe* (zu *geben, gab).*
Aus dieser unterschiedlichen Schreibung hat sich im Neuhochdeutschen sekundär eine erneute Aufspaltung in ein geschlossenes /e:/ und ein offenes /ɛ:/ ergeben.

Der Phonemzusammenfall bei den Diphthongen und die <ei> / <ai>-Schreibung

Den sechs mittelhochdeutschen Diphthongen stehen im Neuhochdeutschen nur noch drei gegenüber. Die mittelhochdeutschen Diphthonge /ie/, /üe/, /uo/ sind durch die neuhochdeutsche Monophthongierung zu Langvokalen geworden. Die mittelhochdeutschen Diphthonge /ei/, /öu/, /ou/ bleiben als Diphthonge erhalten, werden aber zu /aɪ/, /ɔʏ/, /aʊ/ gesenkt und fallen dadurch in der neuhochdeutschen Schriftsprache mit dem Ergebnis der neuhochdeutschen Diphthongierung zusammen. Dadurch werden im

Mittelhochdeutschen bestehende Oppositionen im Neuhochdeutschen aufgehoben. In manchen Dialekten, wie z.B. dem Bairischen, bleibt die Phonemopposition gewahrt.

mhd. *wîz* 'weiß' (Farbe) : *weiz* '(ich/er) weiß'

nhd. *weiß*

mhd. *tûbe* 'Taube' : *toube* (*ôren*)

nhd. *die Taube, taube (Ohren)*

Die durch den Phonemzusammenfall entstandene lautliche Identität von vorher unterschiedenen Wörtern wird im Neuhochdeutschen in einigen Fällen orthographisch getrennt. Dazu wird das neben dem Graphem <ei> in Gebrauch gekommene Graphem <ai> verwendet. In der Verteilung der Grapheme wirkt das lexikalische Prinzip der Orthographie.

mhd.			nhd.
<î>	/î/		<ei>
		/aɪ/	
<ei>	/ei/		<ai>

mhd.	*sîte*	>	nhd.	*Seite*
	seite	>		*Saite*
	wîse	>		*Weise*
	weise	>		*Waise*
	lîp	>		*Leib*
	leip	>		*Laib*

Die Entstehung der <ie>-Schreibung

Wie die Beispielgruppe *liebe guote brüeder - liebe gute Brüder* zeigt, ist die Monophthongierung der mittelhochdeutschen Diphthonge /ie/, /üe/, /uo/ in der Schreibung des /i:/ nicht berücksichtigt worden. Für das neuhochdeutsche Phonem /i:/ wird in zahlreichen Wörtern die historische Schreibung <ie> verwendet.

mhd. *hier, schief, miete, brief, fieber, ziegel, bieten, fliegen, liebe, liet, tief*
nhd. *hier, schief, Miete, Brief, Fieber, Ziegel, bieten, fliegen, Liebe, Lied, tief*

Der Buchstabe *e* erhält auf diese Weise die Funktion der Längenkennzeichnung bei dem Phonem /i:/. Die Schreibung <ie> wird dann auch in Wörtern verwendet, in denen sie nicht historisch begründet ist. Das Phonem /i:/ ist in diesen Wörtern aus der Dehnung des mittelhochdeutschen Kurzvokals /i/ in offener Silbe entstanden.

mhd. *gibel, kisel, ligen, nider, rise, wigen, zwibel*
nhd. *Giebel, Kiesel, liegen, nieder, Riese, wiegen, Zwiebel*

h als Längenzeichen

Der Buchstabe *h* erscheint in verschiedenen Funktionen:
als Graphem <h> für das Phonem /h/
in den Graphemen <ch>, <sch> für die Phoneme /ch/, /ʃ/
zur Kennzeichnung von Langvokalen
Diese Längenbezeichnung ist aus der historischen Phonologie zu erklären. Die neuhochdeutschen Wörter
Gemahl, Stahl, Dohle, zehn, nehmen, wahr, Bahn, fahren, wohnen
lauteten im Mittelhochdeutschen:

gemahel	*tâhele*	*wâr*	*nemen*
stahel			*bane*
zehen			*varn*
			wonen

Den neuhochdeutschen Langvokalen entsprechen im Mittelhochdeutschen teils Kurzvokale, teils Langvokale. Ein Zusammenhang der *h*-Schreibung mit der Vokalquantität ist im Mittelhochdeutschen nicht erkennbar. *h* steht nach Kurzvokal (*stahel)* wie nach Langvokal (*tâhele).* Andererseits fehlt *h* nach Kurzvokal (*nemen)* und Langvokal (*wâr).* Eine Erkärung ergibt sich aus einem Vergleich der im Mittelhochdeutschen und im Neuhochdeutschen mit *h* geschriebenen Wörter:

gemahel	*Gemahl*
stahel	*Stahl*
tâhele	*Dohle*
zehen	*zehn*

In allen Fällen steht *h* in der mittelhochdeutschen Form intervokalisch; der ihm folgende schwach betonte Vokal *e* fehlt in der neuhochdeutschen Form. An dieser Veränderung der Graphie wird eine Lautveränderung erkennbar: /h/ ist in intervokalischer Stellung verstummt; die beiden Silben wurden kontrahiert, wobei der Vokal *e* der zweiten Silbe ausfiel, während der Vokal der ersten Silbe gedehnt wurde, wenn er nicht ohnehin schon lang war.

Während die Beseitigung des Vokals *e* graphisch berücksichtigt wurde, ist das *h* weiterhin geschrieben worden. Durch die im Vokalismus eingetretene Dehnung stand dieses *h* nunmehr in allen Fällen nach einem Langvokal. Der Buchstabe *h*, der in der phonetischen Realisierung keine Entsprechung mehr hatte, wurde als Bezeichnung der Länge des vorhergehenden Vokals aufgefaßt.

In dieser Funktion wurde er dann auch in Wörtern verwandt, die ursprünglich kein *h* enthielten, in denen aber ein durch Dehnung in offener Silbe entstandener oder ursprünglicher Langvokal bezeichnet werden sollte:

nemen	*nehmen*
bane	*Bahn*
varn	*fahren*
wonen	*wohnen*
wâr	*wahr*

Die Entwicklung des *h* zu einem graphischen Zeichen entspricht der Entwicklung des mittelhochdeutschen *e* in dem Diphthong /ie/ zum graphischen Zeichen für die Länge des /i:/.

Literaturhinweise

R. Bergmann - P. Pauly - M. Schlaefer, Einführung in die deutsche Sprachwissenschaft, S. 28-43.
Deutsche Orthographie. Von einem Autorenkollektiv unter Leitung von Dieter Nerius.
Duden. Aussprachewörterbuch.
Duden. Grammatik, Nr. 1-103.
J. Erben, Deutsche Grammatik, § 29-45.
W. Flämig, Grammatik des Deutschen, S. 68-73, 552-606.
Grundzüge einer deutschen Grammatik, S. 898-993.
H. Paul - P. Wiehl - S. Grosse, Mittelhochdeutsche Grammatik, § 42-50.
H. Penzl, Vom Urgermanischen zum Neuhochdeutschen.
M. Philipp, Phonologie des Deutschen.
A. Szulc, Historische Phonologie des Deutschen.

II. Wortbildung

1. Ermittlung und Klassifizierung der Morpheme

Sprache verwirklicht sich in der Regel nicht in Äußerungen, die nur aus einem einzelnen Wort oder Laut bestehen, sondern in Texten, das heißt kohärenten Anreihungen von Sätzen. Diese Sätze bestehen wiederum aus einzelnen Wortgruppen oder Wörtern, die ihrerseits in Beziehung zueinander stehen und den Satz gliedern. Auch sie lassen sich weiter beschreiben.

> *Im Traum sah John eine neue Figur. Das mondhelle, nächtliche Meer wuchs zu einer eigenen Gestalt auf, es bäumte sich empor zu einer gelockten Wasserwolke, die spiralenförmig um sich selbst kreiste, nach oben im Umfang zunehmend wie eine wuchernde Pflanze, wie ein flackernder und brennender Busch aus Wasser oder ein Strudel, aber nicht aus Wind und Strömung, sondern aus eigener Kraft. Das Meer gab sich selbst einen Körper, es konnte sich neigen, Haltungen einnehmen, Richtungen anzeigen. Aus der scheinbar ewigen Geraden des Horizonts stieg im Traum mühelos diese riesenhafte Figur auf, sie war wie eine Wahrheit, durch die alles anders werden mußte.*

Eine Analyse der Wörter eines Textes (L 12) zeigt, daß diese teilweise weiter segmentierbar sind, so zum Beispiel *Wasser|wolke, Wahr|heit, Ström|ung,* im Gegensatz etwa zu *Traum, Meer* oder *Busch.* Die bei der Segmentierung gewonnenen Einzelteile kommen auch in anderen Wörtern vor, so zum Beispiel *Wasser|wolke, Wasser|spiegel, Wasser|pflanze* usw. Die einzelnen Elemente dieser Bildungen können auch alleine vorkommen, etwa im Text *Wasser* oder *Pflanze.*

Diese einzelnen Bestandteile haben jeweils eine eigene Bedeutung. Die kleinsten segmentierbaren bedeutungstragenden Einheiten der Sprache nennt man Morpheme.

Das Beispiel *Wahrheit* zeigt ferner, daß in Wörtern einerseits Elemente enthalten sein können, die auch alleine vorkommen (*wahr*), andererseits aber auch weitere Elemente, die nicht alleine gebraucht werden können, die ebenfalls an der Bedeutung des Wortes beteiligt sind und noch in anderen Bildungen vorkommen: Das Element *-heit* findet sich in weiteren Bildungen wie *Reinheit, Schönheit, Klugheit.* Diese Wörter mit jeweils unterschiedlicher Bedeutung sind alle feminine Substantive; läßt man das Element *-heit* weg, werden Adjektive als Grundlage erkennbar. Das Element *-heit* hat hier die Funktion, zu zugrundeliegenden Adjektiven Substantive zu bilden, in denen die Adjektivbedeutung als eigene Größe bezeichnet wird. Mit dieser Funktion trägt das Element *-heit* zur Bedeutung des ganzen Wortes bei, somit ist *-heit* auch als ein Morphem zu bezeichnen.

Die Beispiele zeigen bereits, daß es Morpheme unterschiedlicher Gestalt und Funktion gibt, und so lassen sich Morpheme auch weiter klassifizieren: Das im Text vorkommende Adjektiv *neue* läßt sich in das Element *neu* und das Element *-e* segmentieren. Das Element *neu* ist ein Morphem, das die semantische Beziehung des Wortes zu dem bezeichneten Sachverhalt begründet, es trägt lexikalische Bedeutung. Nach der Wichtigkeit für das ganze Wort nennt man solche Morpheme Grundmorpheme. Das zweite Element *-e* trägt dagegen nicht zur lexikalischen Bedeutung des Wortes bei; es hat nur eine grammatische Funktion: In unserem Fall zeigt es an, daß das Adjektiv im Akk. Sing. Fem. steht. Das Morphem *-e* gehört hier in die Klasse der Flexionsmorpheme. Durch diese werden vor allem Beziehungen zwischen den Wörtern im Satz hergestellt, deswegen nennt man sie auch Relationsmorpheme. Im Beispiel *Wahrheit* läßt sich noch eine weitere Morphemklasse erkennen: Zum Grundmorphem *wahr* wird anhand des Morphems *-heit* ein Substantiv gebildet, es entsteht ein neues Wort. Im Blick auf diese Funktion des Morphems *-heit* und im Gegensatz zu den Flexionsmorphemen, die keine neuen Wörter bilden, spricht man hier von Wortbildungsmorphemen (auch Formationsmorpheme genannt).

Hinsichtlich der Selbständigkeit ihres Vorkommens kann man die Morpheme noch in freie und gebundene Morpheme unterteilen, je nachdem, ob sie alleine, ohne Bindung an ein anderes Morphem, vorkommen können oder nicht. Hilfsmorpheme (als solche werden Flexions- und Formationsmorpheme bezeichnet) sind stets gebunden: *-heit, -e* können nur in Verbindung mit anderen Morphemen auftreten.

Grundmorpheme können frei oder aber gebunden sein. *Wasserwolke* läßt sich in die zwei Grundmorpheme *Wasser* und *Wolke* segmentieren, die beide auch alleine vorkommen, also frei sind, so auch das Grundmorphem *wahr* in *Wahrheit.* Das Beispielwort *Strömung* läßt sich seinerseits in ein Grundmorphem *ström-* und ein Formationsmorphem *-ung* segmentieren. Weitere Bildungen dieses Typs lassen sich im Text finden: *Haltungen, Richtungen,* bei denen sich hier noch die Pluralendung *-en,* also ein Flexionsmorphem, abtrennen läßt. Diese Bildungen mit dem Formationsmorphem *-ung* sind alle Substantive; als Grundlage haben sie die Verben *strömen, halten* und *richten,* die jedoch in der Bildung mit *-ung* ohne die Infinitivendung erscheinen: *ström-, halt-, richt-* kommen als solche nicht alleine vor, es handelt sich somit um gebundene Grundmorpheme.

Literaturhinweise

Zur Einteilung der Morphemklassen und der Wortarten:
R. Bergmann - P. Pauly - M. Schlaefer, Einführung in die deutsche Sprachwissenschaft, S. 44-48, 52-57.
W. Admoni, Der deutsche Sprachbau, § 6, 10.
Duden. Grammatik, Nr. 104-114, 686-688.
Einführung in die Grammatik, S. 52-63.
U. Engel, Deutsche Grammatik, S. 17-19.
J. Erben, Deutsche Grammatik, § 38-71, 86-95.
W. Flämig, Grammatik des Deutschen, S. 331-336, 356-361.
Grundzüge einer deutschen Grammatik, S. 464-469, 487-496.
E. Hentschel - H. Weydt, Handbuch der deutschen Grammatik, S. 11-20.

2. Komposition

Bau und Bedeutung von Komposita

In dem folgenden Gedicht von P.P. Althaus werden Bau und Bedeutung von zusammengesetzten Wörtern (das sind Komposita, auch Zusammensetzungen genannt) auf überraschende Weise neu gesehen.

Dr. Enzian
füttert Lachtauben
mit Weintrauben
in dem Glauben
oder vielmehr Wahn,
daß durch Diät
mit Weintrauben
den Lachtauben
das Lachen vergeht.
Falls die Versuche gelingen,
will er probieren,
mit Kichererbsen den Tieren
das Lachen wieder beizubringen.
Was er sich von dem Ganzen verspricht,
verrät er Laien nicht.

aus: Peter Paul Althaus, Traumstadt und Umgebung. Sämtliche Gedichte, München o.J., S. 83.

Im Mittelpunkt des Gedichtes stehen die drei Zusammensetzungen *Lachtauben - Weintrauben - Kichererbsen.*

Der Witz des Gedichtes beruht darauf, daß die Erstelemente *Lach-, Wein-, Kicher-* in einen überraschenden semantischen Zusammenhang gestellt werden. Diese überraschende Verwendung der Erstelemente wird dadurch ermöglicht, daß die Zweitelemente gerade nicht abweichend vom üblichen Sprachgebrauch verwendet werden:

Lachtauben sind Tauben
Weintrauben sind Trauben
Kichererbsen sind Erbsen.

Dem Zweitelement kommt somit bei derartigen Zusammensetzungen eine grundlegende Bedeutung für das ganze Wort zu.

Die Funktion des Grundwortes in Komposita

Die drei Komposita in dem Gedicht sind ihrer Wortart nach Substantive; ihr Genus ist jeweils Femininum; sie stehen im Plural. Der Vergleich mit den Singularformen (z.B. *Lachtaube*) zeigt, daß das Kompositum flektiert wird, indem nur am Zweitelement eine Flexionsendung auftritt. Der Vergleich mit dem Zweitelement zeigt, daß das Kompositum in der Wortart und im Genus mit den Zweitelementen übereinstimmt. Das Wort *Lachtaube* ist ein feminines Substantiv, weil das Wort *Taube* ein feminines Substantiv ist. Das Zweitelement legt die Wortart des Kompositums fest; bei substantivischem Zweitelement bestimmt es zugleich das Genus des Kompositums. Die Flexion des Kompositums erfolgt am Zweitelement. Im Hinblick auf diese Funktionen des Zweitelements im Kompositum wird das Zweitelement Grundwort genannt.
Die Zusammensetzungen *windstill, graublau, kochfest, radfahren, entgegengehen* sind dementsprechend Adjektive bzw. Verben, weil ihre Grundwörter diesen Wortarten angehören.

Die Bedeutungsbeziehung zwischen Erstelement und Grundwort

Die Bedeutung des Kompositums wird von Erstelement und Grundwort gemeinsam bestimmt. Die Bedeutung des Kompositums *Lachtaube* wird in einem Wörterbuch folgendermaßen beschrieben:

~taube, die: *Taube mit gelblichbraunem Gefieder u. schwarzem Band über dem Nacken, deren Ruf an ein dumpfes Lachen erinnert;* Ü sie ist eine L. (veraltet; *sie lacht gerne*);

aus: Duden. Das große Wörterbuch der deutschen Sprache, IV, S. 1616.

Die Funktion des Erstelements für die Bedeutung des Kompositums wird im Vergleich mit anderen Komposita deutlich, die im Grundwort übereinstimmen:

Taube
Waldtaube
Wildtaube
Brieftaube
Kropftaube
Wurftaube
Lachtaube
Locktaube
Ringeltaube
Turteltaube
Hohltaube
Türkentaube
Tontaube
Friedenstaube
Haustaube

aus: Gustav Muthmann, Rückläufiges deutsches Wörterbuch, S. 189.

Die durch das gemeinsame Grundwort *Taube* gegebene Bedeutung wird durch die Erstelemente differenziert. Das Erstelement bestimmt die Bedeutung des Grundwortes näher, so daß die Bedeutung des Kompositums jeweils gegenüber der Bedeutung des Grundwortes spezifiziert erscheint. Im Hinblick auf diese Funktion wird das Erstelement Bestimmungswort genannt. Der in diesen Beispielen vorliegende Kompositionstyp wird im Hinblick auf die Bedeutungsbeziehung zwischen Bestimmungswort und Grundwort Determinativkompositum genannt.

Die Kompositionsfuge

Bei der Analyse der *-taube*-Bildungen bleibt in einigen Fällen neben Bestimmungswort und Grundwort ein Element übrig, das zwischen den beiden Bestandteilen steht:

Türke - n - taube - *Frieden - s - taube*

Diese an der Verbindungsstelle von Bestimmungswort und Grundwort auftretenden Elemente nennt man Fugenelemente. Sie zeigen eine formale Übereinstimmung mit Flexionselementen, wie weitere Beispiele veranschaulichen können:

Arbeit-s-amt	*Hund-e-futter*
Gott-es-haus	*Bild-er-buch*
herz-ens-gut	*Hühn-er-ei*

Daneben stehen zahlreiche Komposita ohne Fugenelement:

Wald-taube	*Haus-tür*
Wild-taube	*Wein-flasche*

Das oben genannte Beispiel *Arbeit-s-amt* zeigt, daß das Fugenelement nicht in direktem Zusammenhang mit der Flexion des Bestimmungswortes zu sehen ist. Das Femininum *Arbeit* kennt keine Flexionsendung *-s*. Das Fugenelement kann daher jedenfalls hier keine flexivische Bedeutung - etwa die des Genitivs - in die Bedeutung des Kompositums einbringen. In anderen Fällen stimmen die Fugenelemente dagegen mit der Flexion der Bestimmungswörter überein; sie sind wenigstens teilweise sogar an die Flexion gebunden: Das Fugenelement *er* tritt nur bei Bestimmungswörtern auf, die den Plural mit *-er* bilden, wie z.B. *Huhn - Hühnerei*. Es fragt sich, ob in solchen Fällen das Fugenelement für die Bedeutung des Kompositums eine Rolle spielt.

Die Möglichkeiten der Determination

Die Art der Determination ergibt sich im allgemeinen aus den außersprachlichen Gegebenheiten, besonders aus den nach der gewöhnlichen Erfahrung bestehenden Relationen zwischen dem vom Grundwort Bezeichneten und dem vom Bestimmungswort Bezeichneten. Eine Kombination Stoffbezeichnung - Produktbezeichnung drückt oft aus, daß das im Grundwort bezeichnete Produkt aus dem im Bestimmungswort bezeichneten Stoff besteht, wie zum Beispiel bei *Glasflasche, Ledermantel*. Die umgekehrte Folge könnte beispielsweise ausdrücken, daß der im Grundwort bezeichnete Stoff zur Herstellung des im Bestimmungswort bezeichneten Produktes dient, wie zum Beispiel bei *Flaschenglas*.
Andere Beziehungen sind etwa

Stoff - Gefäß: *Weinflasche, Weinglas*
Merkmal - Träger: *Lachtaube, Kropftaube*

Die Erkennbarkeit der Beziehung, die bei einem im Text auftretenden Kompositum tatsächlich vorliegt, hängt auch davon ab, ob das Kompositum häufig im Gebrauch ist, also usuell ist, oder ob es bei Gelegenheit der betreffenden Stelle erstmalig gebildet wurde, also okkasionell ist. Bei den okkasionellen Komposita ist die Art der Determination in der Regel nur aus

dem Kontext ableitbar. Bei den usuellen Komposita ist die Art der Determination in der Regel festgelegt; es ist eine Lexikalisierung der Bedeutung eingetreten. Diese Komposita stehen deshalb meist auch im Wörterbuch.
Die Leistung des Wortbildungstyps Determinativkompositum besteht offensichtlich darin, das generelle Bestehen einer determinierenden Relation zwischen Bestimmungswort und Grundwort auszudrücken, ohne die spezielle Art der Relation festzulegen. Diese Eigenschaft macht das Determinativkompositum zu einem außerordentlich flexiblen, vielseitig verwendbaren Ausdrucksmittel, mit dem freilich gerade keine Explizitheit des Inhalts erreicht wird. Das Determinativkompositum ist bequem, aber auch ungenau. Der Rahmen für mögliche Determinationsarten wird durch die Wortart der beteiligten Elemente und durch ihre allgemeinen Bedeutungsmerkmale gegeben. Die überaus wichtige Funktion dieses Bildungstyps der deutschen Gegenwartssprache wird von J. Erben am Beispiel der Komposition aus zwei Substantiven folgendermaßen beschrieben:

> "Offensichtlich bietet die deutsche Zusammensetzung des Typus "Substantiv + Substantiv" bequeme Möglichkeiten der knappen umrißhaft andeutenden Benennung. Sie ist eine ökonomische Audrucksform, die anstelle sehr komplexer syntaktischer Verbindungen gebraucht und zur Wiedergabe sehr verschiedenartiger logischer Beziehungen genutzt werden kann. Das grundwörtlich Genannte hat (enthält)/tut/betrifft/schafft das vom Bestimmungswort Genannte, es entsteht/besteht daraus/geschieht dadurch/ist ein Teil davon/ist wie dieses/ist darin (wirksam)/ist bestimmt dafür/dient dazu oder schützt davor u.ä."
>
> aus: Johannes Erben, Einführung in die deutsche Wortbildungslehre, S. 62.

Die Vielfalt der möglichen Bedeutungsbeziehungen erlaubt es auch, beispielsweise durch eine bestimmte Einbettung in einen Kontext, anstelle der gewohnten eine neue Bedeutungsbeziehung ins Spiel zu bringen:

... will er probieren,
mit Kichererbsen den Tieren
das Lachen wieder beizubringen.

Der Bildungstyp ermöglicht es durch seine prinzipielle Offenheit, eine Bedeutungsbeziehung herzustellen, die zunächst nicht bestand: Die *Kichererbse* wird in diesem Kontext als *Erbse*, die zum *Kichern* veranlaßt, verstanden.
Unabhängig von diesem speziellen Kontext steht das Wort *Kichererbse* im Hinblick auf sein Bestimmungswort in der Gegenwartssprache isoliert. Grundwort und Bestimmungswort in *Kichererbse* sind in ihrer Bedeutungs-

beziehung nicht durch die Angabe einer Relation aufzuhellen. Das formal als Kompositum erkennbare Wort ist hinsichtlich seiner Bedeutung als Einheit anzusehen. Derartige Bildungen nennt man lexikalisiert oder idiomatisiert; vgl. beispielsweise auch *Lindwurm, Himbeere* usw. Eine Aufdeckung der ursprünglichen Bedeutungsbeziehung ist nur durch sprachgeschichtliche Untersuchung möglich: Das zunächst selbständige Wort *Kicher* ist aus lat. *cicer* 'Kichererbse' entlehnt; ihm wurde später zur Verdeutlichung das Grundwort *-erbse* angefügt; das Verb *kichern* ist dagegen germanischer Herkunft.

Ein gemeinsames Kennzeichen der bisher beobachteten Komposita, auch der in dem Gedicht von P.P. Althaus in neue Zusammenhänge gestellten, ist die Übereinstimmung in der Bedeutung von Grundwort und Kompositum. Diese Übereinstimmung ist in der Weise gegeben, daß die Bedeutung des Kompositums als engere Bedeutung in der weiteren Bedeutung des Grundwortes enthalten ist. Dieses Bedeutungsverhältnis nennt man endozentrisch; es läßt sich durch die Weglaßprobe am Bestimmungswort zeigen: *Eine Lachtaube ist eine Taube.*

Die Possessivkomposita

Bei einer Reihe von Komposita führt die Weglaßprobe zu einem anderen Befund:

Nashorn - Dreibein - Sechszylinder

Bestimmungswort und Grundwort stehen in diesen Komposita in demselben Determinationsverhältnis wie in den bisher behandelten. In diesem Sinne handelt es sich auch bei diesen Bildungen um Determinativkomposita.
Die Komposita bezeichnen aber etwas anderes als ihre Grundwörter bezeichnen. Auch hier kann durch eine Paraphrase, die das Bezeichnete mitberücksichtigt, das Bedeutungsverhältnis näher beschrieben werden. Das wird an den Bedeutungsangaben in Wörterbüchern deutlich (Duden. Deutsches Universalwörterbuch):

Nashorn	'großes Säugetier von plumpem Körperbau u. mit dicker Haut, das ein od. zwei Hörner auf der Nase trägt'
Dreibein	'Schemel mit drei Beinen'
Sechszylinder	'Kraftfahrzeug mit einem Sechszylindermotor'

Das Bezeichnete liegt hier außerhalb der Bedeutung des Grundwortes; dieses Bedeutungsverhältnis heißt exozentrisch. Das exozentrische Bedeutungsverhältnis läßt sich oft als Bezeichnung nach dem Besitz einer Eigen-

schaft verstehen. Exozentrika mit diesem speziellen Bedeutungsverhältnis heißen Possessivkomposita. In anderen Fällen liegen Übertragungen zugrunde: *Langfinger* bedeutet 'jemand, der lange Finger macht', 'Dieb'.
In bezug auf das Verhältnis der Kompositionsglieder zueinander besteht zwischen den exozentrischen Possessivkomposita und den endozentrischen Determinativkomposita Übereinstimmung in der Subordination des Bestimmungswortes unter das Grundwort. Die Reihenfolge der Kompositionsglieder ist daher nicht beliebig; eine Änderung der Reihenfolge ist oder wäre mit einer Änderung der Bedeutung des Kompositums verbunden: *Weinflasche - Flaschenwein; Nashorn - Hornnase.*

Die Kopulativkomposita

Ein anderes Bedeutungsverhältnis von Erstglied und Zweitglied zeigen Komposita wie

Strichpunkt - naßkalt, taubstumm - dreizehn

Hier stehen beide Kompositionsglieder semantisch gleichwertig nebeneinander; die Bedeutungen beider ergeben gewissermaßen additiv die Bedeutung des Kompositums. Das Bedeutungsverhältnis dieser Komposita läßt sich als koordiniert bestimmen. Es kann durch eine Paraphrase verdeutlicht werden:

naßkalt: '*naß* und *kalt* zugleich'
Strichpunkt: '*Strich* und *Punkt* zusammen'

Bei diesem Kompositionstyp gehören beide Teile derselben Wortart an. Sie stammen außerdem aus demselben Bedeutungsbereich. Bei den koordinierten Komposita ist unter semantischem Aspekt eine umgekehrte Reihenfolge der Glieder ohne Bedeutungsunterschied denkbar (*naßkalt* = *kaltnaß*), wenn auch im allgemeinen nicht üblich.
Die koordinierten Komposita heißen Kopulativkomposita.

Übersicht über die Kompositionstypen

Die semantischen Typen der Komposita lassen sich folgendermaßen zusammenfassen:

<table>
<tr><td colspan="3">Bedeutungsverhältnis der Kompositionsglieder zueinander:</td></tr>
<tr><td rowspan="3">koordiniert:
Kopulativkompositum
Typ: Strichpunkt</td><td colspan="2">subordiniert:
Determinativkompositum</td></tr>
<tr><td colspan="2">Bedeutungsverhältnis des Kompositums zum Zweitglied:</td></tr>
<tr><td>endozentrisch:
Determinativ-
kompositum
(im engeren Sinn)
Typ: Haustür</td><td>exozentrisch:
Possessivkompositum
(als häufigster Fall)

Typ: Nashorn</td></tr>
</table>

Zusammenrückung

Der Vergleich von Bildungen wie *Hochland, Hochnebel, Hochofen* einerseits mit Bildungen wie *Hohelied, Hohepriester* andererseits führt zur Unterscheidung des Wortbildungstyps Zusammenrückung von der Zusammensetzung.
Die Zusammenrückung entsteht durch die feste Verbindung einer flektierten Wortgruppe zu einem Wort. In den genannten Beispielen wird das Erstelement auch in den Kasus- und Numerusformen verändert: *das Hohelied, des Hohenlied(e)s, der Hohepriester, die Hohenpriester.*
Zusammenrückungen sind auch aus Verbindungen mit Verbformen, Pronomen, Adjektiven u.a. entstanden. Ihr Kennzeichen ist jeweils die in der neuen Worteinheit noch erkennbare syntagmatische Kombination sowie die Flexion einzelner Elemente: *Vergißmeinnicht, Tunichtgut, Dreikäsehoch, hierzulande, währenddessen.*

Analyse von Komposita

Bei der Analyse von Komposita sind die morphologischen und semantischen Aspekte der Bildung zu beschreiben. Soweit es sich nicht um eng an einen bestimmten Kontext gebundene, okkasionelle Bildungen handelt, nimmt die Analyse ihren Ausgang bei der dem Sprecher bekannten Bezeichnungsfunktion und dem naiven Verständnis der Bildung. In der Beispielgruppe *Hosen-*

rock, Seidenrock, Holzbein, Holzkohle, Holzkohlengrill, Kernholz, Kiefernholzkleiderschrank, Kirschbaumholz erweist sich auf diese Weise das erste Wort als Kopulativkompositum: *Hosenrock* bedeutet laut Duden. Deutsches Universalwörterbuch: 'Kleidungsstück ... von einer Form, die aus Hose und Rock kombiniert ist'. Beide Teile sind Substantive und bezeichnen Kleidungsstücke. Im Gegensatz dazu ist das Wort *Seidenrock* ein Determinativkompositum und bedeutet 'aus Seide hergestellter Rock'. Diese paraphrasierende Angabe zeigt den bei Determinativkomposita möglichen Ersatz des Kompositums durch das Grundwort und die Explizierung der durch das Bestimmungswort geleisteten Determination. Dasselbe Verhältnis zeigen *Kernholz* 'Holz des Kerns', *Holzkohle* 'Kohle, die bei der Verkohlung von Holz gewonnen wird', *Holzbein* 'Beinprothese aus Holz'. Alle sind endozentrische Determinativkomposita, wie insbesondere die am Bestimmungswort vorgenommene Weglaßprobe verdeutlicht:

ein Bettkasten ist ein Kasten
Kernholz ist Holz
Holzkohle ist Kohle
ein Holzbein ist ein Bein.

Bei dem Beispiel *Holzbein* ist - wie bei vielen Bezeichnungen von körperlichen Merkmalen - auch eine exozentrische Verwendung zur Bezeichnung eines Menschen, der eine Beinprothese aus Holz besitzt, möglich. Diese Verwendung wird im Deutschen Wörterbuch von Jacob und Wilhelm Grimm (IV,2,1877, Sp.1767) auch nachgewiesen. Exozentrische Verwendung von Determinativkomposita kann als stilistisches Mittel eng an den Kontext gebunden sein.
Die bisher besprochenen Komposita bestehen alle aus zwei Wörtern oder Grundmorphemen. Der Zweigliedrigkeit kommt prinzipielle Bedeutung zu. Das zeigt sich bei der Analyse von Komposita, in denen mehr als zwei Grundmorpheme enthalten sind. Naivem Verständnis ist ohne weiteres deutlich, daß ein Holzkohlengrill ein mit Holzkohle betriebener Grill ist, ein Kiefernholzkleiderschrank ein aus Kiefernholz angefertigter Kleiderschrank. Die Bestandteile eines Kompositums können ihrerseits bereits Komposita sein, wobei alle theoretisch denkbaren Fälle auch tatsächlich vorkommen:

zusammengesetztes Bestimmungswort: (A+B)+C (*Holzkohlengrill*)
zusammengesetztes Grundwort: A+(B+C) (*Holzkleiderschrank*)
zusammengesetztes Grundwort und zusammengesetztes Bestimmungswort: (A+B)+(C+D) (*Kiefernholzkleiderschrank)*

Die Muster (A+B)+C und A+(B+C) können ihrerseits wieder als Grundwort oder Bestimmungswort in Komposita eingehen:

[(A+B)+C]+D: *Holzkohlengrillsteak*
A+[B+(C+D)]: *Heimvolkshochschule*

Bildungen mit mehr als vier Grundmorphemen sind selten, können aber gerade im sprachlichen Spiel gebildet werden:

Kiefernholzkleiderschranktürschlüsselloch
{[(A+B)+(C+D)]+E}+{F+G}

In Komposita können auch Produkte anderer Wortbildungstypen als Bestandteile eingehen, z.B. *Holzkohlenherstellung, Herstellungsverfahren* usw. Für die Analyse von Komposita ist die Bildungsweise ihrer Bestandteile aber erst in zweiter Hinsicht von Interesse, nämlich wenn es um die davon abhängige Komplexität der Bildungen geht. Im Mittelpunkt steht die Bestimmung des Bedeutungsverhältnisses zwischen den unmittelbaren Bestandteilen als koordiniert oder subordiniert und bei den subordinierten Komposita die Feststellung der Bezeichnungsweise als endozentrisch oder exozentrisch. Explizit gemacht werden diese semantischen Beziehungen durch entsprechende Paraphrasen.

Literaturhinweise: sieh Kapitel II.3.

3. Derivation

Adjektivbildung im Text

In der Erzählung 'Der Tod in Venedig' läßt Thomas Mann zu Beginn den Schriftsteller Gustav Aschenbach an der Aussegnungshalle des Münchner Nordfriedhofs einen Mann bemerken, der in einem eigenen Absatz ausführlich beschrieben wird (Textanhang L 10). Zum Ausdruck der Merkmale der Person verwendet Thomas Mann zahlreiche Adjektive und nutzt dabei die semantische Funktion dieser Wortart: *mager, bartlos, stumpfnäsig, milchig* usw. Soweit die Merkmale ein Versehensein mit etwas betreffen, werden Adjektive verwendet, die mit Hilfe von Wortbildungsprozessen von den Bezeichnungen für dieses etwas abgeleitet sind: *rothaarig, sommersprossig* usw. Für den Textabschnitt und seine Funktion im Aufbau der Erzählung sind die zahlreichen Adjektive, speziell auch die durch Wortbildung entstandenen Adjektive, charakteristisch. Deshalb liegt es nahe, von einem solchen Textausschnitt aus in den Bereich der Wortbildung durch Derivation auch über die Adjektive hinaus einzuführen.

Die Durchsichtigkeit der Wörter

Die Sammlung von Wortbildungen aus dem Text zeigt, daß nicht nur die Bestandteile von Komposita leicht erkennbar sind: *Basthut, Lodenstoff* usw. Auch andere Arten von Wortbildungen sind hinsichtlich ihrer Bestandteile durchsichtig. So ist das Adjektiv *milchig* durchsichtig. Man erkennt in ihm als der Bildung zugrundeliegenden Bestandteil das Substantiv *Milch* und das an der Bildung des Adjektivs beteiligte Wortbildungsmorphem *-ig*. Das Adjektiv erscheint im Text als Attribut zu *Haut: milchige Haut* und drückt aus, daß die Haut die Farbe der Milch hat, in Wörterbuchformulierung (Duden. Deutsches Universalwörterbuch): 'eine weißlichtrübe Farbe besitzend'.

Grundbegriffe der Derivation

Die bisherigen Beobachtungen lassen sich folgendermaßen zusammenfassen: Von einem zugrundeliegenden Wort, Basis genannt, wird mit Hilfe eines am Ende auftretenden Wortbildungsmorphems, Suffix genannt, ein neues Wort gebildet. Die Basis kann ein Grundmorphem sein, wie z.B. *Milch* in *milchig*, es kann sich aber auch um ein Wort handeln, das seinerseits schon eine Wortbildungsstruktur hat (Sieh dazu weiter unten).
Diesen Wortbildungstyp nennt man Ableitung oder Derivation. Das Wortbildungsprodukt heißt Ableitung oder Derivat. Wortbildungsmorpheme, die vor das Grundmorphem treten, heißen Präfixe. Präfixe und Suffixe werden zusammenfassend Affixe genannt. Die Präfixbildungen werden hier zur Derivation gerechnet.

Derivation mit Wortartwechsel

Bei der Ableitung des Adjektivs *milchig* vom Substantiv *Milch* ergibt sich ein Wechsel der Wortart. Wortartwechsel durch Ableitung wird Transposition genannt. Transpositionen begegnen bei allen drei vorwiegend an der Wortbildung beteiligten Wortarten, und zwar in allen Richtungen, wie sich mit Beispielen aus dem Text (und ergänzendem Material) belegen läßt.

Transposition vom Substantiv zum Adjektiv: *Milch - milchig.*
Suffix *-ig*

Transposition vom Substantiv zum Verb: *Grimasse - grimassieren*
Suffix: *-ier-en*

Transposition vom Adjektiv zum Substantiv: *wild - Wildheit*

Suffix: *-heit*

Transposition vom Adjektiv zum Verb: *tief - vertiefen*
Präfix und Suffix: *ver-...-en*

Transposition vom Verb zum Substantiv: *entstellen - Entstellung*
Suffix: *-ung*

Transposition vom Verb zum Adjektiv: *trinken - trinkbar*
Suffix: *-bar*

Die Wortartzugehörigkeit der Ableitungen wird in jedem Fall durch das Suffix festgelegt: *-ig* und *-bar* sind z.B. Adjektivsuffixe usw. Ihre semantische Funktion erschöpft sich aber nicht in der Wortartzuweisung.

Derivation ohne Wortartwechsel

Das Textbeispiel *gelblich* ist als Ableitung zur adjektivischen Basis *gelb* mit dem Suffix *-lich* erkennbar. Die Ableitung *gelblich* ist ihrerseits auch ein Adjektiv, weil das Suffix *-lich* Adjektive ableitet. Auch bei dieser Bildung wird die Wortartzugehörigkeit durch das Suffix festgelegt. Es tritt aber keine Transposition ein. Die Funktion des Suffixes im semantischen Bereich bleibt noch zu bestimmen.
Suffixableitung innerhalb derselben Wortart begegnet auch beim Substantiv (z.B. *Wirt - Wirtin, Witwe - Witwer* [Diese Ableitung von Personenbezeichnungen für das jeweils andere Geschlecht wird Movierung genannt.]) und beim Verb (z.B. *husten - hüsteln*).
Ableitung ohne Transposition erfolgt grundsätzlich bei der Wortbildung mit Präfixen, die als solche keinen Einfluß auf die Wortartzugehörigkeit haben. Solche Ableitung ohne Wortartwechsel nennt man Modifikation. Allerdings ist die Verwendung der Präfixe in der Regel auf bestimmte Wortarten beschränkt. So werden mit dem Präfix *un-* Substantive und Adjektive präfigiert; vgl. *Un-menge, un-gewiß.* Das Präfix *be-* dagegen wird nur bei Verben verwendet; vgl. im Text *be-decken.*

Zur Semantik von Adjektivsuffixen

Die Bedeutungsangaben aus einem Wörterbuch können die semantische Funktion von Adjektivsuffixen erkennen helfen (Duden. Deutsches Universalwörterbuch). Den Adjektiven sind ihre Bezugswörter im Text beigegeben.

gelblich (Gurtanzug) 'leicht gelb getönt, sich im Farbton dem Gelb nähernd, ins Gelbe spielend'
bartlos (Mann) 'ohne Bart'
milchig (Haut) 'eine weißlichtrübe Farbe besitzend'
eisern (Spitze) 'aus Eisen bestehend'.

Die Bedeutungsangaben enthalten in der Regel das Basiswort. Wo das nicht der Fall ist, kann man leicht selbst eine entsprechende Angabe finden, z.B. für *milchig* 'die Farbe der Milch besitzend, wie Milch aussehend'.
Aufgrund der Analyse zahlreicher Bildungen mit einem Suffix lassen sich abstrakte Formulierungen finden, mit denen der Bedeutungsanteil des Suffixes an einer Bildung ausgedrückt werden kann. Der Weg einer solchen Untersuchung geht beispielsweise von der Zusammenstellung von Adjektiven auf *-ern* in einem rückläufig-alphabetischen Wörterbuch aus (z.B. *silbern, ledern, schiefern, blechern, schweinern, gläsern*), ordnet die Bildungen nach den ausdrucksseitigen Verhältnissen (z.B. Suffixgestalt *-n* in *silbern, -ern* in *blechern,* Umlaut in *gläsern* usw.), registriert die in Texten vorkommenden Verwendungen (z.B. als Attribut zu einem Bezugssubstantiv) und analysiert unter Zuhilfenahme der Wörterbücher die semantisch-syntaktische Funktion des Bildungstyps. Zu ihr gehört einerseits die Transposition (soweit vorhanden), andererseits die Modifikation des Inhalts, die bei Bildungen ohne Transposition besonders deutlich wird. Bei den meisten Suffixen zeigt sich rasch eine Polyfunktionalität, deren Varianten oft in einer Wechselwirkung mit semantischen Typen der Basis stehen; vgl. z.B. *blechern* usw. 'aus Blech' mit *schweinern* usw. 'vom Schwein', wo die Bedeutungsvarianten 'aus Basissubstantiv x hergestellt' und 'vom Basissubstantiv y stammend' mit den Bedeutungstypen x = 'Stoff, Material' und y = 'Haustier' korrespondieren. Die Bedeutungsvielfalt der Suffixe wird bei semasiologischer Betrachtung sichtbar. Sie erfordert eine ergänzende onomasiologische Betrachtung, bei der ausgehend von einer Suffixfunktion nach den dafür zur Verfügung stehenden Suffixen gefragt wird. Dafür wird bei der Besprechung der Substantivbildung ein Beispiel gegeben.

Zur Semantik von Substantivsuffixen

Das vom Verb *entstellen* mit dem *-ung*-Suffix abgeleitete Substantiv *Entstellung* gehört in der im Text vorliegenden Bedeutung 'das Entstelltsein' zu der Verbbedeutung 'jemandes Aussehen so zu seinen Ungunsten verändern, daß er oft kaum wiederzuerkennen ist' (Duden. Deutsches Universalwörterbuch). Die Suffixbildung leistet also die Transposition zum Substantiv und dient als Bezeichnung des Ergebnisses der Verbalhandlung. Mit dem *-ung*-Suffix kann auch eine Handlungs- oder Vorgangsbezeichnung abgeleitet

werden; vgl. z.B. *Zur Entstellung einer Nachricht gehört nicht viel*, wo *Entstellung* 'das Entstellen' bezeichnet.
Mit der deverbalen Substantivbildung können also der im Verb bezeichnete Vorgang bzw. die Handlung selbst bezeichnet werden sowie das Ergebnis des Vorgangs oder der Handlung. Der Unterschied ist oft nur im Kontext zu bewerten. Vgl. z.B. *Die Abrechnung dauert Stunden*: Vorgang - *Die Abrechnung erhalten Sie zugeschickt*: Ergebnis.
Mit anderen Bildungsmitteln können andere Komponenten der Verbalhandlung bezeichnet werden, so der Täter, also das Subjekt eines Aktivsatzes, der die Handlung Erleidende, das Objekt, ferner das Instrument des Handelns sowie der Ort des Handelns. Eine Fülle von Bildungsmitteln, insbesondere Suffixen, erlaubt es so, sich im Textzusammenhang auf eine verbal bezeichnete Handlung zu beziehen und sie selbst oder das Subjekt, Objekt usw. zum Thema weiterer Aussagen zu machen. Die folgende Übersicht gibt die Möglichkeiten der Thematisierung nur auszugsweise wieder:

Komponenten:	Vorgang/ Handlung/ Ergebnis	Subjekt	Objekt	Instrument	Ort
Themati-sierende Bildung:	Vorgangs-bezeichnung (nomen actionis) Ergebnis-bezeichnung (nomen acti)	Täterbe-zeichnung (nomen agentis)	Opferbe-zeich-nung (nomen patientis)	Mittelbe-zeichnung (nomen instrumenti)	Ortsbe-zeichnung (nomen loci)
Suffixe Beispiele:	*-ung Prüfung* *-er Jodler*	*-er* *Prüfer*	*-ling* *Prüfling*	*-er Bohrer* *-el Hebel*	*-erei* *Bäckerei*

Die Tabelle enthält im Ansatz die Polyfunktionalität der Suffixe, insofern mit dem *-er*-Suffix nomina acti, agentis und instrumenti gebildet werden können. Zugleich wird das Phänomen der Konkurrenz von mehreren Suffixen zum Ausdruck einer Funktion erkennbar. Nomina instrumenti können mit *-er-* oder *-el*-Suffix (u.a.) gebildet werden. Für die Einzelheiten deverbaler und deadjektivischer Substantivableitung ist wiederum auf die Handbücher und auf die Wörterbücher zu verweisen.

Verbableitung mit Präfixen und Suffixen

Die im Text vorkommenden Verben *vertiefen* und *grimassieren* sind bereits als Ableitungen zum Adjektiv *tief* und zum Substantiv *Grimasse* angesprochen worden. Sie führen - unter Heranziehung weiterer Beispiele - auf folgende generellen Regularitäten.

Bei der Bildung von Verben durch Ableitung von Substantiven oder Adjektiven erfüllt häufig die verbale Flexionsendung allein die Funktion der Suffigierung:

Film - er film-t
film-en
faul - etwas faul-t
faul-en

In anderen Bildungen gehen der Verbalendung Suffixe wie *-el-,-ig-,-(is)ier-* voraus: *stück-el-n, frömm-el-n, pein-ig-en, fest-ig-en, grimass-ier-en, vulkan-isier-en.*
Die Verbbildung durch bloße Einfügung eines substantivischen oder adjektivischen Grundmorphems ins verbale Flexionssystem wird oft mit der Präfigierung verbunden. Solche Ableitungen sind daran erkennbar, daß keine unpräfigierten Verben daneben existieren: *ver-tief-en, be-bilder-n, ver-chrom-en.*
Davon zu unterscheiden sind die tatsächlichen Präfigierungen von Simplexverben: *leihen - verleihen, heben - erheben.* Neben solchen Bildungen mit den nicht frei vorkommenden, nicht vom Verb trennbaren Präfixen (*be-, ent-, er-, ge-, miß-, ver-, zer-*) gibt es trennbare und nichttrennbare Zusammensetzungen mit auch frei vorkommenden Elementen (Präpositionen, Adverbien) wie *ab-, hinaus-, über-* usw., z.B.:

abfahren - fährt ... ab
hinausgehen - geht ... hinaus
übertragen - überträgt.

Zur Semantik von Verbalpräfixen

Die Präfixe können einerseits wie die Suffixe einzeln in Hinsicht auf ihre verschiedenen Bedeutungen beschrieben werden, wobei in der Regel ein Zusammenhang mit der Basis und ihrer Bedeutungsklasse gegeben ist. *ver-* drückt bei Ableitung von stoffbezeichnenden Substantiven in der Regel eine ornative Bedeutung aus, das heißt ein Hinzufügen oder Anbringen des in der Basis bezeichneten Stoffes, ein Versehen mit ihm: *verchromen, vergolden, vereisen, verglasen.*
Bei der Präfigierung von Verben wie *fahren, schreiben, hören* mit *ver-* können reflexive Verben entstehen, die ausdrücken, daß die betreffende Tätigkeit mit falschem Ergebnis ausgeführt wird: *sich verfahren* usw.
Andererseits können die Präfixe auch von den Bedeutungsfunktionen aus erfaßt und geordnet werden. So werden ornative Verben außer mit dem

Präfix *ver-* zum Beispiel auch mit dem Präfix *be-* gebildet: *verchromen, beflaggen.*
Besonders ausgeprägt ist im Bereich der verbalen Präfigierung die Strukturierung in Gegensatzpaare. Die z.B. der ornativen entgegengesetzte Bedeutung heißt privativ. Entsprechende Bildungen drücken aus, daß das im Basiswort Bezeichnete weggenommen, entfernt wird. Man vergleiche etwa folgende Gegensatzpaare:

ver-eisen - *ent-eisen*
be-decken - *auf-decken*
be-kleiden - *ent-kleiden*

Für die vollständige Beschreibung der verbalen Präfixe und ihrer Funktionen, auch für die Behandlung der bei Substantiven und Adjektiven vorkommenden Präfixe muß auch hier wiederum auf die Handbücher und auf die Wörterbücher verwiesen werden.

Bildungen mit mehr als einem Grundmorphem

Der Text von Thomas Mann enthält wenigstens drei Adjektive, an denen Suffixe erkennbar sind, die aber im Gegensatz zu den bisher besprochenen Bildungen mehr als ein Grundmorphem enthalten: *rothaarig, sommersprossig, landesüblich.* Für die richtige Beurteilung ihrer Bildungsweise ist es von ausschlaggebender Wichtigkeit, daß ihre Bedeutung richtig beschrieben wird. Bei der Bedeutungsangabe, wie sie in Wörterbüchern zu finden ist, wird in der Regel die Basis einer etwaigen Ableitung verwendet oder die beiden Teile einer Zusammensetzung treten auf. Man kann die Bedeutungsangabe auch gezielt daraufhin formulieren. Sie sollte aber soweit möglich an Wörterbüchern kontrolliert werden.

landesüblich 'im Lande üblich'
sommersprossig 'mit Sommersprossen bedeckt'
rothaarig 'rotes Haar habend'

Die Wortbildungsstruktur ist genau entsprechend den Bedeutungsverhältnissen darzustellen:

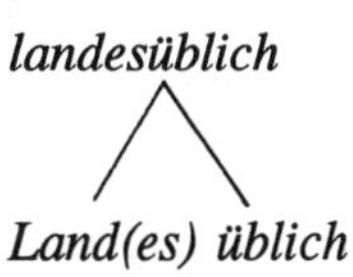

Die Bildung erweist sich als endozentrisches Determinativkompositum; sie ist unter Wegfall der Determination durch das Grundwort *üblich* ersetzbar. Dieses ist eine Ableitung von dem Verb *üben* mit dem Suffix *-lich.*

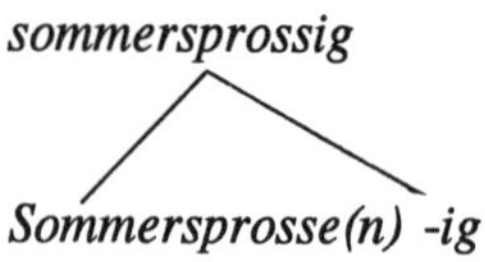

Die Bildung ist eine Ableitung mit dem Suffix *-ig* von dem (noch als Kompositum erkennbaren) Substantiv *Sommersprosse.*

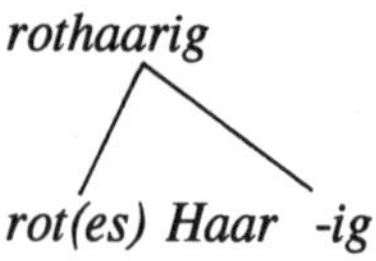

Die Bildung ist eine Ableitung mit dem Suffix *-ig* von dem Syntagma *rot(es) Haar.* Die Flexion der Basis wird dabei aufgehoben. Derartige Ableitungen von Wortgruppen nennt man Zusammenbildungen. Dieser Bildungstyp ist außer beim Adjektiv auch beim Substantiv und beim Verb produktiv; vgl. z.B. *Liebhaber, Viersitzer; übernachten.*

In manchen Fällen ist nicht entscheidbar, ob Ableitung von einer Wortgruppe oder von einer Zusammensetzung vorliegt. Das im Text vorkommende Adjektiv *stumpfnäsig* kann Zusammenbildung zu *stumpfe Nase* sein. Es ist aber auch in Wörterbüchern die Zusammensetzung *Stumpfnase* nachgewiesen, von der es abgeleitet sein kann. Eine andere konkurrierende Deutungsmöglichkeit zeigt sich z.B. bei dem Substantiv *Gesetzgeber,* das als Zusammenbildung zu *Gesetze geben* aufzufassen ist, aber auch als Zusammensetzung mit dem Grundwort *Geber* verstanden werden könnte: *Geber der Gesetze.* Gegen diese Auffassung spricht freilich, daß ein Ersatz der Zusammensetzung durch das Grundwort im Kontext nicht möglich ist.

Ableitung ohne Affix

Der gewählte Text enthält eine Reihe von Wörtern, die als gebildet erkennbar sind, aber keine Affixe als unmittelbare Bildungsmittel enthalten und auch nicht durch Zusammensetzung entstanden sind:

aus dem Innern: Grundlage dieses Substantivs ist das Adjektiv *inner-*
seinem Aussehen: Grundlage dieses Substantivs ist das Verb *aussehen*

In beiden Fällen liegt Transposition vor. Das Verb wird substantiviert, indem seine Infinitivform als Substantiv verwendet wird: *aussehen - das Aussehen.*
Adjektive werden substantiviert, indem sie unter Beibehaltung der Adjektivflexion als Substantive verwendet werden:

aus dem inner(e)n (Raum) - aus dem Innern
kühnes (Verhalten) - etwas Kühnes

Es begegnet aber auch die Überführung in die Substantivflexion *das Grün, des Grüns.* Diese Überführung in eine andere Wortart ohne Affix und ohne Veränderung der Ausdrucksseite (von der Großschreibung bei Substantiven abgesehen) heißt Konversion.

Ein anderer Bildungstyp entsteht auch ohne Affix, zeigt aber Veränderungen der Ausdrucksseite in Form von Kürzung und Aufnahme des ablautenden Vokals starker Verben, bei denen diese Art der Ableitung besonders oft vorkommt:

greifen - gegriffen - der Griff
finden - gefunden- der Fund

Diese Art der Ableitung heißt implizite Ableitung. Die Ableitung mit Hilfe von Affixen wird demgegenüber explizite Ableitung genannt.

Literaturhinweise

R. Bergmann - P. Pauly - M. Schlaefer, Einführung in die deutsche Sprachwissenschaft, S. 44-51.
H. Brinkmann, Die deutsche Sprache, S. 16-40, 116-138, 229-262.
Deutsche Wortbildung. Typen und Tendenzen in der Gegenwartssprache.
Duden. Grammatik, Nr. 683-942.
J. Erben, Einführung in die deutsche Wortbildungslehre.
W. Fleischer, Wortbildung der deutschen Gegenwartssprache.
E. Hentschel - H. Weydt, Handbuch der deutschen Grammatik, S. 21-31.
W. Jung, Grammatik der deutschen Sprache, Nr. 932-1094.
H. Paul, Deutsche Grammatik, V.
M. D. Stepanowa - W. Fleischer, Grundzüge der deutschen Wortbildung.
Ferner können Präfixe und Suffixe in den verschiedenen Wörterbüchern der deutschen Gegenwartssprache nachgeschlagen werden.

III. Die Struktur des einfachen Satzes

1. Die Wortart Verb und die Verbformen im Satz

Semantik und Flexion der Wortart Verb

Verben sind diejenigen Wörter, die - in der Formulierung von J. Erben - "offensichtlich eine besonders zentrale Funktion im Rahmen des Satzes erfüllen". Er nennt sie zur Verdeutlichung dieser Funktion "zustand- oder vorgangschildernde Aussagewörter" (Deutsche Grammatik, S. 62). Insofern Sätze im weitesten Sinne mit Aussagen über Zustände oder Vorgänge zu tun haben, bilden Verben ihren Kern, der den jeweils gemeinten Zustand oder Vorgang bezeichnet.
Verben werden in der deutschen Gegenwartssprache nach einer für sie typischen Kombination von Kategorien flektiert, sie besitzen wenigstens in einer Reihe von Fällen für sie charakteristische Flexionsmorpheme, und sie sind in Satz und Text in der Regel auch an ihrer Position erkennbar. Die Flexionskategorien werden bei der Bestimmung einer Verbform deutlich:

Im Traum sah John eine neue Figur. (Text L 12, Z.1)

	Bestimmung	Kategorie
sah:	3. Person	grammatische Person
	Singular	Numerus
	Indikativ	Modus
	Präteritum	Tempus
	Aktiv	Genus Verbi
	starkes Verb	Flexionsklasse

Besonders auffällig und charakteristisch ist bei einem starken Verb die Erscheinung des Ablauts, eines in Vorstufen der deutschen Sprache wirksamen regelmäßigen Wechsels des Vokals der Grundmorpheme. Die Bedeutungsangabe im Wörterbuch gibt die vorgangsbezeichnende Funktion des Verbs *sehen* zu erkennen: 'mit dem Gesichtssinn, mit den Augen optische Eindrücke wahrnehmen' (u.a.).

Einfache und komplexe verbale Formen

Die Sammlung der Verbformen aus Text L 12 führt rasch zu der Feststellung, daß in vielen Sätzen weitere eng zu der Verbform gehörige Elemente enthalten sind, die sofort miterfaßt werden müssen.
Die Zusammengehörigkeit der Teile ergibt sich für Fälle wie *wuchs ... auf, stieg ... auf* bereits aus der Umformung in den Infinitiv: *aufwachsen, aufsteigen.* Es handelt sich um Verben eines bestimmten Wortbildungstyps, der sogenannten trennbaren Zusammensetzung.
Verbkomplexe wie *konnte ... neigen, werden mußte* wären grammatisch ersetzbar durch einfache Formen wie *neigte, wurde.* Es sind Verbindungen von Infinitiven mit flektierten Formen von Modalverben. Ihnen lassen sich die im Textausschnitt nicht vorkommenden Verbindungen der Hilfsverben *sein, haben* und *werden* mit Infinitiven und Partizipien anreihen:

ist gekommen *wird kommen* *wird gesehen*
hat gesehen

Komplexe verbale Formen enthalten stets eine nach den verbalen Flexionskategorien bestimmte Form, die 'finite Form' genannt wird. Die übrigen Teile können infinite Verbformen sein, nämlich Infinitiv oder Partizip Präteritum, aber auch trennbare Verbzusätze oder andere in fester, idiomatischer Verbindung mit dem Verb stehende Elemente:

aufsteigen - ... steigt ... auf
radfahren - ... fährt ... Rad
Leine ziehen 'sich davonmachen, verschwinden' - ... *zieht ... Leine*

Satz und Proposition

Der einfache Satz *Im Traum sah John eine neue Figur* läßt sich durch Veränderungen der Verbform in verschiedener Weise variieren:

*Im Traum **sieht** John eine neue Figur.*
sehe
sähe

*Im Traum **wird** John eine neue Figur **sehen**.*
soll
kann

*Im Traum **hat** John eine neue Figur **gesehen**.*
muß ***gesehen haben**.*

Weitere Varianten können sich durch Veränderungen der Position des finiten Verbs ergeben:

Sieht John im Traum eine neue Figur?
Sähe John im Traum eine neue Figur, ...
..., weil John im Traum eine neue Figur gesehen haben muß.

Alle Sätze lassen sich als Varianten eines Satzes verstehen, wenn man nur von dem bezeichneten Sachverhalt ausgeht, nämlich der optischen Wahrnehmung einer neuen Figur im Traum durch John. Der in einem Satz bezeichnete Sachverhalt wird Proposition genannt.
Die Satzvarianten enthalten in jedem Fall mehr als die Proposition, da an der finiten Verbform zwingend Kategorien ausgedrückt werden, die im Text die Proposition erst in einen Äußerungszusammenhang bringen und den Sachverhalt temporal und modal einordnen. Für die syntaktische Analyse kann zunächst einmal von allen zur Proposition hinzukommenden Elementen abgesehen werden und der so reduzierte Satz als Sachverhaltsbezeichnung betrachtet werden.

Literaturhinweise

Duden. Grammatik, Nr. 1329.
U. Engel, Deutsche Grammatik, S. 71f.
J. Erben, Deutsche Grammatik, § 96, 106, 115, 449-456.
W. Flämig, Grammatik des Deutschen, S. 42f.
Grundzüge einer deutschen Grammatik, S. 72-74.

2. Die nichtverbalen Satzglieder und ihr Verhältnis zum Verb

Sachverhalt und Aktanten

Zur Bezeichnung von Sachverhalten durch zustand-, vorgang- oder handlungschildernde Verben sind im Satz Bezeichnungen für die an den Zuständen, Vorgängen oder Handlungen beteiligten Personen, Sachen oder, allgemeiner gesagt, Größen erforderlich. Anzahl und Art dieser sogenannten Aktanten hängen von dem bezeichneten Sachverhalt ab. So ist am Vorgang des Sehens im Sinne der optischen Wahrnehmung ein sehender Handlungsträger, Agens, beteiligt, normalerweise ein mit Augen versehenes Lebewesen. Ferner gehört zum Vorgang des Sehens etwas, das gesehen (= wahrgenommen) wird. Diese im außersprachlichen Sachverhalt begründeten

Verhältnisse kann man sprachlich durch die Verwendung von Indefinitpronomen als Aktanten sichtbar machen: *jemand sieht etwas*.
Eine Handlung, an der drei Aktanten beteiligt sind, wie die leihweise Überlassung einer Sache durch eine Person an eine andere Person, führt zu einem sprachlichen Ausdruck vom Typ *jemand leiht jemandem etwas*. Es fragt sich nun, wie die Aktanten im konkreten Satz identifiziert werden können.

Ermittlungsverfahren für Satzglieder

Die die Verbform umgebenden Teile eines Satzes sind auch ohne sprachwissenschaftliche Analyseprozeduren intuitiv teilweise als untereinander zusammengehörig, teilweise als alleinstehend erfaßbar. Diese Intuition bedarf der Kontrolle durch nachvollziehbare Verfahren. In einem gegebenen Satz können ohne Änderungen der Proposition Umstellungen vorgenommen werden.

Im Traum sah John eine neue Figur.
John sah im Traum eine neue Figur.
Eine neue Figur sah John im Traum.

Die Wortgruppen *im Traum* und *eine neue Figur* bilden jeweils eigene Einheiten, deren Zusammengehörigkeit auch durch die Flexion ausgedrückt wird. Das Wort (der Rufname) *John* bildet eine eigene Einheit. Wörter oder Wortgruppen, die als solche im Satz umgestellt, insbesondere an den Anfang gestellt werden können, ohne daß sich die Bezeichnung des Sachverhalts ändert, sind dadurch als Satzglieder ermittelt. Das Ergebnis der Umstellprobe kann durch die Ersatzprobe gesichert werden, die oft die Funktion eines Satzgliedes zu verdeutlichen hilft:

Dann sah John eine neue Figur.
Er sah im Traum eine neue Figur.
Das sah John im Traum.

Satzglieder und Aktanten

Die Identifizierung der Satzglieder mit den Aktanten des Verbs ergibt sich aus den Bedingungen des Sachverhalts. Der das Sehen ausführende Agens erscheint im Satz in dem Rufnamen *John*, das gesehene Etwas in der Wortgruppe *eine neue Figur*. Das Satzglied *im Traum* gehört nicht zu den Aktanten und bleibt zunächst außer Betracht. Für die Sachverhaltsbezeichnung 'sehen im Sinne von optisch wahrnehmen' genügen die zwei Satzglieder

John und *eine neue Figur* als Aktanten, sie sind aber auch beide notwendig. Weil am Vorgang des Sehens als optischer Wahrnehmung notwendig zwei Aktanten beteiligt sind, erfordert das Verb *sehen* zwei Satzglieder zur Bezeichnung dieser Aktanten. Diese von der Verbbedeutung ausgehende Forderung nach bestimmten Satzgliedern nennt man Valenz oder Wertigkeit des Verbs. Die Satzglieder, die die von der Valenz geforderten Aktanten ausdrücken, heißen Ergänzungen. Je nach der Zahl der geforderten Ergänzungen ist ein Verb einwertig, zweiwertig, dreiwertig oder auch vierwertig. Die Valenz des Verbs legt außer der Zahl auch die syntaktische Gestalt und die semantische Füllung der Ergänzungen fest. So verlangt das Verb *sehen* zur Bezeichnung des Agens eine Ergänzung im Nominativ, die ein Lebewesen bezeichnet, und zur Bezeichnung des Gegenstandes des Sehens eine Ergänzung im Akkusativ, die semantisch nicht so eng festgelegt ist: *jemand sieht jemanden, etwas*. Statt der Akkusativergänzung kann z.B. auch ein *daß*-Satz erscheinen: *jemand sieht, daß...*

Obligatorische und fakultative Ergänzungen

Die Ebenen und Aspekte der Valenzbeschreibung von Verben können an einem Artikelbeispiel eines entsprechenden Wörterbuchs erkannt werden:

übersetzen

a) übersetzen, übersetzte, hat übersetzt (= übertragen)

I. übersetzen$_{1\,(2,\,3)}$
II. übersetzen → Sn, (Sa), (pS)
III. Sn → Hum (*Der Lektor* übersetzt.)
Sa → Abstr (Er übersetzt *die Arbeit.*)
p = aus, in
Wenn p = aus,
pSd → Abstr (Er übersetzt *aus dem Polnischen.*)
Wenn p = in,
pSa → Abstr (Er übersetzt *in das Polnische.*)

b) ụbersetzen, setzte über, hat übergesetzt (= hinüberfahren)

I. übersetzen$_{1\,(2)}$
II. übersetzen → Sn, (Sa)
III. Sn → 1. Hum (*Der Fährmann* setzt über.)
2. –Anim (Fahrzeug) (*Die Fähre* setzt über.)
Sa → ± Anim (Der Fährmann setzt *die Wanderer, die Pferde, die Kisten* über.)

Anmerkungen:

1. Bei a) ist Sa ohne pS und pS ohne Sa möglich. Es können aber auch Sa und pS, ja sogar Sa, pSd und pSa gekoppelt werden („Er übersetzt *das Buch aus dem Englischen ins Deutsche*"); dabei entsteht eine fakultative Vierwertigkeit.

aus: G.Helbig-W.Schenkel, Wörterbuch zur Valenz und Distribution deutscher Verben, S. 131.

Die folgende Beschreibung bleibt auf das untrennbare Verb *übersetzen* in der Bedeutung 'in eine andere Sprache übertragen' beschränkt. Dieses Verb wird ein-, zwei-, drei- oder vierwertig verwendet (Beschreibungsstufe I). Es erfordert immer eine Ergänzung im Nominativ (Stufe II: Sn); es kann mit Ergänzungen im Akkusativ (Sa) oder mit präpositionaler Fügung (pS) verbunden werden. Die Nominativergänzung muß das Bedeutungsmerkmal 'menschliches Wesen' tragen (Stufe III: Hum). Als Akkusativergänzung treten Abstraktbezeichnungen auf, als präpositionale Ergänzungen mit den festen Präpositionen *aus* (mit dem Dativ) und/oder *in* (mit dem Akkusativ) kommen Sprachbezeichnungen vor.

Die Beschreibung und die Beispiele zeigen, daß das Verb immer eine Nominativergänzung verlangt, die demnach obligatorisch ist. Wenn nur ausgesagt werden soll, daß jemand die Tätigkeit des Übersetzens ausführt, wird das Verb einwertig verwendet. Die anderen Ergänzungen treten in der von der Valenz geforderten Form dann auf, wenn auch der übersetzte Text, die Ausgangssprache und die Zielsprache bezeichnet werden sollen. Diese Ergänzungen sind fakultativ im Hinblick auf ihre Verwirklichung im Satz. Ihre Bedeutung und Form sind jedoch valenzbedingt festgelegt. Bei diesem Verb ist darüber hinaus auch die Möglichkeit gegeben, daß alle fakultativen Ergänzungen allein oder in beliebiger Kombination auftreten können:

jemand übersetzt einen Roman
jemand übersetzt aus dem Englischen
jemand übersetzt ins Türkische
jemand übersetzt einen Roman aus dem Englischen
jemand übersetzt einen Roman ins Türkische
jemand übersetzt aus dem Englischen ins Türkische
jemand übersetzt einen Roman aus dem Englischen ins Türkische.

Satzbaupläne

Die Valenzverhältnisse variieren - wie das Beispiel *übersetzen* zeigt - bereits bei ein und demselben Verb, auch bei unterschiedlichen Bedeutungsvarianten eines Verbs (Vgl. *Der Stein fällt auf den Boden. - Das Wasser fällt.*) Sie unterscheiden sich natürlich auch von Verb zu Verb, wie der Vergleich der Verben *übersetzen* und *sehen* zeigen kann. Andererseits wiederholen sich auch ganz bestimmte Valenzverhältnisse bei ganz verschiedenen Verben; vgl. z.B.

jemand sieht etwas
jemand hört etwas usw.
jemand schenkt jemandem etwas

jemand leiht jemandem etwas
jemand nimmt jemandem etwas usw.

Nach der unterschiedlichen Zahl und nach der unterschiedlichen syntaktischen Gestalt der Ergänzungen sind den Verben in ihren jeweiligen Bedeutungen ganz bestimmte Strukturmuster zugeordnet, Modelle möglicher Sätze, die in konkreten Sätzen realisiert werden. Derartige Muster oder Modelle werden auch als Satzbaupläne bezeichnet. Satzbaupläne im hier gemeinten Sinn sind die durch die syntaktische Verbvalenz vorgegebenen Modelle von Sätzen.
Die Satzbaupläne lassen sich durch die pronominale Füllung der valenzgegebenen Satzgliedpositionen veranschaulichen; sie lassen sich unter Verwendung der entsprechenden Abkürzungen, die in Teil XI verzeichnet und aufgelöst sind, für die Satzglieder schematisch beschreiben.

jemand nimmt jemandem etwas
E_{Nom} V_3 E_{Dat} E_{Akk}

nehmen: V_3 - E_{Nom} - E_{Dat} - E_{Akk}

Dieses Muster erscheint beispielsweise auf der folgenden Seite in der Übersicht der Duden-Grammatik über die wichtigsten Satzbaupläne als Nummer 11, wobei der verbale Satzkern als Prädikat bezeichnet wird.

Alle vorgeführten Satzbaupläne sehen eine Nominativergänzung vor; Satzbaupläne ohne eine Nominativergänzung sind recht selten:

jemanden hungert nach etwas
hungern: V_2 - E_{Akk} - $E_{Präp\ \textit{nach}}$

Die Nominativergänzung ist nicht nur durch ihre besondere Häufigkeit hervorgehoben; sie zeigt auch eine besondere Verbindung mit dem Verb: Verb und Nominativergänzung müssen im Numerus und in der Person übereinstimmen, Verb und andere Ergänzungen jedoch nicht. Verb und Nominativergänzung zeigen grundsätzlich Numeruskongruenz. Diese Kongruenzforderung wird an folgenden Umformungen deutlich:

Im Traum sah John eine neue Figur.
Im Traum sah er eine neue Figur.
Im Traum sahen sie eine neue Figur.
In Träumen sah er neue Figuren.

Die hier erkennbare Sonderstellung der Nominativergänzung kann mit der Bezeichnung Subjekt berücksichtigt werden, andere Ergänzungen werden dann als Objekte bezeichnet.

1.	Subjekt + Prädikat	*Die Rosen blühen.*
2.	Subjekt + Prädikat + Akkusativobjekt	*Der Gärtner bindet die Blumen.*
3.	Subjekt + Prädikat + Dativobjekt	*Der Sohn dankt dem Vater.*
4.	Subjekt + Prädikat + Genitivobjekt	*Ich harre seiner.*
5.	Subjekt + Prädikat + Präpositionalobjekt	*Inge achtet auf ihre Schwester.*
6.	Subjekt + Prädikat + Gleichsetzungsnominativ	*Karl ist mein Freund.*
7.	Subjekt + Prädikat + Raumergänzung	*Das Buch liegt auf dem Tisch.*
8.	Subjekt + Prädikat + Zeitergänzung	*Die Beratung dauerte zwei Stunden.*
9.	Subjekt + Prädikat + Artergänzung	*Die Rose ist schön.*
10.	Subjekt + Prädikat + Begründungsergänzung	*Das Verbrechen geschah aus Eifersucht.*
11.	Subjekt + Prädikat + Dativobjekt + Akkusativobjekt	*Werner schenkt seiner Mutter Blumen.*
12.	Subjekt + Prädikat + Akkusativobjekt + Genitivobjekt	*Der Richter beschuldigte ihn des Diebstahls.*
13.	Subjekt + Prädikat + Akkusativobjekt + Präpositionalobjekt	*Er verriet ihn an seine Feinde.*
14.	Subjekt + Prädikat + Akkusativobjekt + Raumergänzung	*Ich hänge das Bild an die Wand.*
15.	Subjekt + Prädikat + Akkusativobjekt + Zeitergänzung	*Er zog das Gespräch in die Länge.*
16.	Subjekt + Prädikat + Akkusativobjekt + Artergänzung	*Die Mutter macht die Suppe warm.*
17.	Subjekt + Prädikat + Artergänzung + Präpositionalobjekt	*Er handelt niederträchtig an ihm.*
18.	Subjekt + Prädikat + Artergänzung + Raumergänzung	*Es geht lustig zu auf der Festwiese.*
19.	Subjekt + Prädikat + Akkusativobjekt + Gleichsetzungsakkusativ	*Klaus nennt mich einen Lügner.*
20.	Subjekt + Prädikat + Akkusativobjekt + Akkusativobjekt	*Herr Meier lehrt uns die französische Sprache.*
21.	Subjekt + Prädikat + Dativobjekt + Präpositionalobjekt	*Ich rate dir zum Nachgeben.*
22.	Subjekt + Prädikat + Dativobjekt + Artergänzung	*Es geht mir schlecht.*
23.	Subjekt + Prädikat + Präpositionalobjekt + Präpositionalobjekt	*Er sprach zu den Kindern über seine Reise.*

aus: Duden. Grammatik, S. 635, Nr. 1-23.

Freie Angaben

Das bisher nicht weiter beachtete Satzglied *im Traum* bezeichnet keinen Aktanten der Handlung des Sehens, wird daher nicht von der Valenz des Verbs *sehen* gefordert und ist aus dem konkreten Satz weglaßbar, ohne daß die Proposition als solche beeinträchtigt wird: *John sah ein neue Figur.*
Derartige nicht von der Verbvalenz geforderte, weglaßbare Satzglieder werden als freie Angaben bezeichnet, weil ihr Auftreten und ihre sprachliche Gestalt frei, das heißt nicht valenzbestimmt sind.
Sie bezeichnen die Umstände des Sachverhalts, nämlich Ort, Zeit, Art und Weise, Ursache oder Folge, Bedingung oder Zweck. Sie werden zusammengefaßt als Umstandsangaben bezeichnet und im einzelnen differenziert als:

Lokalangabe A_{lok}
Temporalangabe A_{temp}
Modalangabe A_{mod}
Kausalangabe A_{kaus}

Im zugrundeliegenden Satz ist *im Traum* als Temporalangabe zu bestimmen, wie durch Umformungen in deutlichere Zeitangaben erkennbar wird:

Im Augenblick des Traumes sah ...
Als er einen Traum hatte, sah ...

Angaben haben nicht prinzipiell ein anderes Aussehen als Ergänzungen, sie können deshalb nicht immer leicht von ihnen unterschieden werden. Mit den fakultativen Ergänzungen teilen sie auch die Weglaßbarkeit. Deshalb ist es wichtig, daß es überprüfbare positive Merkmale von Angaben gibt. Wenn Satzglieder freie Angaben sein sollen, dann müssen sie Umstände des bezeichneten Sachverhalts oder Geschehens bezeichnen und mit dem Verb *geschehen* verbunden werden können (sogenannte Geschehensprobe), was bei fakultativen Ergänzungen nicht möglich ist.

Im Traum sah John eine neue Figur.
John sah eine neue Figur, und das geschah im Traum.

Modalitätsangaben

Den Status als freie Angaben, die nicht valenzbedingt sind, teilen weitere Satzgliedtypen mit den Umstandsangaben. Sie werden hier aus Gründen der Vollständigkeit kurz vorgestellt, obwohl sie bereits über die bloße Proposition hinaus auf Realisierung und Modifizierung der Aussage (vgl. Kap. V) vorgreifen. Der Unterschied zu den Umstandsangaben sei hier mit zwei konstruierten Sätzen veranschaulicht:

a) *Morgen bringt Karl das Buch zurück.*
b) *Vielleicht bringt Karl das Buch zurück.*

Das zweiwertige Verb *zurückbringen* erfordert Nominativ- und Akkusativergänzung: *Karl bringt das Buch zurück.* Das Satzglied *morgen* erweist sich als Temporalangabe:

Karl bringt ..., und das geschieht morgen.

Die Angabe *morgen* bezeichnet Umstände des Sachverhalts, hier die Zeit. Andere Umstände können der Ort sein, Kausalzusammenhänge oder schließlich die Art und Weise bzw. die Mittel.
Das Satzglied *vielleicht* in Satz b) beschreibt aber nicht Umstände des Sachverhalts, ist also auch keine Umstandsangabe. Es bezieht sich vielmehr auf die Aussage des Sachverhalts selbst und kennzeichnet den Geltungsgrad, den der Sprecher der Aussage beilegen will. Es bringt somit die Kategorie der Modalität zum Ausdruck; vgl. dazu weiter Kapitel V.2 und V.3.
Die dafür verwendeten Ausdrücke wie *vielleicht, vermutlich, sicher, bestimmt, zweifellos* usw. werden Modalwörter genannt. Die Satzglieder werden als Modalitätsangaben bezeichnet. Je nach ihrer Wortbildungsherkunft können auch sie in Sätze umgeformt werden:

Er kommt vermutlich.
Er kommt, wie ich vermute.
Ich vermute, daß er kommt.

Negationsangaben

Der Charakterisierung der Geltung der Aussage durch Modalitätsangaben ist die Bejahung und Verneinung der Geltung vergleichbar. Sätze wie *Er kommt* und *Er kommt nicht* können gewissermaßen als Pole betrachtet werden, zwischen denen Übergangspositionen existieren: *Er kommt höchstwahrscheinlich / wahrscheinlich / mit einiger Sicherheit / vielleicht / möglicherweise / eventuell / - Er kommt eventuell nicht / möglicherweise nicht* usw.
Wenn das negierende Element *nicht* den ganzen Sachverhalt negiert, kann es nicht umgestellt werden. In anderen Positionen würde es als Satzgliednegation fungieren und dann als Teil des entsprechenden Satzgliedes bestimmt werden: *Nicht er kommt, ... / er kommt nicht morgen* usw.

Abtönungspartikel

Nach der Bestimmung aller Ergänzungen und Angaben bleiben in manchen Sätzen Elemente übrig, die nicht umstellbar oder ersetzbar, wohl aber weglaßbar sind. Sie sind daher keine Satzglieder. Sie leisten vielmehr eine bestimmte Abtönung oder Färbung im Kommunikationszusammenhang und werden Abtönungspartikel genannt.
Vgl. z.B. Sätze wie:

Er ist doch gekommen (Wir hatten es nicht erwartet)
Er ist einfach gegangen (Es widersprach zwar unseren Erwartungen)
Er ist übrigens gegangen (Es ist zwar noch nicht bemerkt worden).

Zur Analyse von Sätzen auf der Ebene der Proposition

Die in den beiden Abschnitten dieses Kapitels besprochenen Verfahren und Begriffe erlauben bereits Analysen von Sätzen auf der Ebene der Proposition, wenn bestimmte Komplexitäten erst einmal ausgeklammert bleiben.

Aschenbach [...] neigte zur ersteren Annahme. (Text L 10, Z. 3f.)

Umstellprobe: *zur ersteren Annahme neigte Aschenbach.*
Ersatzprobe: *er neigte dazu.*
Satzglieder: *Aschenbach*
zur ersteren Annahme
Weglaßprobe: kein Satzglied weglaßbar
Feststellung der Verbvalenz: *jemand neigt zu etwas* (Dativ)
Vorliegende Bedeutung des Verbs *neigen*: 'im Denken und Handeln eine bestimmte Richtung einschlagen'.
Satzbauplan: V - E_{Nom} - $E_{Präp\ zu}$

welchen [einen Stock] er schräg gegen den Boden stemmte (Text L 10, Z. 14f.)

Umstellproben: *er stemmte einen Stock schräg gegen den Boden*
schräg stemmte er einen Stock gegen den Boden
gegen den Boden stemmte er schräg einen Stock
Ersatzprobe: *er stemmte so etwas gegen etwas*
Satzglieder: *er*
welchen
schräg
gegen den Boden

Weglaßprobe: *schräg* ist weglaßbar. Es ist als Umstandsangabe der Art und Weise (A_{mod}) zu bestimmen.

Geschehensprobe: Er stemmte einen Stock gegen den Boden, und das geschah schräg.

Das Verb *stemmen* ist im vorliegenden Zusammenhang dreiwertig: *jemand stemmt etwas gegen etwas.*

Die Satzglieder sind also E_{Nom}, E_{Akk} und $E_{Präp}$*(gegen)*, womit auch der Satzbauplan bestimmt ist.

Literaturhinweise

W. Admoni, Der deutsche Sprachbau, § 49, 51.
O. Behaghel, Deutsche Syntax, III.
R. Bergmann - P. Pauly - M. Schlaefer, Einführung in die deutsche Sprachwissenschaft, S. 58-63.
H. Brinkmann, Die deutsche Sprache, S. 519-606.
Duden. Grammatik, Nr. 1013-1019, 1020-1062, 1081-1141.
Einführung in die Grammatik, S. 173-273.
P. Eisenberg, Grundriß der deutschen Grammatik, S. 73-107.
U. Engel, Deutsche Grammatik, S. 179-239.
J. Erben, Deutsche Grammatik, § 490-508.
H. Glinz, Die innere Form des Deutschen, S. 71-98, 416-451.
Grundzüge einer deutschen Grammatik, S. 176-185, 505-506.
G. Helbig - J. Buscha, Deutsche Grammatik, S. 52-67, 533-551, 619-634.
G. Helbig - W. Schenkel, Wörterbuch zur Valenz und Distribution deutscher Verben, 7.A. Tübingen 1983.
E. Hentschel - H. Weydt, Handbuch der deutschen Grammatik, S. 51-56, 302-350.
W. Jung, Grammatik der deutschen Sprache, Nr. 128-236.
H. Paul, Deutsche Grammatik, III, IV.

IV. Die Nominalsyntagmen

Bei der Analyse von Sätzen sind durch Verfahren der Umstellprobe und Weglaßprobe Einheiten unterhalb der Satzebene als Satzglieder bestimmt und weiter klassifiziert worden. Die nähere Betrachtung dieser Einheiten führt zu der Beobachtung, daß diese oft aus Wortgruppen mit Wörtern nominaler Wortarten (also Substantive, Adjektive und Pronomen) bestehen:

Im Traum sah John eine neue Figur. (Text L 12, Z. 1)

In diesem Satz können die Satzglieder *im Traum, John* und *eine neue Figur* durch die besprochenen Ermittlungsverfahren als Satzglieder bestimmt werden, alle drei Einheiten haben als Kern Wörter nominaler Wortart, und zwar hier Substantive (*Traum, John, Figur*).
Derartige zusammengehörige Wortgruppen, die als Kern Wörter nominaler Wortart haben, werden Nominalsyntagmen genannt. Sie können auf verschiedene Art und Weise erweitert werden, so steht im Syntagma um *Figur* noch ein Adjektiv *neue* und ein Artikel *eine.*
Der Zusammenhang der einzelnen Syntagmen wird durch die Flexion (auch Deklination genannt) ausgedrückt. Um derartige Satzbestandteile korrekt analysieren zu können, ist deshalb eine systematische Behandlung der Flexion Voraussetzung. (Die im folgenden verwendeten Beispiele stammen überwiegend aus Text L 12).

1. Die Flexion von Pronomen und Adjektiv im Nominalsyntagma

Segmentierung und Klassifizierung von Flexionsmorphemen

Durch die Opposition aller entsprechenden Flexionsformen eines Nominalsyntagmas lassen sich die Flexionsendungen segmentieren:

eine neue Figur	*das mondhelle nächtliche Meer*
einer neuen Figur	*des mondhellen nächtlichen Meeres*

Aus dieser Gegenüberstellung ergibt sich die Isolierung einer Grundform der Adjektive *neu, mondhell, nächtlich* und die Segmentierung der Flexionsendungen *-e, -en*. Diese Endungen lassen sich nach den Kategorien der Nominalflexion (Kasus, Numerus, Genus) als Flexionsmorpheme klassifizieren:

eine neue Figur: Nom. (oder Akk.) Sing. Fem.
das mondhelle nächtliche Meer: Nom. (oder Akk.) Sing. Neutr.

Bei der grammatischen Bestimmung dieser Formen des Textes tritt ein wichtiges Prinzip der Adjektivflexion zutage: Die Flexion des Adjektivs stimmt in Kasus, Genus und Numerus mit dem Substantiv überein, bei dem es steht. Diese Übereinstimmung nennt man Kongruenz. (Die Möglichkeit der mehrfachen Bestimmung des Kasus wird im Kontext, im Rahmen der konkreten Analyse des Satzes aufgehoben.) Eine Besonderheit der Flexion des Adjektivs ist, daß das Adjektiv als einzige Wortart in ein und derselben Flexionsform verschiedene Morpheme zeigen kann:

Nom. (oder Akk.) Plur. Fem.	*neu-e Figuren*
	die neu-en Figuren

Die Verwendung der verschiedenen Flexionsmorpheme geschieht bei einem Muttersprachler spontan, ohne daß die zugrunde liegende Verteilungsregelung der Endungen hier bewußt angewendet würde, im Gegensatz zu dem Deutschlernenden, der sich diese Regelung zunächst aneignen muß.
Die Analyse der obigen Beispiele führt zu der Beobachtung, daß das Auftreten der verschiedenen Flexionsmorpheme am Adjektiv offensichtlich von der gesamten Umgebung im Nominalsyntagma abhängig ist. Vor der Erarbeitung der betreffenden Regelung muß zunächst nach dem Bestand an Flexionsmorphemen beim Adjektiv gefragt werden.

Die Flexionsmorpheme des Adjektivs

Die zuletzt analysierten Nominalgruppen *neue Figuren - die neuen Figuren* erbringen für den Nominativ und Akkusativ Plural Femininum die beiden Flexionsmorpheme *-e* und *-en* als Adjektivendung. Weitere zweifach vertretene Kasus sind:

Nom. Sing. Mask. und Neutr.: *-er* und *-e*, *-es* und *-e*
Dat. Sing. Mask. und Neutr.: *-em* und *-en*
Gen. Sing. Fem.: *-er* und *-en*
Dat. Sing. Fem.: *-er* und *-en*
Gen. Plural aller Genera: *-er* und *-en*

Dagegen gibt es Fälle, wo nur eine Endung steht: Im Genitiv Singular Maskulinum und Neutrum und im Dativ Plural aller Genera steht stets *-en*, im Nominativ und Akkusativ Singular Femininum stets *-e*. Im ganzen ergibt sich folgendes Schema der Flexionsmorpheme des Adjektivs:

	Singular			Plural
	M.	F.	N.	M.F.N.
Nominativ	*-er/-e*	*-e*	*-es/-e*	*-e/-en*
Genitiv	*-en*	*-er/-en*	*-en*	*-er/-en*
Dativ	*-em/-en*	*-er/-en*	*-em/-en*	*-en*
Akkusativ	*-en*	*-e*	*-es/-e*	*-e/-en*

Im Prinzip stellt sich die Frage nach einer Verteilungsregel der Endungen nur bei Doppelformen: hier ist das Augenmerk auf den Kontext, d.h. die Umgebung des Adjektivs zu richten.

Artikelgebrauch und Adjektivendung

Im Hinblick auf das Nebeneinander von *neue Figuren - die neuen Figuren* ist der Artikelgebrauch zu befragen. Hier ergibt sich bei der Bildung weiterer entsprechender Nominalsyntagmen folgender Befund:
Steht kein Artikel, z.B. in *neue Figuren*, treten in den Kasus, in denen zwei Endungen möglich sind, die an erster Stelle in der obigen Formentabelle stehenden Endungen auf. Steht der bestimmte Artikel vor dem Adjektiv, z.B. in *die neuen Figuren*, treten die an zweiter Stelle stehenden Endungen auf.
Die Endungen, die das Adjektiv nach bestimmtem Artikel zeigt, heißen traditionell schwach, die Endungen, die bei fehlendem Artikel stehen, heißen stark. In der Formentabelle stehen also die starken Endungen an erster, die schwachen an zweiter Stelle. Die Fälle mit nur einer Adjektivendung sind hier als solche zu bemerken, erklären lassen sie sich erst unter historischem Aspekt (sieh weiter unten).
Steht nicht der bestimmte, sondern der unbestimmte Artikel vor dem Adjektiv, treten zum Teil starke, zum Teil schwache Endungen auf:

Mask. Sing.: *ein flackernder Busch, einem flackernden Busch*
Fem. Sing. : *einer eigenen Gestalt*
Neutr. Sing.: *ein mondhelles Meer, einem mondhellen Meer*

Der Artikelgebrauch gibt somit noch keine Verteilungsregel, die ausreicht, die Verwendung der jeweiligen Adjektivendung bei den verschiedenen Doppelformen zu beschreiben, da der unbestimmte Artikel Flexionsformen des Adjektivs aus der starken und aus der schwachen Flexion verlangt. Offensichtlich ist hier die Endung des Artikels bei der Verteilung der Adjektivendung zu berücksichtigen.

Artikelendung und Adjektivendung

Vergleichen wir zunächst die obigen Beispiele hinsichtlich des Vorkommens der Endung am unbestimmten Artikel und des Gebrauchs der jeweiligen Adjektivendung.

starke Adjektivendung	schwache Adjektivendung
ein flackernder Busch	*einem flackernden Busch*
ein mondhelles Meer	*einem mondhellen Meer*
	einer eigenen Gestalt

Nach unbestimmtem Artikel steht die starke Adjektivendung im Nominativ Maskulinum und Nominativ / Akkusativ Neutrum. Die Form des unbestimmten Artikels lautet *ein*. Im Dativ Maskulinum/Neutrum und Genitiv/ Dativ Femininum steht die schwache Adjektivendung. Die Form des unbestimmten Artikels lautet *einem/einer*. In den Artikelformen *einem/einer* tritt im Unterschied zu *ein* eine mit der starken Adjektivendung identische Endung auf: Es steht *-em/-er* wie in *mondhellem/eigener*, allerdings nicht im Adjektiv, sondern im Artikel. Das bedeutet: In den nominalen Syntagmen mit unbestimmtem Artikel steht auf jeden Fall eine starke Endung. Diese leistet in der Regel die Kasus-, Numerus- und Genuskennzeichnung im Nominalsyntagma. Sie steht entweder im Adjektiv selbst oder im Artikel. Steht die starke Endung im Artikel, dann zeigt die nachfolgende Adjektivform schwache Endung. Steht im Artikel keine starke Endung, dann zeigt die Adjektivform die starke Endung. Diesen Typ der Artikelform *(ein)* kann man als Nullendung (Ø-Endung) bezeichnen: *ein-Ø*.
Von diesem Befund aus ist eine vergleichende Betrachtung der Verwendung der Adjektivendung nach bestimmtem Artikel und bei fehlendem Artikel möglich. Steht kein Artikel *(neue Figuren)*, so zeigt das Adjektiv stets starke Endung. Wie bei der Verwendung bei unbestimmtem Artikel gilt also auch hier: Die starke Adjektivendung steht auf jeden Fall.
Nach bestimmtem Artikel steht schwache Endung: *der flackernde Busch, dem flackernden Busch*. Schwache Endung steht hier, weil - ganz entsprechend den Beobachtungen beim unbestimmten Artikel - die starken Endungen *-er, -em* usw. bereits im Artikel stehen.
Die Doppelformen in der Adjektivflexion ordnen sich also in starke Endungen, die im Nominalsyntagma stets auftreten, und in schwache Endungen, die erst dann stehen können, wenn eine starke Endung bereits aufgetreten

ist. Hinsichtlich der Funktion der Flexionselemente läßt sich also folgendes festhalten:
Die starken Flexionselemente haben determinierende Funktion; sie legen vielfach Kasus, Numerus und Genus des Nominalsyntagmas fest und drükken damit die Stellung des Nominalsyntagmas im Satz aus. Die schwachen Endungen, die nur zusätzlich auftreten, haben lediglich attribuierende Funktion, d.h., sie kennzeichnen nur, daß Adjektiv und folgendes Substantiv flexivisch kongruent sind.
Dieser Befund erlaubt es, ein weiteres Grundprinzip für die Flexion des Nominalsyntagmas aufzudecken: Neben der Kongruenz der Flexionsformen prägt das Prinzip der Monoflexion das Nominalsyntagma. Die Kasus, Genus und Numerus kennzeichnenden (starken) Endungen treten nur einmal entweder beim Artikel oder beim Adjektiv auf.
Mit Blick auf das Zusammenspiel zwischen Artikel- und Adjektivendung läßt sich also folgende Verteilungsregel der starken und schwachen Endungen am Adjektiv festhalten: Wenn der Artikel die Merkmale für Kasus, Numerus und Genus enthält, d.h., eine starke Flexionsendung aufweist (z.B. *einem flackernden Busch*), flektiert das Adjektiv schwach. Enthält der Artikel diese Merkmale nicht, oder fehlt er ganz, flektiert das Adjektiv stark (*ein flackernder Busch*).

Die Flexion des Artikels

In den obigen Beispielen wurde bereits beobachtet, daß die Artikelendungen, falls vorhanden, mit denen der starken Adjektivflexion identisch sind. Außer am Artikel finden sich diese Flexionsmorpheme auch an verschiedenen Pronomen wie an den Demonstrativpronomen *dies-er, jen-er*, an den Possessivpronomen *mein-e, ihr-e* usw. Es handelt sich offensichtlich um eine gemeinsame Flexion aller dem Substantiv vorausgehenden Begleitwörter, unter denen das Adjektiv nur mit seinen schwachen Endungen eine Ausnahme bildet. Die Regelung dieser Ausnahme gilt auch nach den Pronomen mit starker Endung:

dies-e neu-en Figuren *ihr-em best-en Freund*

Umgekehrt tritt die starke Endung beim Adjektiv nicht nur nach dem unbestimmten Artikel mit Nullendung, sondern nach allen Pronomen mit Nullendung auf:

ihr neu-er Freund *manch schön-e Frau*

Im ganzen ergibt sich folgendes Flexionssystem für die Begleitwörter des Substantivs. In dem Schema sind folgende Abkürzungen und Schreibweisen verwendet:

P = Pronomen und Artikel
A = Adjektiv

In Klammern stehen die schwachen Adjektivendungen, die nur nach vorhergehender starker Endung auftreten.

Numerus / Genus / Kasus	Singular			Plural
	Maskulinum	Femininum	Neutrum	
Nominativ	-*er*$_{P}$ (-*e*$_{A}$) -*er*$_{A}$ -Ø$_{P}$ -*er*$_{A}$	-*e*$_{P,A}$ *die* -Ø$_{P}$ -*e*$_{A}$	-*es*$_{P}$ (-*e*$_{A}$) *das* -*es*$_{A}$ -Ø$_{P}$ -*es*$_{A}$	-*e*$_{P}$ (-*en*$_{A}$) *die* -*e*$_{A}$ -Ø$_{P}$ -*e*$_{A}$
Genitiv	-*es*$_{P}$ -*en*$_{A}$	-*er*$_{P}$ (-*en*$_{A}$) -*er*$_{A}$	-*es*$_{P}$ -*en*$_{A}$	-*er*$_{P}$ (-*en*$_{A}$) -*er*$_{A}$
Dativ	-*em*$_{P}$ (-*en*$_{A}$) -*em*$_{A}$	-*er*$_{P}$ (-*en*$_{A}$) -*er*$_{A}$	-*em*$_{P}$ (-*en*$_{A}$) -*em*$_{A}$	-*en*$_{P,A}$
Akkusativ	-*en*$_{P,A}$ -Ø$_{P}$ -*en*$_{A}$	-*e*$_{P,A}$ *die* -Ø$_{P}$ -*e*$_{A}$	-*es*$_{P}$ (-*e*$_{A}$) *das* -*es*$_{A}$ -Ø$_{P}$ -*es*$_{A}$	-*e*$_{P}$ (-*en*$_{A}$) *die* -*e*$_{A}$ -Ø$_{P}$ -*e*$_{A}$

Im Nominativ und Akkusativ ist die Möglichkeit der Ø-Endung an manchen Pronomen berücksichtigt. Die Formen *die* und *das* des bestimmten Artikels werden als Varianten zu den entsprechenden -*e*- und -*es*-Morphemen aufgefaßt.

Auffällig in dem Flexionsschema ist, daß in einigen Positionen nur eine Endung an Pronomen und Adjektiv auftritt, so zum Beispiel im Akkusativ Singular Maskulinum. Darüber hinaus ist es eine Besonderheit, daß im Genitiv Singular Maskulinum und Neutrum stets dieselbe Adjektivendung erscheint.

Sprachhistorischer Befund

Die traditionelle Einteilung der Adjektivflexion in eine starke und eine schwache Flexion geht auf Jacob Grimm zurück, sie ist aus der sprachhistorischen Perspektive erwachsen. Der neuhochdeutsche Befund der starken und schwachen Deklination kann hier prinzipiell nachvollzogen werden, aber auch die oben genannten Besonderheiten im Flexionsschema lassen sich im Vergleich mit früheren Sprachzuständen erklären.
Im Althochdeutschen ist eine starke und eine schwache Adjektivflexion für alle Genera voll ausgeprägt, was hier am Maskulinum belegt sei:

Maskulinum		stark	schwach
Sing.	Nom.	*altēr*	*alto*
	Gen.	*altes*	*alten*
	Dat.	*altemo*	*alten*
	Akk.	*altan*	*alton*
Plur.	Nom.	*alte*	*alton*
	Gen.	*altero*	*altōno*
	Dat.	*altēm*	*altōm*
	Akk.	*alte*	*alton*

Für jeden Kasus sind im Althochdeutschen zwei verschiedene Formen belegt. Die Doppelformen des Neuhochdeutschen lassen sich den althochdeutschen Formen ohne weiteres zuordnen:

	stark		schwach	
	ahd.	nhd.	ahd.	nhd.
Nom.Sing.M.	*altēr*	*alter*	*alto*	*alte*
Dat.Sing.M.	*altemo*	*altem*	*alten*	*alten*
Nom.Plur.M.	*alte*	*alte*	*alton*	*alten*
Gen.Plur.M.	*altero*	*alter*	*altōno*	*alten*
Akk.Plur.M.	*alte*	*alte*	*alton*	*alten*

Neben völliger Übereinstimmung althochdeutsch/neuhochdeutsch *(alte, alten)* zeigen sich Veränderungen *altemo > altem, altero > alter, altōno > alten, altēr > alter.* Auslautender Vokal nach Konsonant der Endung ist ausgefallen (*altemo/altem, altero/alter, altōno/alten*); der Vokal *o/ō* der Endung ist zu *e* verändert *(alto/alte, alton/alten)*; *ē* in *altēr* wird zu kurzem *e*. Die Endungen wurden vom Althochdeutschen zum Neuhochdeutschen abgeschwächt.

Von diesem Befund aus ist es möglich, die Fälle mit nur einer Adjektivendung den althochdeutschen Formen zuzuordnen und zu bewerten:

	ahd.		nhd.
	stark	schwach	Einheitsform
Gen.Sing.M.	*altes*	*alten*	*alten*
Akk.Sing.M.	*altan*	*alton*	*alten*
Dat.Plur.M.	*altēm*	*altōm*	*alten*

Die Genitiv-Singular-Form des Neuhochdeutschen erweist sich als schwach; es handelt sich um die lautgesetzliche Folgeform von ahd. *alten.* Bei den beiden anderen Formen, die im Neuhochdeutschen ebenfalls *alten* lauten, kann nicht entschieden werden, ob es sich um die lautgesetzliche Entwicklung von ahd. *altan* oder von *alton* bzw. von *altēm* oder von *altōm* handelt, ob also starke oder schwache Endungen vorliegen, da in allen Fällen das lautgesetzliche Entwicklungsprodukt im Neuhochdeutschen *alten* heißen muß. In der Entwicklung seit dem Althochdeutschen sind demnach für die im Neuhochdeutschen nur mit einer Endung versehenen Kasus zwei Fälle zu unterscheiden:

a) Durch lautgesetzliche Entwicklung fallen die starke und schwache Adjektivendung zusammen. Ob es sich im Neuhochdeutschen um starke oder schwache Formen handelt, kann nicht entschieden werden.
b) Auf eine von ursprünglich zwei Endungen wird verzichtet.

Die Aufgabe der starken Endung im Genitiv Singular Maskulinum (und Neutrum) wird verständlich, wenn man sieht, daß ein dem Adjektiv vorhergehendes Pronomen in diesem Kasus stets - anders als etwa im Nominativ - die starke Endung zeigt. Auch in Syntagmen ohne Pronomen erscheint oft eine Genitivendung, und zwar am Substantiv, so daß das Prinzip der Monoflexion hier gleichfalls greifbar wird:

bajuwarischen Schlages, erhobenen Hauptes (Text L 10, Z.7, 16)

Diese Beobachtung weist somit voraus auf Zusammenhänge innerhalb des gesamten Nominalsyntagmas. Diese Zusammenhänge sind besonders bei der Numeruskongruenz zu berücksichtigen.
Die Endungskombination -er_P -en_A wird nur vom Numerus des Substantivs her identifizierbar als

Gen./Dat. Sing. *der bemerkenswerten Stärke*
Gen. Plur. *der bemerkenswerten Stärken*

Normprobleme der Adjektivflexion

Die Erstellung und Beschreibung des Formenbestandes der Adjektivendungen in einer starken und einer schwachen Flexion sind an sich unproblematisch, Besonderheiten lassen sich hier aus der historischen Perspektive gut erhellen.
Die Verteilung der Adjektivflexion läßt sich ihrerseits, wie oben beschrieben, in einer Regelformulierung fassen, die sich grundsätzlich anhand des Prinzips der Monoflexion beschreiben läßt. Bei der Verteilung der starken und schwachen Endungen können jedoch Besonderheiten in Form von Schwankungsfällen auftreten. Es handelt sich um Normprobleme des Neuhochdeutschen, auf die hier kurz hingewiesen werden soll:
Nach bestimmten Pronomen und Zahladjektiven wie *manch-, solch-, sämtlich-, beide* usw. kann die Deklination des Adjektivs schwanken; sowohl starke als auch schwache Adjektivendungen sind belegt:

manche schöne Frauen oder *manche schönen Frauen*
solche neue Figuren oder *solche neuen Figuren*

Teilweise lassen sich die Schwankungen im Gebrauch der Flexionsendungen hier darauf zurückführen, daß die an erster Stelle stehenden Wörter von der Semantik her dem bestimmten Artikel ähneln und die Adjektive, durchgehend oder in bestimmten Kasus, wie nach einem solchen Artikel flektiert werden (so etwa nach *beide, sämtlich* usw.).
Ein weiterer Schwankungsfall ist im Bereich der Deklination zweier oder mehrerer aufeinanderfolgender Adjektive vorhanden. Geht ein Artikel oder ein Pronomen den Adjektiven voraus, werden, je nachdem, ob Artikel oder Pronomen eine starke Endung tragen oder nicht, nach der bekannten Regelung die Adjektive schwach bzw. stark flektiert:

das mondhelle nächtliche Meer
ein mondhelles nächtliches Meer

Beide Adjektive tragen im Nominalsyntagma die gleiche Endung, man nennt dies Parallelbeugung.
Bei fehlendem vorausgehendem Artikel oder Pronomen wird entsprechend der Regelung stark flektiert, so etwa im Nom. Plur. *große blaue Augen.* Bei bestimmten Kasus treten hier Schwankungen im Gebrauch auf, und zwar im Dat. Sing. Mask./Neutr. und im Gen. Plur. aller Genera.

mit langem blondem Haar/mit langem blonden Haar
eine Anzahl schöner alter Bücher/eine Anzahl schöner alten Bücher

Die Schwankungen liegen in der Deklination des zweiten Adjektivs der Attribuierung. Das erste trägt in Übereinstimmung mit der Verteilungsregel, da kein Artikel oder Pronomen vorausgeht, eine starke Adjektivendung. Bei dem nachfolgenden Adjektiv schwankt der Gebrauch: Einerseits wird, wie in den anderen Kasus üblich, parallel gebeugt (also *-em -em* bzw. *-er -er*), andererseits wird das zweite Adjektiv schwach flektiert (also *-em -en* bzw. *-er -en*). Diese Schwankungen im Gebrauch werden von den Grammatiken unterschiedlich behandelt und verschieden bewertet, wichtig ist aber vor allem, daß sie zunächst als Normprobleme erkannt und beschrieben werden.

Literaturhinweise

W. Admoni, Der deutsche Sprachbau, § 11.
O. Behaghel, Deutsche Syntax, I, § 17-36, 108-140.
H. Brinkmann, Die deutsche Sprache, S. 48-59, 85-90.
I. Dal, Kurze deutsche Syntax, § 51-56, 74-77.
Duden. Grammatik, Nr. 439-580.
Einführung in die Grammatik, S. 127-131, 136-158.
P. Eisenberg, Grundriß der deutschen Grammatik, S. 159-167, 185-203, 234-245.
U. Engel, Deutsche Grammatik, S. 523-576, 590-602.
J. Erben, Deutsche Grammatik, § 281-331, 377-448.
W. Flämig, Grammatik des Deutschen, S. 473-525.
H. Glinz, Die innere Form des Deutschen, S. 265-292.
Grundzüge einer deutschen Grammatik, S. 591-595, 615-631.
G. Helbig - J. Buscha, Deutsche Grammatik, S. 299-336, 355-363.
E. Hentschel - H. Weydt, Handbuch der deutschen Grammatik, S. 186-193, 202-231.
W. Jung, Grammatik der deutschen Sprache, Nr. 569-592, 688-749.
H. Paul, Deutsche Grammatik, II, § 119-125, 129-130.

2. Die Flexion des Substantivs

Kasusmorpheme am Substantiv

Durch Opposition entsprechender Nominalsyntagmen lassen sich am Substantiv folgende Kasusmorpheme segmentieren und analog zu Artikel- und Adjektivmorphemen klassifizieren:

ihr neuer Freund-Ø
ihres neuen Freund-es
ihrem neuen Freund-e
ihren neuen Freund-Ø

Für maskuline Substantive im Singular ergeben sich zunächst die Kasusmorpheme *Ø, -es* und *-e*. Zu *-es* und *-e* finden sich regelmäßige Varianten: *-s* und *-Ø:*

des runden Käse-s *dem runden Käse-Ø*
eines schönen Apfel-s *einem schönen Apfel-Ø*

-es und *-s, -e* und *-Ø* treten in einander ausschließender Verteilung auf, sind also komplementär distribuiert. Die *e*-haltige Endung steht nach Konsonant, außer wenn unbetontes *e* vorausgeht, die *e*-lose Endung nach Vokal und nach Konsonant, dem unbetontes *e* vorausgeht. Im Neutrum gelten dieselben Kasusmorpheme: *manchem alten Haus-e, einem zarten Frauchen-Ø.* Im Dativ Singular Maskulinum und Neutrum kann die Endung *-e* auch in den Fällen häufig wegfallen, in denen sie der Regel gemäß steht: *ihrem neuen Freund.*

Bei maskulinen Substantiven tritt noch ein weiteres Kasusmorphem in charakteristischer Verteilung auf:

eines guten Mensch-en *einem lustigen Affe-n*

-en steht bei diesen Substantiven nach konsonantischem Auslaut, *-n* nach *-e*-Auslaut. Das Morphem *-(e)n* tritt im Genitiv, Dativ und Akkusativ auf.

Feminine Substantive zeigen im Singular überhaupt keine Kasusmorpheme:

eine neue Figur *einer eigenen Gestalt*

Im Plural aller Genera erscheint nur im Dativ das Kasusmorphem *-n*: *auf seinen Zügen.*
Nach bestimmten Numerusmorphemen tritt *-n* nicht auf, und zwar nach *-n* oder *-s*, so daß auch hier -Ø-Morphem vorliegt:

die alten Autos-Ø *den alten Autos-Ø*

Die Kasusflexion hat demnach im Neuhochdeutschen folgendes Aussehen:

	Mask.Sing. (Typ I)	Mask. (Typ II) und Neutr.Sing.	Fem. Sing.	Mask.,Fem., Neutr.Plur.
Nom.	-Ø	-Ø	-Ø	-Ø
Gen.	-(*e*)*n*	-(*e*)*s*	-Ø	-Ø
Dat.	-(*e*)*n*	-(*e*)	-Ø	-(*n*)
Akk.	-(*e*)*n*	-Ø	-Ø	-Ø

Bei dieser Zusammenstellung ist ein Ausnahmetyp nicht berücksichtigt: *der Name, des Name-ns; das Herz, des Herz-ens.*
Im Vergleich mit den Flexionsmorphemen an Artikel und Adjektiv ist die Kasusflexion der Substantive nur schwach ausgeprägt.

Numerusmorpheme am Substantiv

In der Opposition zu den entsprechenden Singularformen, die stets ohne eigenes Numerusmorphem erscheinen, treten am Substantiv im Plural zahlreiche Numerusmorpheme auf, die nach Genera geordnet in der folgenden Tabelle vorgeführt werden. Fremdwörter mit fremdsprachlichen Pluralbildungen werden dabei nicht berücksichtigt (z.B. *Solo-Soli*). Jedem Numerusmorphem wird, soweit vorhanden, ein entsprechendes Beispiel zugeordnet.

Numerus-morphem des Plurals	Maskulinum	Neutrum	Femininum
Ø	*Bohrer*	*Segel*	-
-e	*Tag*	*Jahr*	*Mühsal*
Umlaut + -Ø	*Apfel*	*Kloster*	*Mutter*
Umlaut + *-e*	*Gast*	*Floß*	*Kraft*
-er	*Leib*	*Bild*	-
Umlaut + *-er*	*Mann*	*Buch*	-
-en	*Mensch*	*Bett*	*Frau*
-n	*Affe*	*Auge*	*Zunge*
-s	*Uhu*	*Auto*	*Mutti*

Einige Fälle lassen sich nach der Regelung ihres Vorkommens zusammenfassen: *-e* erscheint nach Konsonant, dem unbetontes *-e* vorausgeht, in der Ø-Variante (*Tag-e/Bohrer-Ø*); dies gilt auch bei Umlaut des Vokals im Grundmorphem (*Gäst-e/Äpfel-Ø*). Die Fälle mit und ohne Umlaut lassen sich dagegen nicht zusammenfassen, da das Auftreten des Umlauts in *Gäste* gegenüber *Tage* nicht vorhersagbar ist. Dagegen ist das *-er*-Morphem in allen den Fällen mit Umlaut des Vokals im Grundmorphem verbunden, in denen dieser Vokal umlautfähig ist, so daß hier die Fälle *Leiber/Männer* zusammengefaßt werden können. *-en* und *-n* schließlich sind wiederum vom Auslaut abhängig: *-en* steht nach Konsonant, außer wenn unbetontes *-e* vorausgeht, *-n* nach Vokal *-e* und nach Konsonant, dem unbetontes *-e* vorausgeht (*die Menschen/Affen, Stacheln*).
Aufgrund dieser Zusammenfassung von Varianten ergibt sich folgendes Bild der Numerusflexion der Substantive; dabei bedeutet U Umlaut, runde Klammern kennzeichnen die Elemente, die auch fehlen können.

Mask. und Neutr.	Fem.
(*-e*)	*-e*
U (+*-e*)	U (+*-e*)
(U+) *-er*	
-(e)n	*-(e)n*
-s	*-s*

Im Vergleich zur Kasusflexion kann von einem Reichtum an Numerusmorphemen in der neuhochdeutschen Substantivflexion gesprochen werden. Die Numerusmorpheme des Substantivs wirken im Nominalsyntagma mit den vor allem am Artikel und Adjektiv auftretenden Kasusmorphemen zusammen und lösen so eine Reihe von Mehrdeutigkeiten auf. Das Nominalsyntagma *den spitzen Stachel* ist wegen des Fehlens des Pluralmorphems als Singularform und dann als Akkusativ Maskulinum bestimmt; *den spitzen Stacheln* ist wegen des Pluralmorphems eindeutig Dativ usw.

Die Kombination der Kasus- und Numerusmorpheme in den Flexionsklassen

Aufgrund der unterschiedlichen Verbindungen zwischen den Kasusflexionstypen und den Numerusmorphemen können verschiedene Flexionsklassen der Substantive aufgestellt werden. Das Kasusmorphem *-n* im Dativ Plural, das nur nach den Pluralmorphemen *(-e)*, U *(+-e)* und (U+)*-er* auftritt, kann dabei unberücksichtigt bleiben. Die vorkommenden Kombinationen können an folgenden Substantiven erkannt werden:

Kasusflexion im Singular / Pluralmorpheme	Mask.	Mask. und Neutr.		Fem.
	-Ø, -(*e*)*n*	-Ø, -(*e*)*s*, -(*e*)		-Ø
(-*e*)	-	*Tag*	*Jahr*	*Mühsal*
	-	*Bohrer*	*Segel*	-
U (+-*e*)	-	*Gast*	*Floß*	*Kraft*
	-	*Apfel*	*Kloster*	*Mutter*
(U+) -*er*	-	*Leib*	*Bild*	-
	-	*Mann*	*Buch*	-
-(*e*)*n*	*Mensch*	*Staat*	*Bett*	*Frau*
	Affe	*Stachel*	*Auge*	*Zunge*
-*s*	-	*Uhu*	*Auto*	*Mutti*

Die Flexionsklassen der Maskulina können verkürzt nach dem Genitiv bezeichnet werden. Maskuline Substantive mit dem Genitiv auf *-(e)n* haben im Plural stets *-(e)n*. Maskulina mit dem Genitiv auf *-(e)s* sowie alle Neutra

gehören zu fünf verschiedenen Flexionsklassen je nach der Pluralbildung. Für feminine Substantive sind nach der Pluralbildung vier Klassen zu unterscheiden.
Die Flexionsklasseneinteilung spiegelt den Eindruck einer schwach vertretenen Kasusflexion und einer stark ausgebauten Numerusflexion insofern wider, als die Hauptunterscheidungen durch die Pluralmorpheme getroffen werden. Diese Flexionsverhältnisse der deutschen Gegenwartssprache sind als Ergebnis der sprachgeschichtlichen Entwicklung zu verstehen.

Die Kasusflexion in sprachhistorischer Betrachtung

Die sprachhistorische Behandlung wird hier auf die Feminina beschränkt, weil bei ihnen im Neuhochdeutschen fast keine Kasusflexive mehr vorliegen. Im Germanischen lassen sich hauptsächlich drei Klassen femininer Substantive unterscheiden: *ō-*, *i-* und *n*-Flexion. Die folgende Tabelle stellt die Flexion zweier Feminina der *ō-* und *n*-Flexion vom Althochdeutschen bis zum Neuhochdeutschen dar; ein Beispiel für die *i*-Flexion wird noch im Zusammenhang des Plurals besprochen werden.

		ahd.	mhd.	nhd.
ō-Klasse	Sing.Nom.	*lēra*	*lēre*	*Lehre*
	Gen.	*lēra*	*lēre*	*Lehre*
	Dat.	*lēru*	*lēre*	*Lehre*
	Akk.	*lēra*	*lēre*	*Lehre*
	Plur.Nom.	*lērā*	*lēre*	*Lehren*
	Gen.	*lērōno*	*lēren*	*Lehren*
	Dat.	*lērōm*	*lēren*	*Lehren*
	Akk.	*lērā*	*lēre*	*Lehren*
n-Klasse	Sing.Nom.	*zunga*	*zunge*	*Zunge*
	Gen.	*zungūn*	*zungen*	*Zunge*
	Dat.	*zungūn*	*zungen*	*Zunge*
	Akk.	*zungūn*	*zungen*	*Zunge*
	Plur.Nom.	*zungūn*	*zungen*	*Zungen*
	Gen.	*zungōno*	*zungen*	*Zungen*
	Dat.	*zungōm*	*zungen*	*Zungen*
	Akk.	*zungūn*	*zungen*	*Zungen*

Bei einem Vergleich der Kasusendungen in den einzelnen Sprachstufen werden verschiedene Arten von Veränderungen sichtbar, die sich unter zwei Gesichtspunkten zusammenfassen lassen: lautgesetzliche Veränderungen (Auslautgesetze, Endsilbenabschwächung) und nicht-lautgesetzliche Ausgleichserscheinungen.

Bereits im Althochdeutschen sind nicht alle Endungen lautgesetzlich aus dem Germanischen entwickelt, sondern z.T. aus Formenausgleich hervorgegangen. Besonders wichtig war im Hinblick auf die weitere Entwicklung die Übernahme der Genitiv-Plural-Endung *-ōno* aus der *n*-Klasse in die *ō*-Klasse.

Das Mittelhochdeutsche ist vom Althochdeutschen vor allem durch die generelle Abschwächung der Endsilbenvokale zu *-e* unterschieden. Durch diese Entwicklung werden zahlreiche Endungen identisch. Das gleiche Ergebnis hat die bereits im Althochdeutschen einsetzende Veränderung eines auslautenden *-m* in einer Flexionsendung zu *-n*; *zungōm* und *zungūn* werden so identisch: *zungen*.

Durch diese Umwandlungen wird bereits im Mittelhochdeutschen ein Stand erreicht, von dem aus sich die Veränderungen zum Neuhochdeutschen begreifen lassen: Die *ō*-Stämme haben im ganzen Singular keine Kasusflexive. Die *n*-Flexion unterscheidet nur noch den Nominativ von den übrigen Kasus; sie wird im Neuhochdeutschen den *ō*- und *i*-Stämmen, wie *Kraft*, angeglichen, so daß nun alle Feminina endungslose Singulare haben. Im Plural zeigte die *n*-Flexion durchgehend nur das Pluralflexiv, jedoch keine Kasusflexive. Die *ō*-Flexion stimmte bereits im Genitiv und Dativ Plural mit der *n*-Flexion überein und fiel nun ganz mit ihr zusammen; die *i*-Flexion zeigte nur im Dativ Plural dieselbe Endung *-n* und blieb von den andern getrennt (*Kräfte*). Daher werden im Plural verschiedene Klassen bei den Feminina unterschieden: In der einen hat der ganze Plural kein Kasusflexiv; in der andern ist der Dativ Plural bezeichnet (*Kräfte-n*).

Ähnliche Beobachtungen lassen sich auch bei einer sprachhistorischen Behandlung der Maskulina und Neutra machen. Die Entwicklung der Substantivflexion führt im ganzen zu einem weitgehenden Abbau der Kasusflexive, der zum Teil lautgesetzlich bedingt ist und durch Ausgleichserscheinungen noch verstärkt wird.

Die Numerusflexion in sprachhistorischer Betrachtung

Im Mittelhochdeutschen treten folgende Möglichkeiten der Pluralbildung auf, wobei Einzelheiten unberücksichtigt bleiben müssen:

Pluralmorpheme	Mask.	Neutr.	Fem.
Ø:	*die engel*	*diu wort*	*die gebe*
-e:	*die tage*		*die zīte*
U + -Ø:	*die epfel*		
U + *-e*:	*die geste*		*die krefte*
U + *-er*:		*diu lember*	
-er:		*diu rinder*	
-n:	*die boten*	*diu herzen*	*die zungen*

Bei einem Vergleich mit dem Neuhochdeutschen fällt auf, daß im Mittelhochdeutschen der *-s*-Plural fehlt; dieses Morphem ist erst im Neuhochdeutschen aus niederdeutschen Wörtern wie *Wracks* und aus englischen und französischen Wörtern wie *Tunnels* und *Balkons* in die Substantivflexion eingedrungen.
Der Umlaut, der im Neuhochdeutschen ein besonders häufiges Pluralkennzeichen ist, fehlt im Mittelhochdeutschen nicht; doch ist das Auftreten seiner Kombinationen beschränkt:
U + *-er* tritt im Mittelhochdeutschen nur bei den Neutra auf, nicht auch - wie im Neuhochdeutschen - bei den Maskulina.
U + *-e* tritt im Mittelhochdeutschen nur bei Maskulina und Feminina auf, nicht auch - wie im Neuhochdeutschen - bei Neutra.
Weitere Unterschiede zeigen sich bei einer Berücksichtigung der Häufigkeit eines Morphems. (U+) *-er* tritt im Mittelhochdeutschen praktisch nur bei folgenden Wörtern auf: *diu bleter, eier, hüener, kelber, lember, rinder, rīser, reder, teler*. Im Neuhochdeutschen tritt dieses Morphem nicht nur bei den entsprechenden Wörtern (*Blätter, Eier, Hühner, Kälber, Lämmer, Rinder, Reiser, Räder, Täler*), sondern auch bei zahlreichen weiteren Neutra auf, z.B.: *die Bücher, Wörter, Kleider, Kinder, Bilder, Dächer* usw. Vom Mittelhochdeutschen zum Neuhochdeutschen zeigt sich also eine Ausweitung dieser bestimmten Pluralbildung auf andere Wörter desselben Genus; gleichzeitig wird die Bildungsweise auch auf Maskulina übertragen: *die Wälder, Leiber* usw. Mit der häufigeren Verwendung dieses Morphems ist eine wichtige Veränderung vom Mittelhochdeutschen zum Neuhochdeutschen erfaßt. Ähnlich liegt der Fall bei dem Plural mit U (+*-e*) (*geste,*

epfel), der im Neuhochdeutschen auch auf ein Neutrum übertragen wird (*Flöße*) und innerhalb der Maskulina an Häufigkeit gewinnt.
Zur Erklärung der Ausweitung der umlauthaltigen Pluralformen ist zu fragen, aus welchen Gründen die lautliche Erscheinung des Umlauts überhaupt mit der flexivischen Kategorie des Plurals verbunden worden ist. Im Mittelhochdeutschen stehen bei den Maskulina Pluralformen nebeneinander, die sich vom Singular durch *-e* unterscheiden und teilweise Umlaut haben: *tag, gast - tage, geste*. Dieses Nebeneinander ist ausschließlich sprachgeschichtlich bedingt und lediglich Reflex von Lautveränderungen, die mit dem Numerus nichts zu tun haben. Das zeigt sich deutlich bei den Feminina der *i-* Flexion:

diu kraft	*die krefte*
der krefte	*der krefte*
der krefte	*den kreften*
die kraft	*die krefte*

Umgelautete und nicht umgelautete Formen stehen innerhalb desselben Numerus Singular nebeneinander. Neben *krefte* kommt allerdings im Genitiv und Dativ Singular auch die analog zu Nominativ und Akkusativ Singular gebildete Form *kraft* vor. Da die umgelauteten Formen im Singular zum Neuhochdeutschen hin ganz beseitigt worden sind, wird bei den Feminina dieselbe Übereinstimmung zwischen Numerus-Opposition und Umlautverteilung erreicht, die bei Maskulina wie *gast - geste* aufgrund von älteren Ausgleichserscheinungen bereits vorlag. Dem Ausgleich bei den Feminina liegt die Auffassung des Umlauts als eines Pluralkennzeichens zugrunde.
Diese Übertragung einer grammatischen Funktion auf das (unter flexivischem Aspekt) zufällige Produkt einer Lautveränderung ist Ausgangspunkt einer weiteren wichtigen Entwicklung im deutschen Formensystem, der Ausweitung des Umlauts auch auf solche Wörter, denen er lautgesetzlich weder im Singular noch im Plural zukommt.
So hat eine ganze Reihe von Substantiven des Typs *tag - tage* im Neuhochdeutschen die Pluralbildung mit Umlaut angenommen; vgl. z.B.:

mhd. *die boume*	nhd. *die Bäume*
stabe	*Stäbe*
koche	*Köche*
wolve	*Wölfe*

Sprachhistorisch zeigt die Pluralbildung mit der Ausweitung der Formenbildung am Substantiv die umgekehrte Tendenz wie die Kasusflexion mit ihrem Abbau der synthetischen Formenbildung am Substantiv (d.h. dem Abbau der an dem Substantiv selbst ausgewiesenen Kasusmorpheme). Der neuhochdeutsche Befund gibt sich somit bei der Kasusflexion als Reduzierung, bei der Numerusflexion als Erweiterung eines früheren Zustands zu erkennen.

Normprobleme der Substantivflexion

Auch bei der Substantivflexion lassen sich Schwankungen im Gebrauch feststellen. Hier sei auf einige Aspekte hingewiesen. Im Bereich der Numeruskennzeichnung weisen manche Substantive - auch schriftsprachlich - bei der Pluralbildung gewisse Schwankungen auf, so daß hier ohne Bedeutungsunterschied Doppelformen nebeneinanderstehen: *Die Armbruste/die Armbrüste, die Zwiebacke/die Zwiebäcke, die Generale/die Generäle.* Diese Formen werden als Varianten akzeptiert.
Innerhalb der Gruppe der maskulinen Substantive, die als Flexionsmorphem im Singular und Plural *-en* aufweisen, begegnen im Akkusativ und Dativ Singular auch Formen ohne das Morphem *-en.* Im Genitiv begegnen Formen ohne *-en,* aber dafür mit *-s.* Hier wird also nicht auf die Kasuskennzeichnung verzichtet, sondern eher ein Wechsel der Flexionsklasse vorgenommen.

Er nennt ihn einen Held (statt *Helden*)
Das Land war ohne Fürst (statt *Fürsten*, wobei die Endungslosigkeit hier die Mehrdeutigkeit hinsichtlich des Numerus aufhebt.)

Eine solche Unterlassung der Deklination wird zum Teil von den Grammatiken zwar beschrieben, jedoch nicht völlig anerkannt (so etwa in der Duden-Grammatik). Ein ähnliches Normproblem begegnet bei Fällen, wo die Genitivendung weggelassen wird. Hier handelt es sich in der Regel um Fremdwörter (*des Ego*), Substantivierungen (*des Ich*) und Eigennamen oder eigennamenähnliche Wörter (*des Heiligabend*). Auch hier sind die Normaussagen der Grammatiken zu prüfen.

Schließlich soll noch auf eine Erscheinung der Substantivflexion hingewiesen werden, die aus sprachhistorischer Perspektive zu beleuchten ist: Im Neuhochdeutschen gibt es eine kleine Gruppe maskuliner Substantive, die im Nominativ Singular Doppelformen aufweisen, so etwa *der Frieden/der Friede, der Funken/der Funke, der Namen/der Name* usw. Der Genitiv Singular wird hier auf *-(n)s* gebildet, alle anderen Kasus auf *(-n).* Diese Substantive verhalten sich also, wenn sie im Nominativ Singular *-e* aufweisen, einerseits wie die Untergruppe der Maskulina auf *-e(n)*, andererseits weisen sie noch zusätzlich im Genitiv eine Endung *-s* auf: Die Flexionsklassen werden also vermischt.

Diese Substantive gehören aus sprachhistorischer Sicht meist den mittelhochdeutschen Substantiven der *n*-Klasse an, auch schwache Substantive genannt.
Teilweise sind diese schwachen Substantive als solche in das Neuhochdeutsche übernommen worden und bilden jetzt die Unterklasse der Maskulina auf *-e(n)* (so mhd. *der bote, des boten* usw., nhd. *der Bote, des Boten* usw.)
Teilweise haben viele ursprünglich schwache Maskulina das Flexionsmorphem *-n* in den Nominativ Singular übernommen. Sie deklinieren heute mit Genitiv Singular auf *-s* und einem Pluralmorphem (U+)-Ø, so etwa mhd. *der boge, des bogens, die bogen/* nhd. *der Bogen, des Bogens, die Bögen.*
Andere ehemalig schwachen Substantive haben ganz auf die *-en*-Endung verzichtet: mhd. *der kerne, des kernen* usw./ nhd. *der Kern, des Kerns.*
Bei der oben angeführten Gruppe *der Name/der Namen* ist also kein eindeutiger Ausgleich in Richtung einer völligen Aufgabe der ursprünglich schwachen Flexionsklasse wie etwa bei *der Bogen, des Bogens* eingetreten, da es im Nominativ Singular noch eine Variante auf *-e* (mhd. *der name*) gibt. Insofern kann man hier von einer Mischung der Flexionsklassen sprechen.

Literaturhinweise

W. Admoni, Der deutsche Sprachbau, § 11, 14-23.
O. Behaghel, Deutsche Syntax, I, § 357-503a.
R. Bergmann - P. Pauly - M. Schlaefer, Einführung in die deutsche Sprachwissenschaft, S. 134-136.
H. Brinkmann, Die deutsche Sprache, S. 1-84, 402-455.
I. Dal, Kurze deutsche Syntax, § 1-42.
Duden. Grammatik, Nr. 320-489.
Einführung in die Grammatik, S. 108-126.
P. Eisenberg, Grundriß der deutschen Grammatik, S. 151-159.
U. Engel, Deutsche Grammatik, S. 500-511, 603-648.
J. Erben, Deutsche Grammatik, § 228-280.
W. Flämig, Grammatik des Deutschen, S. 114-124, 449-472.
H. Glinz, Die innere Form des Deutschen, S. 148-179.
Grundzüge einer deutschen Grammatik, S. 568-601.
G. Helbig - J. Buscha, Deutsche Grammatik, S. 229-298.
E. Hentschel - H. Weydt, Handbuch der deutschen Grammatik, S. 137-164.
W. Jung, Grammatik der deutschen Sprache, Nr. 535-687.
H. Paul, Deutsche Grammatik, II, § 1-118.

3. Die Analyse von Nominalsyntagmen

Bei der Analyse von Nominalsyntagmen sind die beteiligten Wörter nach ihrer Wortart und nach den Flexionskategorien zu bestimmen.

bajuwarischen Schlages (Text L 10, Z. 7)

Schlages ist Genitiv Singular des maskulinen Substantivs *Schlag*. Das Genus ist mit dem Substantiv gegeben. Bei dem Flexionsmorphem *-es* kann es sich nur um Genitiv Singular handeln. Das Adjektiv hat von sich aus kein Genus als unveränderliches Merkmal: Es richtet sich nach dem Genus des Substantivs. *bajuwarischen* ist von der Form allein vieldeutig, in der Beziehung zu *Schlages* jedoch eindeutig als Genitiv Singular Maskulinum schwache Flexion des Adjektivs *bajuwarisch* bestimmbar.
Die Flexionsendungen beider Bestandteile des Syntagmas stimmen im Genus, Kasus und Numerus überein, sie sind kongruent. Die Kongruenz ist das syntaktische Mittel der Konstruktion von Nominalsyntagmen.

zum rothaarigen Typ (Text L 10, Z.5f.)

Das erste Wort ist für die Bestimmung des Syntagmas maßgebend: Es ist verschmolzen aus der Präposition *zu* und der starken Endung des Artikels im Dativ Singular Maskulinum oder Neutrum. Das Substantiv *Typ* legt das Genus als Maskulinum fest. Das Adjektiv *rothaarig* hat die nach vorausgehender starker Endung zu erwartende schwache Endung.
Bestimmung: Präpositionalsyntagma im Dat. Sing. Mask., bestehend aus der Präposition *zu*, an die die starke Endung *-m* angetreten ist, aus dem schwach flektierten Adjektiv *rothaarig* und dem Substantiv *Typ*.

eine neue Figur (Text L 12, Z. 1)

Nom. oder Akk. Sing. des unbestimmten Artikels *ein*, des Adjektivs *neu* und des femininen Substantivs *Figur*. Artikel und Adjektiv zeigen Kasus-, Numerus- und Genuskongruenz mit dem Substantiv. Der Kasus läßt sich ohne Berücksichtigung des Kontextes nicht eindeutig bestimmen. Erst die Feststellung der syntaktischen Funktion des Syntagmas kann zeigen, in welcher Kasusrolle es hier erscheint. In den beiden ersten Beispielen kann der Kasus dagegen jeweils ohne Berücksichtigung der syntaktischen Funktion des Syntagmas bestimmt werden.

Literaturhinweise: sieh Kapitel IV.1. und IV.2.

V. Die Modifizierung der Satzaussage

Die einfache Proposition, daß jemand etwas sieht, erscheint in einem konkreten Satz innerhalb eines gegebenen Textes um zusätzliche Elemente ergänzt. Ihre Funktion kann man sich klar machen, wenn man nochmals die Umformungen des Satzes aus Kapitel III.1. vergleicht: *Im Traum sah John eine neue Figur.*
Der Satz dient im Text L 12 einer bestimmten kommunikativen Absicht des Sprechers. In dem Roman 'Die Entdeckung der Langsamkeit' von Sten Nadolny wird erzählt. Der zitierte Satz hat Mitteilungsfunktion. Dieselbe Proposition könnte auch einer Frage zugrundeliegen:

Sah John im Traum eine neue Figur?

Der Sprecher kennzeichnet in jedem Fall, also in Mitteilung oder Frage, ob er den in der Proposition bezeichneten Sachverhalt für wirklich gegeben hält, für nur von anderen referiert oder behauptet, für sicher oder zweifelhaft; vgl. z.B.

Im Traum sah John vielleicht/bestimmt (usw.) *eine neue Figur.*
Im Traum soll John eine neue Figur gesehen haben.
(jemand sagte,) John habe im Traum eine neue Figur gesehen.

Der Sprecher kann ferner zum Ausdruck bringen, in welcher Beziehung der handelnde Agens zum Vollzug des Sachverhalts steht, ob er die Absicht, den Wunsch dazu hat, ob der Vollzug von ihm gefordert, ihm erlaubt wird usw.:

John will ... sehen
möchte ... sehen
beabsichtigt ... zu sehen
soll ... sehen
darf ... sehen.

Das Geschehen selbst oder seine vielfältigen Modifizierungen können weiterhin nach Phasen oder Arten ihres Ablaufs differenziert werden, z.B. als beginnend, andauernd, zu Ende gehend, als einmalig oder wiederholt usw.:

John sah immer wieder ...
John begann ... zu sehen.

Schließlich sind vielfältige zeitliche Modifizierungen vorstellbar, mit denen ein Geschehen selbst in seinen angedeuteten Darstellungsvarianten relativ zu einem Sprechzeitpunkt und zu anderen Zeitpunkten eingeordnet werden kann:

John sah ...
John sieht ...
John will sehen ...
John hatte sehen müssen ...

An derartigen Modifizierungen des Satzes, die zusammen mit der Proposition seine Bedeutung ergeben, wirken die unterschiedlichsten sprachlichen Mittel mit. Ein Teil davon ist grammatischer Art und wird unmittelbar an der Verbform selbst ausgedrückt. Grammatische Mittel sind auch die mit Hilfs- und Modalverben gebildeten komplexen Formen. Die grundlegende Bedeutung des Verbs für den Satz erweist sich auch daran, daß an der Verbform und durch ihre Position im Satz die kommunikative Funktion des Satzes, der Geltungsgrad einer Aussage sowie die temporale, modale und aktionale Differenzierung des Geschehens ausgedrückt werden. Darüber hinaus wirken auch lexikalische Mittel an der Modifizierung der Satzaussage mit, insbesondere die Modalwörter.

1. Die Tempusformen des Verbs und ihre Bedeutung

Der Formenbestand der Tempora

Neben den beiden am Verb selbst durch Flexion gebildeten Tempusformen Präsens (*er sieht, er kommt, er sagt*) und Präteritum (*er sah, er kam, er sagte*), den sogenannten synthetischen Formen, werden weitere Formen durch Verwendung von Hilfsverben gebildet, die sogenannten analytischen Formen. Die Flexion erfolgt dann an den Hilfsverben *sein, haben* und *werden*, die mit unflektierten (infiniten) Formen des jeweiligen Verbs (Infinitiv bzw. Partizip Präteritum) verbunden werden. Die zusammengesetzten Tempusformen sind:

Perfekt	Plusquamperfekt	Futur I	Futur II
er hat gesehen	*er hatte gesehen*	*er wird sehen*	*er wird gesehen haben*
er ist gekommen	*er war gekommen*	*er wird kommen*	*er wird gekommen sein*

Die Verwendung von *haben* und *sein* ist nach der Verbbedeutung geregelt.

er ist gekommen *er hat geschwiegen*

Mit *sein* werden intransitive Verben verbunden, die eine Zustandsveränderung oder eine Bewegung bezeichnen: *kommen, erwachen, vertrocknen, aufstehen, laufen* usw.
Ihnen stehen Intransitiva gegenüber, die nicht Beginn oder Abschluß eines Vorgangs oder Tuns festlegen, sondern einen Verlauf in der Zeit angeben: *schweigen, wachen, schlafen, regnen.* Diese intransitiven Verben werden mit *haben* verbunden. *haben* wird ferner bei allen transitiven und reflexiven Verben verwendet: *er hat gesehen - er hat sich geschämt.*

Präsens und Präteritum

Text L 14 enthält zahlreiche Präteritumsformen: *war* (Z.1), *entstammte* (Z.1), *war* (Z.2), *schlich* (Z.3), *gelang* (Z.4), *legte ... ab* (Z.5) usw. Der Name in der Überschrift und weitere im Text vorkommende Namen zeigen, daß in diesem Text von mythischen Personen und Ereignissen erzählt wird. Der Sprecher, hier also der Verfasser des Textes, wählt einen Bezugszeitpunkt in der Vergangenheit, im Damals. Was sich in diesem Damals ereignete, welche Vorgänge und Handlungen abliefen, was also mit dem Bezugszeitpunkt im Damals gleichzeitig ist, drückt der Sprecher in der Tempusform des Präteritums aus. Diese Funktion der Präteritumsform kann man dadurch sichtbar machen, daß man den Bezugszeitpunkt des Damals als Temporalangabe in die Sätze einfügt und sie gegebenenfalls umformt.
Die Präsensform in dem nichteingeleiteten Bedingungssatz (Z.1) *Irr ich nicht* bezieht sich abweichend vom übrigen Text auf einen Bezugszeitpunkt in der Sprechergegenwart:

> *Irr ich jetzt, da ich das erzähle, nicht, so war es damals so, daß er einem unehelichen Verhältnis entstammte.*

Der Sprecher kann also auch einen Bezugszeitpunkt im Jetzt wählen, der mit dem Sprechzeitpunkt zusammenfallen kann. Was sich in dieser Gegenwart ereignet, welche Vorgänge und Handlungen ablaufen, was also mit dem Bezugszeitpunkt im Jetzt gleichzeitig ist, drückt der Sprecher in der Tempusform des Präsens aus.
Der Anfang von Text L 11 kann verdeutlichen, daß der Bezugszeitpunkt von der Wahl des Sprechers abhängt, also nicht notwendig mit dem Sprechzeitpunkt identisch ist:

> *Die Großen, das sind die achtzehnjährige und braunäugige Ingrid, ... und Bert, blond und siebzehnjährig.*

Auch in diesem Text wird etwas erzählt, was nicht ohne weiteres als in der Sprechergegenwart ablaufend gelten muß, sondern durchaus vergangenes Geschehen sein kann. Der Sprecher stellt es aber im Jetzt-Bezug dar.
Aus den bisherigen Beobachtungen ergibt sich zunächst folgender Gliederungsansatz für die Tempora:

Bezugszeitpunkt: Jetzt | gleichzeitig ablaufendes Geschehen: Präsens
Bezugszeitpunkt: Damals | gleichzeitig ablaufendes Geschehen: Präteritum

Plusquamperfekt

Am Anfang von Text L 1 erscheinen nach den Plusquamperfekt-Formen *hatte gekauft* (Z.1) und *gezeichnet hatte* (Z.4) zahlreiche Präteritumsformen: *nahm* (Z.4), *faltete* (Z.4), *schrieb* (Z.5), *hielt inne* (Z.6), *schraubte* (Z.6) usw. Der Verfasser hat also deutlich einen Bezugszeitpunkt in der Vergangenheit gewählt und erzählt das ablaufende Geschehen im Präteritum.
Die beiden Plusquamperfekt-Formen drücken ein Geschehen aus, das dem Bezugszeitpunkt Damals vorangeht. Vom Zeitpunkt Damals aus richtet der Sprecher den Blick rückwärts und beschreibt Handlungen, die vor dem Bezugszeitpunkt ausgeführt und abgeschlossen wurden und in ihrem Ergebnis an den Bezugszeitpunkt Damals heranreichen. Dieses Verhältnis wird besonders deutlich, wenn die Folge des Geschehens noch zusätzlich durch die Konjunktion *nachdem* gekennzeichnet ist.
Das Plusquamperfekt hat also eine in sich gestufte temporale Bedeutungskomponente 'dem Bezugszeitpunkt Damals vorangehend' und eine aktionale Bedeutungskomponente 'abgeschlossen'. Aktionale Merkmale charakterisieren ein Geschehen unabhängig von seiner zeitlichen Einordnung. Mit dem Merkmal 'abgeschlossen' wird ausgedrückt, daß ein Vorgang oder eine Handlung vor dem Bezugszeitpunkt abgeschlossen wurde, daß ein bestimmtes Ergebnis (ein Zustand) erreicht wurde und daß dieses Ergebnis (dieser Zustand) im Bezugszeitpunkt noch andauert. Diese enge Beziehung des vorangehenden Geschehens auf den Bezugszeitpunkt läßt sich durch Umformungen veranschaulichen, bei denen auf die Bezeichnung des vorangehenden abgeschlossenen Geschehens selbst verzichtet und nur das andauern-

de Ergebnis ausgedrückt wird: *Er hatte sich eine Füllfeder gekauft* ist in der Ergebnisformulierung gleichwertig mit: *Er hatte eine Füllfeder.*
In der Tempusgliederung läßt sich die beobachtete Funktion des Plusquamperfekts nunmehr neben dem Präteritum eintragen:

	Bezugszeitpunkt: Damals	
vorangehendes, abgeschlossenes, im Ergebnis andauerndes Geschehen: Plusquamperfekt	gleichzeitig ablaufendes Geschehen: Präteritum	

Perfekt

Parallel zum Plusquamperfekt dient das Perfekt dazu, ein dem Bezugszeitpunkt Jetzt vorangehendes, abgeschlossenes, im Ergebnis andauerndes Geschehen zu kennzeichnen. Aus dieser Funktion wird das Nebeneinander von Perfekt und Präsens in Text L 3 (Z.1) verständlich: ... *hat sich ... scheiden lassen* ist hinsichtlich des im Bezugszeitpunkt Jetzt andauernden Ergebnisses gleichwertig mit: ... *ist jetzt geschieden.*
Von diesem Ergebniszustand kann der Sprecher im Präsens sagen: *was für mich ... bedeutet.*
Das Perfekt hat demnach wie das Plusquamperfekt eine in sich gestufte temporale Bedeutungskomponente 'dem Bezugszeitpunkt Jetzt vorangehend' und eine aktionale Bedeutungskomponente 'abgeschlossen'.

	Bezugszeitpunkt: Jetzt	
vorangehendes, abgeschlossenes, im Ergebnis andauerndes Geschehen: Perfekt	gleichzeitig ablaufendes Geschehen: Präsens	

Futur I

Vom Bezugszeitpunkt Jetzt ausgehend läßt sich auch das dem Jetzt folgende Geschehen bezeichnen; es ist vom Bezugszeitpunkt aus gesehen zukünftig, wird erwartet. Diese temporale Bedeutung wird durch die Form des Futur I ausgedrückt, wie ein Teilsatz aus dem Text L 11 besonders deutlich zeigt (Z.1-3):

> ... *Ingrid, ein sehr reizvolles Mädchen, das zwar vor dem Abiturium steht und es wahrscheinlich auch ablegen wird, ...*

Im Bezugszeitpunkt des Jetzt *steht das Mädchen vor dem Abiturium.* Für die dem Jetzt folgende Zeit, die Zukunft, wird vorausgesagt, daß das Mädchen *es* (diese Prüfung) *wahrscheinlich auch ablegen wird.*
Entsprechende zeitliche Einordnungen können auch vom Bezugszeitpunkt des Damals aus erfolgen; hierfür steht aber keine grammatische Tempusform zur Verfügung, vielmehr werden verschiedenartige Umschreibungen verwendet, wenn ein Bedürfnis nach dem Ausdruck dieses Zeitverhältnisses besteht. Dem Futur I kann dann eine Verbindung von *würde* mit dem Infinitiv entsprechen (Text L 1, Z.22f.): *Nun würde also Hildegard heimkommen, um halb zehn. Es war jetzt neun Uhr.*
Wenn dieser Text vom Bezugszeitpunkt des Jetzt aus erzählt würde, lautete diese Stelle: *Nun wird also Hildegard heimkommen, um halb zehn. Es ist jetzt neun Uhr.*
Eine entsprechende Formulierung zeigt der am Anfang dieses Absatzes zitierte Satz aus Text L 11 (Z.1-3): ... *ein sehr reizvolles Mädchen ...*
Wenn dieser Text vom Bezugszeitpunkt des Damals aus erzählt würde, lautete diese Stelle: *ein sehr reizvolles Mädchen, das zwar vor dem Abiturium stand und es wahrscheinlich auch ablegen würde.*
Für beide Bezugszeitpunkte läßt sich somit eine Bezeichnung des dem Bezugszeitpunkt folgenden, zukünftigen, erwarteten Geschehens angeben:

	Bezugszeitpunkt: Jetzt	
	gleichzeitig ablaufendes Geschehen: Präsens	folgendes, zukünftiges, erwartetes Geschehen: Futur I
	Bezugszeitpunkt: Damals	
	gleichzeitig ablaufendes Geschehen: Präteritum	folgendes, zukünftiges, erwartetes Geschehen: (Umschreibungen für Futur des Präteritums)

Futur II

Die Form des Futur II vereinigt das Hilfsverb *werden,* das das einem Bezugszeitpunkt folgende Geschehen ausdrückt, mit den Hilfsverben *sein* und *haben,* die das einem Bezugszeitpunkt vorangehende, abgeschlossene Geschehen bezeichnen.

er wird gekommen sein
er wird gesagt haben

Die temporale Bedeutung dieser Form ist insofern futurisch, als der Sprecher vom Bezugszeitpunkt des Jetzt aus einen zukünftigen Zeitpunkt in den Blick nimmt, von wo aus er auf das vorangehende Geschehen zurückblickt. So kann man beispielsweise sagen:

In zwei Wochen werde ich diese Arbeit beendet haben.

Im tatsächlichen Gebrauch dieser Form tritt häufig eine modale Bedeutungskomponente hinzu oder sogar in den Vordergrund. Sie ist oft an hinzugefügten Modalwörtern erkennbar. Die Bedeutung verlagert sich dann von 'zukünftig' auf 'erwartet', 'vermutet':

In zwei Wochen werde ich wohl diese Arbeit beendet haben.

Ohne ausdrückliche Einordnung in die Zukunft überwiegt der Ausdruck der Vermutung über das einem Bezugszeitpunkt im Jetzt vorangehende Geschehen:

Er fährt mit der Bahn.
Vermuteter Grund: *Er wird sein Auto verkauft haben.*

Der Abschluß des einem in der Zukunft liegenden Geschehen vorangehenden Geschehens wird demgegenüber oft nur durch das Perfekt ausgedrückt:

In zwei Wochen habe ich diese Arbeit beendet.

Das Verhältnis zu Präsens und Futur I läßt sich folgendermaßen verdeutlichen:

Bezugszeitpunkt: Jetzt		
gleichzeitig ablaufendes Geschehen: Präsens	vorangehendes, abgeschlossenes Geschehen in der Zukunft: Futur II	folgendes, zukünftiges, erwartetes Geschehen: Futur I

Auch dem Futur II entspricht im Bezugssystem des Damals eine umschriebene Form:

Er arbeitete eifrig. In zwei Wochen würde er die Arbeit beendet haben.

Das Tempussystem

Die bisher an den einzelnen Tempora ermittelten Befunde lassen sich in einer systematischen Übersicht zusammenfassen, die die Verhältnisse verdeutlichen kann, ohne alle Einzelheiten zu berücksichtigen. Auf zwei wichtige Phänomene des Gebrauchs der Tempora wird anschließend noch eingegangen. Alle Probleme des sehr umstrittenen und in den Grammatiken kontrovers beurteilten Tempussystems können in diesem Arbeitsbuch ohnehin nicht erschöpfend behandelt werden.
Für die Systemübersicht werden die bisherigen Teilsysteme zusammengefaßt und übersichtlicher angeordnet. Die leeren Klammern im Bereich des vom Bezugszeitpunkt Damals aus Zukünftigen deuten an, daß hier zwar keine Tempusformen zur Verfügung stehen, bei Bedarf aber diese Zeitverhältnisse auch ausgedrückt werden können.

Verhältnis des Geschehens zum Bezugszeitpunkt: / Bezugszeitpunkt:	vorangehend, abgeschlossen, im Ergebnis andauernd	gleichzeitig ablaufend	folgend, zukünftig, erwartet	
			Zukünftigem vorangehend, in der Zukunft abgeschlossen	
Jetzt	Perfekt	Präsens	Futur II	Futur I
Damals	Plusquamperfekt	Präteritum	( )	( )

Die Übersicht verdeutlicht, daß die beiden Futur-Tempora nicht lediglich zeitliche Bedeutung haben. Auch bei Perfekt und Plusquamperfekt kommt mit dem Merkmal 'abgeschlossen' eine andere Bedeutungskomponente hinzu. Als Tempusformen im engeren Sinne sind daher eigentlich nur Präsens und Präteritum anzusehen, die auch als einzige ohne Hilfsverben direkt am Verb ausgedrückt werden. Aber auch diese beiden Formen drücken über die Temporalität hinaus ein aktionales Merkmal (ablaufend) aus.

Die Verwendung des Präsens

Die Texte des Anhangs enthalten zahlreiche Präsensformen, die zwar grundsätzlich jeweils die Gleichzeitigkeit zu einem Bezugszeitpunkt im Jetzt ausdrücken, im einzelnen aber recht verschiedenartige Zeitverhältnisse kennzeichnen.

In dem Gesetzestext (Text S 1) drückt das Präsens keine unmittelbare Gegenwärtigkeit aus, sondern eine allgemeine Gültigkeit. Das läßt sich gut an Ersatzproben erkennen.

Die Hochschulen	*bereiten auf eine*	*berufliche Tätigkeit vor.*
...	*bereiteten*	...
...	*haben ...*	*vorbereitet*
...	*werden ...*	*vorbereiten*

Mit keinem anderen Tempus ist eine neutrale Aussage einer zum Sprechzeitpunkt gegebenen und bestehenden Geltung möglich. Wenn der Bezugszeitpunkt im Jetzt mit dem Sprechzeitpunkt übereinstimmt, was oft der Fall ist, drückt das Präsens alles gleichzeitig Stattfindende und Bestehende aus. Darüber hinaus kann die Präsensform, vor allem in entsprechenden Kontexten, auch das dem Sprechzeitpunkt folgende Geschehen bezeichnen:

Übermorgen beginnen die Ferien.

Diese Verwendung des Präsens entspricht der des Perfekts anstelle des Futur II:

Übermorgen beginnen die Ferien. Am nächsten Morgen brechen wir auf. Gegen Abend sind wir angekommen.

Die Beobachtung an Text L 11 hat ferner gezeigt, daß das Präsens auch in erzählenden Texten auftreten kann, wenn der Erzähler anstelle des geläufigeren Bezugszeitpunktes im Damals einen Bezugszeitpunkt im Jetzt wählt, der freilich nicht mit dem Sprechzeitpunkt identisch sein muß. Das Präsens kann überhaupt für die Darstellung tatsächlich vergangenen Geschehens verwendet werden, wenn der Kontext diese zeitliche Einordnung leistet:

Im Jahre 1774 erscheint Goethes Werther.

Das Präsens ist demnach als zeitlich neutrales, unmarkiertes Tempus zu bestimmen, das sich mit allen konkreten Zeitangaben in Vergangenheit und Zukunft verträgt, das sowohl die überzeitliche allgemeine Gültigkeit wie die aktuelle Gegenwart des Sprechers bezeichnen kann.

Das Präteritum als Erzähltempus

In den erzählenden Textbeispielen des Anhangs wird - von stilistisch eher auffälligen Stellen abgesehen - durchgehend das Präteritum für den Ablauf des erzählten Geschehens verwendet. Das stimmt bei naiver Betrachtung mit seiner Bezeichnung als Vergangenheitsform überein. Nur was in der Vergangenheit geschehen ist, kann erzählt werden. Die Textbeispiele verdeutlichen aber, daß nicht nur vergangenes Geschehen erzählt werden kann, sondern alles als vergangen vorgestellte Geschehen. Das Präteritum ist darum auch das Tempus der fiktionalen Erzählung, auch des Zukunftsromans. In einer utopischen Erzählung heißt es daher (Text L 6, Z.1):

Drei Jahre waren wir nun unterwegs.

Aus der Angabe *Science-fiction-Geschichten* im Untertitel und der Bezeichnung der Buchreihe als *Phantastische Bibliothek* ergibt sich die Bestimmung des erzählten Geschehens als in der realen Zukunft vorgestellt. Mit dem ersten Satz wird die Gegenwart dieses Geschehens hergestellt: Ein zu einer Gruppe (*wir*) gehöriges Individuum denkt und äußert die Feststellung, daß bis zu dem gegenwärtigen Zeitpunkt drei Jahre vergangen sind. Als tatsächliche Äußerung würde sie die Gestalt haben: *"Drei Jahre sind wir nun unterwegs", sagte der Pilot.* Die Wahl der Präteritumsform kennzeichnet das Geschehen weniger als vergangen als vielmehr als erzählt.

Das Verhältnis von Perfekt und Präteritum

Im Text L 14 tritt unter zahlreichen Präteritumsformen gelegentlich auch das Perfekt auf (Z.12f.):

So hat er zum Beispiel einen Stall gründlich gereinigt.

Ein Grund für das Auftreten des Perfekts ist nicht erkennbar, da hier keine besondere Kennzeichnung eines Abschlusses einer Handlung erfolgt, deren Ergebnis etwa noch andauerte. Der Satz könnte ebenso gut im Präteritum stehen wie der übernächste Satz (Z.14f.), der seinerseits ebenso im Perfekt stehen könnte:

Ferner säuberte er eine weitläufige Landschaft ...

Perfekt und Präteritum sind in der Weise austauschbar, daß anstelle des Präteritums unter verschiedenen Bedingungen oft das Perfekt verwendet wird. In bestimmten südlichen Teilen des deutschen Sprachgebietes sind die Präteritumsformen in der gesprochenen Sprache weitgehend geschwunden, so daß hier generell anstelle des Präteritums das Perfekt gebraucht wird. Dieser Ersatz ist anhand der Darstellung des Tempussystems leicht zu verstehen: Was dem Bezugszeitpunkt im Jetzt, vor allem, wenn er mit dem Sprechzeitpunkt identisch ist, vorangegangen ist, ist damit auch vergangen; die Funktion des Perfekts, den Abschluß und die Fortdauer des Ergebnisses auszudrücken, tritt dann zurück. Das Präteritum gewinnt vor dem Hintergrund eines vor allem in der gesprochenen Sprache überwiegenden Perfektgebrauchs für das dem Sprechzeitpunkt vorangehende Geschehen besondere stilistische Werte. Seine Verwendung setzt vielfach eine bewußte, distanzierte Setzung eines Bezugszeitpunktes im Damals voraus, das nicht notwendig auch eine reale Vergangenheit sein muß. Es charakterisiert - wie weiter oben gesagt - das Geschehen als erzählt.

Analyse von Tempusformen

Das vielfältige Zusammenwirken verschiedener Tempora soll an der Textprobe L 5 veranschaulicht werden, bei der es sich um den ersten Satz des Romans handelt. Die finiten Verbformen dieses Satzes sind:

Z.2 *zieht*	Präsens	Z.5 *übernahm*	Präteritum
Z.3 *stoßen*	Präsens	Z.5 *führte*	Präteritum
Z.3 *geändert hat*	Perfekt	Z.5 *starb*	Präteritum
Z.4 *starb*	Präteritum	Z.5-7 *waren geworden*	Plusquamperfekt

Die beiden Präsensformen drücken eine allgemeine zeitliche Geltung aus: Der Main *zieht* dort schon immer und auch im Sprechzeitpunkt noch *seinen schönsten Bogen*; die Kirchtürme *stoßen* dort schon immer oder jedenfalls schon sehr lange und auch im Sprechzeitpunkt noch *in den Himmel*. Die in

den Präsensformen bezeichnete Dauer und den Fortbestand der geographischen und städtischen Verhältnisse überträgt der nächste Satz mit dem Wort *generationenlang* in den Bereich der Gesellschaft. Die Perfektform drückt zusammen mit der Negation aus, daß sich an dem genannten Ort keine Veränderung vollzogen hat. In der Negation der Veränderung wird also gerade der unveränderte Fortbestand gesellschaftlicher Verhältnisse ausgesagt. Die Perfektform signalisiert aber auch, daß dieser Fortbestand ein dem Bezugszeitpunkt im Jetzt des Erzählers vorangehendes und nunmehr abgeschlossenes Geschehen ist. Diese generationenlang gleichen Verhältnisse werden in den folgenden vier Präteritumsformen in den Bezugszeitpunkt des Damals gerückt. Die Gleichzeitigkeit und Dauer dieser Verhältnisse könnten durch Einfügung von *jedes Mal* oder *immer wieder* vor *der Sohn* noch verdeutlicht werden.
Wie die Analyse des Gefügebaus noch zeigen wird, stehen die bisher besprochenen Verbformen sämtlich in einer Reihe von untereinander gleichrangigen Attributsätzen zu der Ortsangabe *In Würzburg* sowie in ihnen untergeordneten Sätzen. Durch diesen Aufbau des Gesamtsatzes wird eine ganze Reihe von gleichartigen Aussagen über den Ort der Handlung und die hier geltenden dauerhaften Verhältnisse vorangestellt und so die Spannung auf die Fortführung des begonnenen Satzes erhöht. Der Gesamtsatz endet dann mit der Verbform *waren ... geworden* im Plusquamperfekt, das ein dem Bezugszeitpunkt im Damals der erzählten Geschichte vorangehendes, abgeschlossenes Geschehen charakterisiert: die Zerstörung der wirtschaftlichen Existenzgrundlagen durch Krieg und Inflation. Der im Jahre 1927 erschienene Roman erzählt bekanntlich von den Bemühungen vier seit ihrer Jugend befreundeter Männer, ihre wirtschaftliche und soziale Notlage zu überwinden. Der erste Satz des Romans läßt den Kontrast zwischen den generationenlang unveränderten Verhältnissen und ihrer nunmehr eingetretenen Veränderung auch in den Tempusformen deutlich werden und weist so auf eine zentrale Problematik des Romans voraus.

Literaturhinweise

W. Admoni, Der deutsche Sprachbau, § 38.
O. Behaghel, Deutsche Syntax, II, § 681-714.
H. Brinkmann, Die deutsche Sprache, S. 321-356.
I. Dal, Kurze deutsche Syntax, § 100-102.
Duden. Grammatik, Nr. 221-248.
Einführung in die Grammatik, S. 78-86.
P. Eisenberg, Grundriß der deutschen Grammatik, S. 108-126.
U. Engel, Deutsche Grammatik, S. 412-429, 443-453, 494-496.
J. Erben, Deutsche Grammatik, § 123-146.
W. Flämig, Grammatik des Deutschen, S. 386-401.

H. Glinz, Die innere Form des Deutschen, S. 99-104, 326-365.
Grundzüge einer deutschen Grammatik, S. 507-520.
K. Hamburger, Die Logik der Dichtung.
G. Helbig - J. Buscha, Deutsche Grammatik, S. 137-160.
E. Hentschel - H. Weydt, Handbuch der deutschen Grammatik, S. 41-51, 86-106.
W. Jung, Grammatik der deutschen Sprache, Nr. 466-482.
H. Paul, Deutsche Grammatik, IV, § 315-374.
H. Weinrich, Tempus. Besprochene und erzählte Welt.

2. Modale Einordnung durch die Modusformen des Verbs

Die Kategorie der Modalität

Verbformen nehmen, wie gesehen, im Satz eine zentrale Stellung ein. Über die Flexionskategorie des Numerus (Singular, Plural) und der Person (1., 2., 3.) steht die Verbform in engerer syntaktischer Beziehung zu einem der nominalen Satzglieder. Durch die Flexionskategorien Tempus (Präsens usw.), Modus (Indikativ usw.) und Genus verbi (Aktiv, Passiv) legt der Sprecher die Satzbedeutung unter vielen Aspekten fest. Ein wichtiger Aspekt ist die der Aussage vom Sprecher beigelegte Gültigkeit; er wird als Modalität der Aussage bezeichnet. Derartige Modalitäten sind zum Beispiel 'Wahrscheinlichkeit', 'Gewißheit' usw. Der Sprecher kann ferner das in einem Satz ausgedrückte Geschehen unter Modalitäten wie Notwendigkeit, Möglichkeit usw. bezeichnen. Sprachliche Mittel zum Ausdruck der Modalität sind unter anderem Modalwörter wie *wahrscheinlich, gewiß, notwendigerweise, vielleicht*, Modalverben wie *sollen, müssen*; am Verb wird die Kategorie der Modalität durch die Modusformen ausgedrückt: Indikativ, Konjunktiv I, Konjunktiv II und Imperativ. Hier soll zunächst auf die Besonderheiten des Modus Konjunktiv eingegangen werden.

Der Formenbestand des Konjunktivs

Die Moduskategorie tritt nicht isoliert als Flexion des Verbs auf; Verbformen sind stets auch tempusflektiert. In der Tempusflexion unterscheiden sie sich nach den morphologischen Mitteln der Formenbildung: Starke Verben bilden die Tempusformen mit Ablaut, einem regelhaften Wechsel des Wurzelvokals; schwache Verben bilden das Tempus Präteritum mit dem Dentalmorphem *-(e)t-*. Diese Verhältnisse sind bei der Beschreibung des Formenbestandes des Konjunktivs zu berücksichtigen; mit Hilfsverben zusammengesetzte Verbformen bleiben hier außer Betracht.

Starkes Verb: *nehmen*

	Präsens	Präteritum
Indikativ	*ich nehme*	*ich nahm*
	du nimmst	*du nahmst*
	er nimmt	*er nahm*
	wir nehmen	*wir nahmen*
	ihr nehmt	*ihr nahmt*
	sie nehmen	*sie nahmen*
Konjunktiv	*ich nehme*	*ich nähme*
	du nehmest	*du nähm(e)st*
	er nehme	*er nähme*
	wir nehmen	*wir nähmen*
	ihr nehmet	*ihr nähm(e)t*
	sie nehmen	*sie nähmen*

Im Präsens ist eine deutliche Endungsopposition nur in der 3. Pers. Sing. gegeben: *-t* (Indikativ): *-e* (Konjunktiv). Die Oppositionen *-st : -est, -t : -et* in der 2. Pers. Sing. und Plur. haben eine geringere Bedeutung, da die Konjunktivformen *du nehmest, ihr nehmet* ungebräuchlich sind. Die 2. Pers. Sing. Konj. wird deutlicher durch den Wurzelvokal vom Indikativ unterschieden: *-i- : -e-*. Diese Opposition stützt auch zusätzlich die Unterscheidung der 3. Pers. Sing. In der 1. Pers. Sing. und Plur. unterscheiden sich die aufgeführten Konjunktivformen nicht vom Indikativ.

Der Vergleich mit einem anderen starken Verb, *reiten*, zeigt, daß eine Opposition im Wurzelvokal der 2. und 3. Pers. Sing. Ind. und Konj. im Präsens nicht immer vorliegt: *er reitet : reite* usw.

Im Präteritum sind zwei Konjunktivformen an der Endung erkennbar: 1., 3. Pers. Sing. Ind. *-Ø*: Konj. *-e*. Das deutlichste Kennzeichen der Konjunktivformen bilden in dem vorliegenden Beispiel nicht die Endungen, sondern der Umlaut. Diese Konjunktivbezeichnung ist nur bei umlautfähigen Verben möglich. Bei dem Verbtyp *reiten* mit nicht-umlautfähigem Vokal unterscheiden sich nur 1. und 3. Pers. Sing. Konj. vom Ind.: *ich/er ritt : ich/er ritte*. Die übrigen Formen stimmen mit dem Indikativ überein.

Schwaches Verb: *suchen*

	Präsens	Präteritum
Indikativ	*ich suche*	*ich suchte*
	du suchst	*du suchtest*
	er sucht	*er suchte*
	wir suchen	*wir suchten*
	ihr sucht	*ihr suchtet*
	sie suchen	*sie suchten*
Konjunktiv	*ich suche*	*ich suchte*
	du suchest	*du suchtest*
	er suche	*er suchte*
	wir suchen	*wir suchten*
	ihr suchet	*ihr suchtet*
	sie suchen	*sie suchten*

Vom Indikativ Präsens unterscheidet sich der Konjunktiv nur in der 3. Pers. Sing. durch die Opposition *-t : -e*. Die Opposition in der 2. Pers. Sing. und Plur. *-st : -est, -t : -et* kann wegen der Ungebräuchlichkeit dieser Konjunktivformen unberücksichtigt gelassen werden. Im Präteritum stimmt der Konjunktiv völlig mit dem Indikativ überein. Eine formale Unterscheidung zwischen Indikativ und Konjunktiv Präteritum ist nur bei einer kleinen Gruppe von schwachen Verben möglich, die im Indikativ Präteritum den Wurzelvokal *a* gegenüber *e* im Präsens haben: *brennen - brannte*. Hier tritt in den Konjunktivformen des Präteritums *e* ein: *brennte*. Allerdings sind diese Formen wenig gebräuchlich.

Im ganzen läßt sich der neuhochdeutsche Formenbestand folgendermaßen charakterisieren. Konjunktivformen mit deutlicher und bei allen Verbgruppen vorhandener Opposition zum Indikativ liegen nur in der 3. Pers. Sing. Präs. vor. Weitere Formen des Konjunktivs heben sich nur in den Fällen vom Indikativ ab, in denen der Wurzelvokal verändert wird, was nur bei einzelnen Verbgruppen möglich ist.

Als Ergebnis der Betrachtung der Konjunktivformen läßt sich festhalten, daß der Konjunktiv im Formensystem des Verbs nur unvollständig durch eigene Formen ausgedrückt wird. Daraus ergibt sich zum einen die Frage nach einer Erklärung dieser Unvollständigkeit, zum andern die Frage nach den sprachlichen Mitteln zur Ergänzung des unvollständigen Systems.

Sprachhistorische Erklärung des Formenbestandes des Konjunktivs

Zur Erklärung des neuhochdeutschen Formenbestandes werden die Formensysteme des Althochdeutschen und Mittelhochdeutschen verglichen.

Starkes Verb: *neman / nemen*

	Präsens		Präteritum	
	ahd.	mhd.	ahd.	mhd.
Indikativ	*ih nimu*	*ich nime*	*ih nam*	*ich nam*
	dū nimis	*dū nimest*	*dū nāmi*	*dū næme*
	er nimit	*er nimet*	*er nam*	*er nam*
	wir nememēs	*wir nemen*	*wir nāmun*	*wir nāmen*
	ir nemet	*ir nemet*	*ir nāmut*	*ir nāmet*
	sie nement	*sie nement*	*sie nāmun*	*sie nāmen*
Konjunktiv	*ih neme*	*ich neme*	*ih nāmi*	*ich næme*
	dū nemēs	*dū nemest*	*dū nāmīs*	*dū næmest*
	er neme	*er neme*	*er nāmi*	*er næme*
	wir nemēm	*wir nemen*	*wir nāmīm*	*wir næmen*
	ir nemēt	*ir nemet*	*ir nāmīt*	*ir næmet*
	sie nemēn	*sie nemen*	*sie nāmīn*	*sie næmen*

Im Vergleich zum Neuhochdeutschen bestand im Mittelhochdeutschen im Präsens eine Endungsopposition mehr, nämlich in der 3. Pers. Plur. : *-nt* : *-n*. Außerdem gilt die im Neuhochdeutschen auf die 2. und 3. Pers. Sing. Präs. beschränkte Kennzeichnung durch Veränderung des Wurzelvokals auch in der 1. Pers. Sing. und unterscheidet auch hier Indikativ und Konjunktiv. Diese Möglichkeit ist aber wie im Neuhochdeutschen nur bei einem Teil der starken Verben gegeben, nicht etwa bei dem Typ *rīten*: 1. Pers. Sing. Präs. Ind. und Konj. *ich rīte*. Im Präteritum unterscheiden sich die Verhältnisse nicht grundsätzlich von denen des Neuhochdeutschen. Im Althochdeutschen dagegen waren Indikativ und Konjunktiv in Präsens und Präteritum in allen Formen durch Opposition der Endungen unterschieden.

Schwaches Verb: *suohhen / suochen*

	Präsens		Präteritum	
	ahd.	mhd.	ahd.	mhd.
Indikativ	*ih suohhu*	*ich suoche*	*ih suohta*	*ich suohte*
	dū suohhis	*dū suochest*	*dū suohtōs*	*dū suohtest*
	er suohhit	*er suochet*	*er suohta*	*er suohte*
	wir suohhemēs	*wir suochen*	*wir suohtun*	*wir suohten*
	ir suohhet	*ir suochet*	*ir suohtut*	*ir suohtet*
	sie suohhent	*sie suochent*	*sie suohtun*	*sie suohten*
Konjunktiv	*ih suohhe*	*ich suoche*	*ih suohti*	*ich suohte*
	dū suohhēs	*dū suochest*	*dū suohtīs*	*dū suohtest*
	er suohhe	*er suoche*	*er suohti*	*er suohte*
	wir suohhēm	*wir suochen*	*wir suohtīm*	*wir suohten*
	ir suohhēt	*ir suochet*	*ir suohtīt*	*ir suohtet*
	sie suohhēn	*sie suochen*	*sie suohtīn*	*sie suohten*

Auch bei den schwachen Verben ist im Mittelhochdeutschen gegenüber dem Neuhochdeutschen nur an einer Stelle eine zusätzliche Endungsopposition vorhanden gewesen, in der 3. Pers. Plur. Präs.
Im Althochdeutschen sind bei den schwachen wie bei den starken Verben Indikativ und Konjunktiv in beiden Tempora in allen Formen durch Endungen unterschieden.
Ein Vergleich der althochdeutschen und der mittelhochdeutschen Formen in den obigen Tabellen zeigt die Wirkungen des Umlauts, der Abschwächung der Endsilbenvokale und der Verkürzung der Endungen:

zum Beispiel:	ahd.	*ih nāmi*	>	mhd.	*ich næme*
		ih nimu,	>		*ich nime,*
		ih suohhu	>		*ich suoche*
		wir nememēs,	>		*wir nemen,*
		wir suohhemēs	>		*wir suochen*

Durch diese Veränderungen wird das Konjunktivparadigma bereits im Mittelhochdeutschen dem Indikativ weitgehend angeglichen. Die Veränderungen zum Neuhochdeutschen setzen diese Entwicklung lediglich fort, z.B. in der 3. Pers. Plur. Ind. Präs.: *-ent* > *-en*. Außerdem wirkt bei den starken Verben ein interner Formenausgleich in der 1. Pers. Sing. Ind. Präs., wo sich der Vokal des Plurals und Infinitivs durchsetzt (mhd. *ich nime,* nhd. *ich nehme*) und in der 2. Pers. Sing. Ind. Prät. mit der Aufgabe der umgelauteten Form zugunsten der Vokalform der 1. und 3. Pers. Sing. mit Angleichung der Endung an die übrigen der 2. Pers. Sing. (mhd. *dū næme*, nhd. *du nahmst*).

Durch die Aufgabe dieser umgelauteten Form im Indikativ Präteritum kann der Umlaut im Konjunktiv Präteritum funktional gesehen dessen eindeutige Markierung tragen, soweit das starke Verb umlautfähig ist.
Da jedoch das System des Konjunktivs im Neuhochdeutschen keine durchgehende, eindeutige Kennzeichnung gegenüber den entsprechenden Indikativformen besitzt, wird ferner auf Ersatzformen zurückgegriffen.

Die Umschreibung mit *würde*

Neben den vorhandenen regulären Formen des Konjunktivs wird im Neuhochdeutschen eine Konjunktiv-Umschreibung mit dem Infinitiv und dem Konjunktiv Präteritum des Verbs *werden*, die sogenannte *würde*-Form, gebildet. Sie tritt in der Gegenwartssprache als Ersatz für praktisch alle anderen Konjunktivformen auf. Besonders in solchen Fällen, in denen die vorhandenen Formen des Konjunktivs (Präsens und Präteritum) mit den entsprechenden Indikativformen identisch sind, wird auf eine Umschreibung mit der *würde*-Form zurückgegriffen, so etwa bei den schwachen Verben und bei den nichtumlautfähigen starken Verben im Konjunktiv Präteritum:

sie würden suchen (statt: *sie suchten*)
sie würden reiten (statt: *sie ritten*)

Darüber hinaus kann beobachtet werden, daß auch für vorhandene eindeutige Konjunktivformen die Umschreibung mit *würde* verwendet wird:

sie würden nehmen (statt: *sie nähmen*).

Dies geschieht besonders bei solchen starken Formen, die als ungebräuchlich gelten: *sie würde geniessen* (statt: *sie genösse*), *sie würde messen* (statt: *sie mäße*).

Umgekehrt können auch nichteindeutige Konjunktivformen verwendet werden, besonders wenn der Kontext, in dem die Form steht, eindeutig konjunktivisch ist:

> *Ginge es nach ihm, so verkaufte er das Objekt.*

Der Gebrauch der Ersatzform unterliegt also keiner strengen Regelung. Dies kann beim Sprecher Unsicherheit hinsichtlich des Gebrauchs hervorrufen und sich als Normproblem in den Handbüchern artikulieren.

Verwendung und Funktion der Konjunktivformen

Die verschiedenen Konjunktivformen haben unterschiedliche Verwendungsmöglichkeiten und erfüllen teilweise unterschiedliche Funktionen. Sie können ferner in Nebensätzen oder in selbständigen Hauptsätzen auftreten. Hier soll auf die wichtigsten Aspekte hingewiesen werden.

Die Redewiedergabe

Die modale Funktion des Konjunktivs läßt sich hier in seiner Verwendung in Texten beobachten. Der folgende Satz ist einer Zeitung entnommen, wobei auf die aktuellen Bezüge verzichtet wurde; die Konjunktivformen wurden aber nicht verändert.

> *[Der Politiker] ... äußerte in einer kurzen Rede ... Freude darüber, daß im Landtag nur Parteien vertreten seien, die zu Text und Sinn des Grundgesetzes stünden und die parlamentarische Demokratie bejahten.*

Aufgrund dieser Meldung läßt sich die hier wiedergegebene Äußerung in ihrer direkten Form rekonstruieren:

> *Der Politiker sagte: "Ich freue mich darüber* (oder etwa: *Ich bin froh darüber*), *daß im Landtag nur Parteien vertreten sind, die zu Text und Sinn des Grundgesetzes stehen und die parlamentarische Demokratie bejahen."*

Den Konjunktivformen in der Zeitungsmeldung entsprechen in der rekonstruierten Rede Indikativformen:

seien - *sind*
stünden - *stehen*
bejahten - *bejahen*

Die Indikativformen der zugrundeliegenden Rede werden in der Wiedergabe durch Konjunktivformen ersetzt: Für die Präsens Indikativ-Form *sind* tritt die Präsens Konjunktiv-Form *seien* ein; für die Präsens Indikativ-Form *stehen* wird die Konjunktivform des Präteritums *stünden* verwendet. Sie kann als Ersatz für die fehlende eindeutige Form des Konjunktivs Präsens (*stehen*) interpretiert werden. Ein solcher Ersatz der vom Indikativ Präsens nicht unterschiedenen Konjunktivform durch die eindeutige Form des Konjunktivs Präteritum ist häufig beobachtbar, er ist jedoch nicht regelhaft. Umgekehrt können auch eindeutige Präsensformen durch die entsprechenden Präteritumsformen ersetzt werden. In dem dadurch bereits eindeutig konjunktivischen Kontext tritt an die Stelle der vom Präsens Indikativ *bejahen* nicht unterschiedenen Konjunktiv Präsens-Form die Form des Präteritums, die aber vom Indikativ Präteritum ebenfalls nicht unterschieden ist. Auf die Möglichkeit des Ersatzes durch die eindeutige Umschreibung mit *würde* wurde also hier verzichtet.
Gemeinsam ist allen drei Formen, daß sie Präsensformen der wiedergegebenen Rede ersetzen. Den Konjunktivformen fehlt offensichtlich die temporale Bedeutungskomponente. Man bezeichnet daher die Formen des Konjunktivs Präsens als Konjunktiv I, die Formen des Konjunktivs Präteritum als Konjunktiv II. Die Konjunktivformen kennzeichnen die Redewiedergabe, die sogenannte indirekte Rede. Die von ihnen ausgedrückte Modalität ist die einer eingeschränkten Geltung: Die Aussage wird als Aussage eines anderen Sprechers und daher als durch den aktuellen Sprecher nur vermittelt gekennzeichnet. Daraus ergibt sich eine gewisse Distanzierung des aktuellen Sprechers von der vermittelten Aussage.
Diese Konjunktivfunktion in der indirekten Rede wird von den Präsensformen des Konjunktivs sowie von den Präteritumsformen und der *würde*-Umschreibung wiedergegeben.
Feste Regeln für die Verwendung der verschiedenen Konjunktivformen sind hier nicht vorhanden: Es können nur Tendenzen im Gebrauch angegeben werden. Sowohl der Ersatz von uneindeutigen durch eindeutige Formen als auch die Annahme einer stilistischen Differenzierung sind lediglich als Tendenzen zu betrachten. Die Annahme einer auf die Sprecherintention bezogenen Differenzierung der Formen (etwa hinsichtlich des Wahrheitsgehalts der wiedergegebenen Äußerung) gilt als nicht haltbar.
Ferner sei darauf hingewiesen, daß die Moduswahl in der indirekten Rede ebenfalls Schwankungen unterliegt: In bestimmten Fällen kann hier auch der Indikativ auftreten: *Er sagte, daß sie jetzt alles verleugnet.* (Sieh auch Kapitel VIII, Analyse von Text L 9, Satz 6).

Die Hauptfunktion des Konjunktivs II

Außerhalb des oben beschriebenen Auftretens des Konjunktivs II in der indirekten Rede als einer der Nebenformen zum Konjunktiv I (ohne Funktionsunterschied hinsichtlich der Einschränkung der Aussage) tritt der Konjunktiv II weiter hauptsächlich in Kontexten auf, in denen eine starke Einschränkung der Geltung der Aussage signalisiert werden soll: Der Sprecher kennzeichnet den Inhalt der Aussage als nur vorgestellt, nur angenommen.
Der Konjunktiv II tritt daher hauptsächlich in Bedingungssätzen auf:

Das Volk und ihm zu Gefallen die Dichter, ein allzu gefälliges Geschlecht, haben die Geschichte von Joseph und Potiphars Weib, eine Episode, wenn auch eine sehr schwerwiegende, im Leben des Sohnes Jaakobs, verschiedentlichst ausgesponnen, haben ihr, die doch mit der Katastrophe gründlich abgeschlossen war, gefühlvolle Fortsetzungen und innerhalb des Ganzen eine überherrschende Stellung gegeben, so daß aus diesem unter ihren Händen ein reichlich verzuckerter Roman mit glücklichem Ausgang wird. Ginge es nach diesen Poesien, so hätte die Versucherin, die "Suleicha" zu heißen pflegt, worüber allein schon man nur die Achseln zucken kann, sich, nachdem sie Joseph ins Gefängnis gebracht, voller Reue in eine "Hütte" zurückgezogen und nur noch der Abbüßung ihrer Sünden gelebt, worüber sie durch den Tod ihres Gatten zur Witwe geworden wäre.

aus: Th. Mann, Joseph und seine Brüder, IV, Frankfurt/Main 1983, S.223.

Zu Beginn des Textes wird von dem Erzähler auf verschiedene andere Versionen des von ihm Erzählten hingewiesen, wobei durch die Wortwahl (*ein reichlich verzuckerter Roman*) bereits eine Distanzierung von diesen Poesien sichtbar wird. Die Einzelheiten dieser referierten Fassungen werden durch einen Konditionalsatz eingeleitet (*Ginge es ...*), der deutlich macht, daß es sich um eine nur angenommene Möglichkeit handelt. Die im Indikativ zu denkenden Aussagen der anderen Versionen erscheinen hier im Konjunktiv. Durch diese grammatischen Formen wird die Geltung der Aussage weitgehend eingeschränkt; der Sprecher distanziert sich damit ausdrücklich von der Geltung des Ausgesagten.
Neben dem Konjunktiv II können auch hier Formen mit der *würde*-Umschreibung auftreten:
Ginge es nach ihnen, ... würde es nach ihnen gehen, ...

Konjunktiv, Imperativ und Indikativ

Die Konjunktivformen lassen sich ihrer Bildungsweise nach den Indikativformen des Präsens und Präteritums zuordnen. Da Konjunktiv Präsens und Konjunktiv Präteritum aber keine direkte Tempusbedeutung enthalten, werden sie zweckmäßiger als Konjunktiv I und Konjunktiv II bezeichnet (wie weiter oben gesehen). Die Formen des Konjunktivs I kennzeichnen hauptsächlich eine Aussage als Wiedergabe der Aussage eines andern (berichtete Rede). Anstelle der Formen des Konjunktivs I werden auch Formen des Konjunktivs II und die *würde*-Umschreibung verwendet. Außerhalb der Redewiedergabe kennzeichnen die Formen des Konjunktivs II bzw. die *würde*-Umschreibung eine vom Standpunkt des Sprechers aus nur bedingt gültige Aussage, einen lediglich vorgestellten Inhalt.
Neben diesen Hauptfunktionen lassen sich noch weitere Verwendungen der Konjunktivformen im Hauptsatz erkennen:

Käme er doch endlich!
Wäre er jetzt hier!
Man hole ihn herbei!

Der Inhalt der Aussage wird durch den Konjunktiv als nicht wirklich gegeben, sondern als erwünscht oder gefordert bezeichnet. Der Konjunktiv hat hier voluntative Funktion und charakterisiert gemeinsam mit Verbstellung und Intonation Aufforderungssätze. In dieser Funktion berührt sich der Konjunktiv mit dem Imperativ, der ebenfalls einen Wunsch oder eine Aufforderung ausdrückt. Auch der Imperativ schränkt die Geltung einer Aussage insofern ein, als er ihren Inhalt ausdrücklich als noch zu verwirklichen kennzeichnet. Im Gegensatz zu Konjunktiv und Imperativ ist mit dem Indikativ keine Einschränkung der Geltung einer Aussage gegeben. Der Indikativ kann als neutraler Modus angesehen werden, der durch Kontextelemente in verschiedener modaler Hinsicht differenziert werden kann.

Literaturhinweise

W. Admoni, Der deutsche Sprachbau, § 39.
O. Behaghel, Deutsche Syntax, II, § 655-680.
H. Brinkmann, Die deutsche Sprache, S. 357-380.
I. Dal, Kurze deutsche Syntax, § 103-111.
Duden. Grammatik, Nr. 249-293.
Einführung in die Grammatik, S. 86-93.
P. Eisenberg, Grundriß der deutschen Grammatik, S. 127-137.
U. Engel, Deutsche Grammatik, S. 112-115, 418-429.
J. Erben, Deutsche Grammatik, § 147-193.

W. Flämig, Grammatik des Deutschen, S. 401-416.
H. Glinz, Die innere Form des Deutschen, S. 104-113.
Grundzüge einer deutschen Grammatik, S. 520-539.
G. Helbig - J. Buscha, Deutsche Grammatik, S. 188-207.
E. Hentschel - H. Weydt, Handbuch der deutschen Grammatik, S. 106-116.
W. Jung, Grammatik der deutschen Sprache, Nr. 497-526.
H. Paul, Deutsche Grammatik, IV, § 375-377, 471-490.

3. Modale Einordnung durch Modalverben

Modalitätskennzeichnung durch Modalverben

Neben der verbalen Flexionskategorie des Modus und neben den modalen Funktionen der Tempusformen stehen noch verschiedenartige lexikalische Mittel zur Modalitätskennzeichnung zur Verfügung. So können etwa Modalwörter wie *vermutlich*, *vielleicht* usw. den Geltungsgrad der Aussage kennzeichnen.
Als Beispiel für die Vielfältigkeit der Mittel zur Modalitätskennzeichnung werden im folgenden zu dem auf dem Beipackzettel eines Medikaments stehenden Satz *Ihr Magen leistet Schwerstarbeit* (Text S 3, Z.10) weitere parallel konstruierte Sätze gebildet:

Ihr Magen	*leistet*	*Schwerstarbeit.*
	leiste	
	kann	*leisten*
	muß	*leisten*
	soll	*leisten*
	scheint	*zu leisten*
	leistet bestimmt	
	leistet vielleicht	

Die Zuordnung des verbal bezeichneten Vorgangs (*Schwerstarbeit leisten*) zu dem Vorgangsträger (*Ihr Magen*) wird vom Sprecher/Schreiber in jedem Satz mit einer bestimmten Modalitätskennzeichnung durch bestimmte sprachliche Mittel (Tempusform, Modusform, Hinzufügen von bestimmten Verben oder Adverbien) vorgenommen. Diese Kennzeichnung der Modalität kann durch Paraphrasen und Einbettung in entsprechende Kontexte verdeutlicht werden:
Auf dem Beipackzettel steht: "Ihr Magen leistet Schwerstarbeit" - und diese Aussage gebe ich hiermit wieder, ohne selbst dafür Gewähr bieten

zu können: *Auf einem Beipackzettel eines Arzneimittels wird behauptet, mein /Ihr Magen leiste Schwerstarbeit.*
Auf dem Beipackzettel wird behauptet, daß mein/Ihr Magen Schwerstarbeit leistet; ich erwarte daher, daß er Schwerstarbeit leistet, ohne dessen sicher zu sein: *Mein/Ihr Magen soll Schwerstarbeit leisten.*

Die Modalverben *sollen, müssen, dürfen, können, wollen, mögen* bilden durch ihre semantischen Funktionen eine feste Gruppe von Verben, die auch durch morphologische und syntaktische Merkmale von anderen Verben modaler Bedeutung abgehoben sind.

Morphologische und syntaktische Merkmale der Modalverben

Zur Verdeutlichung der Abgrenzung der Modalverben werden einige Verben mit modaler Funktion mitberücksichtigt, nämlich: *brauchen, vermögen, wissen, pflegen, scheinen, beabsichtigen, versuchen.*
An der Gegenüberstellung der Formen von *dürfen* und *versuchen* können die Kriterien der Flexion erarbeitet werden.

ich darf - Ø	*ich versuch - e*
du darf - st	*du versuch - st*
er darf - Ø	*er versuch - t*
wir dürf - en	*wir versuch - en*
ihr dürf - t	*ihr versuch - t*
sie dürf - en	*sie versuch - en*
er durf - t - e	*er versuch - t - e*
er dürf - t - e	

Aus morphologischer Sicht lassen sich zunächst folgende Merkmale festhalten:

a) *dürfen* zeigt in der 1. und 3. Person Singular Indikativ Präsens Ø-Endung gegenüber *-e* und *-t* bei *versuchen.* Ø-Endung haben von den genannten Verben ebenfalls *soll, will, kann, mag, vermag, muß* und *weiß.*

b) Zwischen Singular und Plural tritt im Indikativ Präsens ein Vokalwechsel im Grundmorphem auf: *darf - dürfen.* Einen Wechsel zeigen auch *will - wollen, kann - können, mag - mögen, vermag - vermögen, muß - müssen, weiß - wissen.*

c) *dürfen* stimmt in der schwachen Präteritumsbildung mit *versuchen* überein und unterscheidet sich dadurch von ablautenden Verben wie *scheinen*. Bei der Präteritumsbildung der Modalverben treten teilweise vokalische und konsonantische Veränderungen gegenüber dem Infinitiv ein: *dürfen - durfte, können - konnte, müssen - mußte, wissen - wußte, mögen - mochte, vermögen - vermochte.*

d) Umlaut im Konjunktiv Präteritum zeigen *dürfte, könnte, müßte, wüßte, möchte, vermöchte,* und teilweise *bräuchte*.

e) Bei der Bildung von Perfekt, Plusquamperfekt und Futur II mit dem Hilfsverb *haben* wird in der Verbindung von Modalverb und modifiziertem Verb im Infinitiv anstelle des Partizips Präteritum auch beim Modalverb der Infinitiv verwendet:

	er hat es gedurft	-	*er hat es versucht*
aber:	*er hat kommen dürfen*	-	*er hat zu kommen versucht*
	er wird haben kommen dürfen	-	*er wird versucht haben zu kommen*

Dazu kommen noch folgende syntaktischen Besonderheiten:

f) Der Infinitiv des modifizierten Verbs steht ohne das Verbindungselement *zu*, im Unterschied zu anderen modalen Verben:

er darf kommen - *er versucht zu kommen*

g) Der modifizierte Infinitiv kann bei den Modalverben fehlen und durch ein Richtungsadverb ersetzt werden, was bei anderen Verben nicht möglich ist:

er darf hingehen - *er versucht hinzugehen*
er darf hin

h) Für die Stellung der Modalverben gelten in einigen Fällen feste Regeln:

Ich nehme an, daß er zu kommen versucht.
..., daß er versucht zu kommen.
..., daß er kommen darf.

In Nebensätzen stehen die finite Verbform und der damit verbundene Infinitiv am Ende. Bei manchen Verben kann der Infinitiv vor oder nach der finiten Verbform stehen; d.h., der Infinitiv kann ausgeklammert werden. Bei den Modalverben ist diese Ausklammerung nicht möglich.

i) In Nebensätzen stehen alle Elemente einer zusammengesetzten Vergangenheitsform eines mit einem Infinitiv verbundenen Verbs am Ende. Dabei steht die finite Verbform bei manchen Verben an der letzten Stelle, bei Modalverben vor den beiden Infinitiven.

Ich nehme an, daß er zu kommen versucht hat.
..., daß er nicht hat kommen dürfen.

Die beobachteten Kriterien lassen sich in einer Merkmalmatrix zusammenfassen, wobei die nicht einzeln beschriebenen Verben entsprechend den vorgeführten Beispielen bestimmt werden. Die Formulierung der Kriterien wird so gewählt, daß eine positive Markierung der Modalverben möglich ist.

Merkmale \ Verben		*müssen*	*dürfen*	*sollen*	*können*	*mögen*	*wollen*	*vermögen*	*wissen*	*brauchen*	*pflegen*	*scheinen*	*beabsichtigen*	*versuchen*
a)	Nullendung in der 1. und 3. Pers.Sing. Ind.Präs.	+	+	+	+	+	+	+	+	–	–	–	–	–
b)	Vokalwechsel zwischen Sing. und Plur.Ind. Präs.	+	+	–	+	+	+	+	+	–	–	–	–	–
c)	schwaches Präteritum mit lautlichen Besonderheiten	+	+	–	+	+	–	+	+	–	–	–	–	–
d)	Umlaut im Konj.Prät.	+	+	–	+	+	–	+	+	±	–	–	–	–
e)	zusammengesetzte Vergangenheitsformen mit *haben* und Infinitiv	+	+	+	+	+	+	–	–	+	–	–	–	–
f)	Infinitiv ohne *zu*	+	+	+	+	+	+	–	–	±	–	–	–	–
g)	Ersatz des Infinitivs durch Adverb	+	+	+	+	+	+	–	–	+	–	–	–	–
h)	Ausklammerung des Infinitivs im Nebensatz nicht möglich	+	+	+	+	+	+	+	+	+	+	+	–	–
i)	Position der finiten Form vor zwei Infinitiven im Nebensatz	+	+	+	+	+	+	–	–	+	–	–	–	–

Die sechs Modalverben stimmen in folgenden Kriterien überein: 1. und 3. Pers. Sing. mit Ø-Endung, zusammengesetzte Vergangenheitsform mit Infinitiv, Infinitivanschluß ohne *zu*, Infinitiversatz durch Richtungsadverb, keine Ausklammerung im Nebensatz, Position der finiten Verbform vor zwei Infinitiven im Nebensatz. *brauchen* zeigt eine weitgehende Übereinstimmung in den syntaktischen Kriterien; *vermögen* und *wissen* stimmen in der Flexion zu den Modalverben, was ebenso wie die flexivischen Besonderheiten historisch erklärt werden kann.

Sprachhistorische Erklärung der Flexion der Modalverben

Der Ansatz zur Erklärung der Flexionsbesonderheiten der Modalverben läßt sich bereits bei rein synchroner Betrachtung der neuhochdeutschen Formen erkennen.

Die Nullendung in der 1. und 3. Pers. Sing. Ind. Präs. führt zu der Frage, ob an anderen Stellen im Formensystem anderer Verben Nullendungen auftreten. Die gleichen Personal- und Numerusendungen in der 1. und 3. Pers. Sing. Ind. begegnen außer im Präsens der Modalverben auch im Präteritum der starken Verben:

ich / er darf - *ich / er warf*

Diese Beobachtung führt zu der Vermutung, daß die Präsensformen der Modalverben eigentlich Präteritumsformen starker Verben sind. Die historische Betrachtung bestätigt diese Annahme. Die mittelhochdeutschen Vorstufen der Präsensformen der Modalverben sind formal noch deutlicher als Präteritumsformen starker Verben erkennbar:

werfen	-	*ich warf*	-	*wir wurfen*
		ich darf	-	*wir durfen*
graben	-	*ich gruop*	-	*wir gruoben*
		ich muoz	-	*wir muozen*

Wegen der Übertragung der Präsensfunktion auf Präteritumsformen heißen diese Verben in flexivischer Sicht Präterito-Präsentien und lassen sich als starke Verben den Ablautreihen zuordnen. Diese Verbgruppe ist im Mittelhochdeutschen hauptsächlich durch neun Verben vertreten: I *weiz*, II *touc*, III *gan, kan, darf, tar*, IV *sol*, V *mac*, VI *muoz*. Im Laufe der Entwicklung zum Neuhochdeutschen sind *touc* und *gan* zu normalen schwachen Verben umgeformt worden: *ich tauge, taugte*; *ich gönne, gönnte*; das Präterito-Präsens *tar* 'ich wage' ist auf dem Wege vom

Mittelhochdeutschen zum Neuhochdeutschen verlorengegangen. Zu der auf sechs Verben verringerten Gruppe - das formal zugehörige *weiz* eingerechnet - ist *will* hinzugetreten, das kein Präterito-Präsens ist, sondern erst durch die Einwirkung verschiedener Lautgesetze und Ausgleichserscheinungen zu den flexivischen Übereinstimmungen mit den Präterito-Präsentien gelangte. *vermögen* gehört als Präfixbildung zu *mögen*.

Die Zurückführung der neuhochdeutschen Modalverben auf die mittelhochdeutschen Präterito-Präsentien und damit auf starke Verben erklärt die Nullendung in der 1. und 3. Pers. Sing. Ind. Präs. sowie den Vokalwechsel zwischen Singular und Plural Präsens bei *können, mögen, dürfen*: Hier ist der im Mittelhochdeutschen noch vorhandene Ablaut zwischen Singular und Plural Präteritum der starken Verben nicht wie bei den anderen starken Verben ausgeglichen worden.

mhd.	*warf, wurfen*	-	nhd.	*warf, warfen*
	darf, durfen	-		*darf, dürfen*

brauchen als Modalverb

Die weitgehende Übereinstimmung von *brauchen* mit den Merkmalen der Modalverben führt zu der Frage, inwieweit es selbst als Modalverb angesehen werden kann. Wie ein Modalverb erscheint *brauchen* in Hinsicht auf folgende Kriterien:

Er hat nicht gehen brauchen.	(Infinitiv statt Partizip)
Er braucht nicht hin.	(Richtungsadverb statt Infinitiv)
..., daß er nicht gehen braucht.	(keine Ausklammerung möglich)
..., daß er nicht hat gehen brauchen.	(finites Verb vor den Infinitiven)

Der Anschluß des Infinitivs ohne *zu* wurde lange Zeit als normwidrig bewertet, zum Teil werden heute noch Einschränkungen im Gebrauch gesehen (z.B. in der stilistischen Bewertung). Das Phänomen läßt sich aber ohne weiteres als Anpassung an die Modalverben verstehen. Auch die umgangssprachlich übliche umgelautete Konjunktivform *bräuchte* läßt sich hier einordnen. Entscheidend für die Auffassung des Verbs *brauchen* als Modalverb ist seine semantische Funktion in der Verbindung mit *nicht* als Negation des Modalverbs *müssen*.

Das semantische System der Modalverben

Die durch Flexion und Syntax hervorgehobenen sechs Modalverben lassen sich auch semantisch dadurch eng zusammenfassen, daß ihre Bedeutungen in einem System von drei Oppositionen stehen.

Er will kommen.
Er soll kommen.
Er darf kommen.
Er muß kommen.
Er kann kommen.
Er mag kommen.

Die jeweilige Modalität des Geschehens kann durch Paraphrasen ermittelt werden, die den Modalverben gleichwertig sind. *Er darf kommen* bedeutet soviel wie *Er hat die Erlaubnis zu kommen.* Das Verhältnis zwischen dem Subjekt *er* und dem von ihm ausgesagten Geschehen *kommen* wird vom Sprecher unter der Modalität der Erlaubnis dargestellt. Fünf der sechs Modalverben lassen sich derartige allgemeine Modalitäten zuordnen.

will : Wille
soll : Forderung
darf : Erlaubnis
muß : Notwendigkeit
kann : Möglichkeit

will unterscheidet sich von *soll* und *darf* dadurch, daß das Verhältnis zum Handlungsvollzug vom Subjekt selbst bestimmt ist, während es bei *soll* und *darf* von außerhalb des Subjekts bestimmt ist: Die Forderung oder Erlaubnis geht von einer anderen Person aus. *muß* und *kann* sagen in dieser Hinsicht nichts aus; *will* sowie *soll* und *darf* stehen im Hinblick auf die Merkmale intrasubjektiv - extrasubjektiv in Opposition zueinander, während *muß, kann* neutral sind.

intrasubjektiv: *will*	*muß, kann*
extrasubjektiv: *soll, darf*	

Den durch das Subjekt der Handlung oder durch andere Personen bestimmten Verhältnissen zwischen Subjekt und Handlungsvollzug als den von einem Subjekt bestimmten bzw. autonomen Verhältnissen stehen die neutralen, kausal begründeten gegenüber. Möglichkeit und Notwendigkeit (*kann, muß*) stehen durch das Merkmal der Kausalität in Opposition zu Wille, Erlaubnis, Forderung (*will, darf, soll*), die das Merkmal der Autonomie enthalten.

Kausalität:	*muß, kann*
Autonomie:	*will, soll, darf*

will sagt nur etwas über den Willen des Subjekts selber aus und ist daher neutral im Hinblick auf die Frage der Möglichkeit, Erlaubnis oder Zulassung des Vollzugs oder der Notwendigkeit, Forderung oder Gebotenheit. Die dritte Opposition wird daher gebildet von *muß, soll* gegenüber *kann, darf*:

notwendig/gefordert/geboten: *muß, soll*	*will*
möglich/erlaubt/zugelassen: *kann, darf*	

Das semantische System der Modalverben läßt sich aufgrund der drei Oppositionen in einem Schema darstellen:

		möglich erlaubt zugelassen	notwendig gefordert geboten
kausal begründet		*kann*	*muß*
autonom gesetzt	von anderen (extrasubjektiv)	*darf*	*soll*
	vom Subjekt selbst (intrasubjektiv) gewollt	*will*	

In dieses System läßt sich das Modalverb *mögen* nicht einfügen, weil es zu viele verschiedene Bedeutungen aufweist. Es kann den Wunsch ausdrücken (*Ich mag nicht gehen*), aber auch die Möglichkeit (*Er mag recht haben*) und anderes mehr. Die fünf anderen Modalverben sind in dem semantischen System mit ihren Grundbedeutungen erfaßt. Bestimmte weitere Bedeutungen werden deutlich, wenn subjektiver und objektiver Gebrauch von Modalverben unterschieden werden.

Die Modalverben in subjektivem und objektivem Gebrauch

Das oben beschriebene semantische System der Modalverben beruht vor allem auf der Beschreibung des Verhältnisses zwischen dem Subjekt und dem Handlungsvollzug. Die dort besprochenen Sätze bzw. Verwendungsweisen der Modalverben lassen sich im Hinblick auf dieses Verhältnis analysieren (z.B. Notwendigkeit, Möglichkeit, Erlaubnis usw.), sie sagen dabei nichts über die Haltung des Sprechers gegenüber dem geäußerten Sachverhalt aus. Insofern spricht man hier vom objektiven Gebrauch der Modalverben.
In anderen Fällen drückt jedoch das Modalverb das Verhältnis des Sprechers zu dem bezeichneten Sachverhalt aus, zum Beispiel als Vermutung oder Aussage eines anderen. Diesen Gebrauch von Modalverben nennt man subjektiv.
Der Unterschied zwischen subjektivem und objektivem Gebrauch wird beispielsweise bei dem Verb *wollen* erkennbar.

Er will kommen.

Der Sprecher drückt damit aus, daß bei dem Handlungssubjekt der Wille besteht zu kommen; diese Aussage wird ohne Einschränkung gemacht und kann unter diesem Aspekt als objektiv bezeichnet werden.

Er will krank gewesen sein.

Der Sprecher drückt damit aus, daß das Handlungssubjekt behauptet, krank gewesen zu sein. Die Beziehung zwischen dem bereits vergangenen Handlungsvollzug und dem Handlungssubjekt ist als bloß gewollt gekennzeichnet. Wegen dieser Charakterisierung durch den Sprecher spricht man von subjektivem Gebrauch. Das Merkmal der Intrasubjektivität der Behauptung kann auch hier angewendet werden, wie in der Gegenüberstellung zu *sollen* deutlich wird.

Er soll krank gewesen sein.

Der Sprecher drückt damit aus, daß andere behaupten, jemand sei krank gewesen. Hier ist die Behauptung extrasubjektiven Ursprungs.
Die übrigen Modalverben drücken in subjektivem Gebrauch die Modalität der Vermutung aus.

Das dürfte stimmen.
Er muß sich verrechnet haben.
Er kann krank gewesen sein.
Das mag stimmen.

Der Unterschied liegt in der Sicherheit der Vermutung, die beispielsweise durch *muß* den Charakter einer notwendigen Annahme erhält.

Analyse von Modalverbkomplexen

Bei der Analyse von verbalen Komplexen aus Modalverb und Infinitiv eines modifizierten Verbs ist die durch das Modalverb bezeichnete Modalität zu beschreiben.

Auf dem oben zitierten Beipackzettel (Text S 3, Z.54-56) stehen am Ende, nach der Anführung von konkreten Ratschlägen zur Schonung des Magens folgende Sätze mit Modalverbkomplexen:

> *Sie sehen, Sie können viel für Ihren Magen tun. Sie müssen deshalb nicht gleich ein neues Leben beginnen. Sie sollten nur ein paar entscheidende Kleinigkeiten ändern.*

Im ersten Satz wird auf das Vorhergesagte verwiesen, das ist auf die Möglichkeit von Linderung der Beschwerden durch das betroffene Subjekt. Diese Modalität der Möglichkeit wird durch das Verb *können* wiedergegeben. Im zweiten Satz wird dann die Notwendigkeit eines Handlungsvorgangs (*gleich ein neues Leben beginnen*), die sich als Folgerung aus dem ersten Satz für das betroffene Subjekt ergeben könnte, verneint (*nicht müssen*). Hier hätte auch die Fügung *nicht brauchen* als Verneinung von *müssen* gebraucht werden können.

Im dritten Satz wird dann eine Aufforderung von seiten eines Dritten (des Verfassers des Beipackzettels) an das betroffene Subjekt ausgesprochen, wobei diese durch den Gebrauch des Konjunktivs II hier eine Nuancierung im Sinne eines Ratschlages bzw. einer Empfehlung erfährt (*Sie sollten = Wir empfehlen Ihnen, ...*).

Literaturhinweise

W. Admoni, Der deutsche Sprachbau, § 35.
H. Brinkmann, Die deutsche Sprache, S. 381-402.
Duden. Grammatik, Nr. 127-162.
Einführung in die Grammatik, S. 68, 74, 86-87.
P. Eisenberg, Grundriß der deutschen Grammatik, S. 99-107.
U. Engel, Deutsche Grammatik, S. 463-484.
J. Erben, Deutsche Grammatik, § 179-182.
Grundzüge einer deutschen Grammatik, S. 99-100, 536-537.
G. Helbig - J. Buscha, Deutsche Grammatik, S. 33-34, 122-127, 131-137.
E. Hentschel - H. Weydt, Handbuch der deutschen Grammatik, S. 66-77.
H. Paul, Deutsche Grammatik, II, § 190-195.

4. Die Darstellungsperspektive des Vorgangs

Aktiv und Passiv im Text

Im Text S 1 heißt es in Satz 6

a) *Die Fachhochschulen vermitteln ... eine Bildung, die ...;*
b) *an Fachhochschulen können anwendungsbezogene Entwicklungsvorhaben durchgeführt werden, soweit ...*

Die aus den Propositionen erkennbaren Aktanten sind in den Sätzen a) und b) in unterschiedlicher Weise als valenzabhängige Ergänzungen realisiert:

a) *jemand / etwas vermittelt etwas*

S	E_{Nom} - V_{fin} - E_{Akk}

b) *jemand kann etwas durchführen*, hier: irgendwo kann etwas durchgeführt werden

S	A_{lok} - V_{fin} - E_{Nom} - $V_{Part}V_{Inf}$ ...

In Satz a) bezeichnet die Nominativergänzung den handelnden Aktanten, den Agens. Das Verb steht im Genus Aktiv. In Satz b) bezeichnet die Nominativergänzung aber den von der Handlung betroffenen Aktanten, das Objekt. Das Verb steht im Genus Passiv.

Die Formen der Genera verbi

Die bisher behandelten temporal und modal bestimmten Verbformen gehören alle dem Genus verbi Aktiv an:

er sagt,	*gibt*
er sagte,	*gab*
er hat gesagt,	*gegeben*
er wird sagen,	*geben*
er sage,	*gebe*
er würde sagen,	*geben*

Mit den Hilfsverben *werden* und *sein* und dem Partizip Präteritum lassen sich die Passivformen bilden.

es wird gesagt / gegeben
es wurde gesagt / gegeben
es ist gesagt / gegeben worden
es ist gesagt / gegeben
es war gesagt / gegeben
es ist gesagt / gegeben gewesen usw.

Das *werden*-Passiv wird im allgemeinen vorgangsbezeichnend verwendet, das *sein*-Passiv zustandsbezeichnend. Man nennt die Formen daher auch Vorgangs- bzw. Zustandspassiv.
Mit den beiden Formen konkurrieren zahlreiche andere Ausdrucksmittel. Vgl. z.B.

mir wird ein Buch geschenkt
ich bekomme ein Buch geschenkt usw.

Das Passiv als Ausdruck agensabgewandter Darstellungsperspektive

In dem eingangs zitierten Satzbeispiel b) wird der Vorgang des Durchführens von Entwicklungsvorhaben als Möglichkeit ausgesagt, ohne daß der Agens, das durchführende Handlungssubjekt, ausgedrückt wird. Das ist an der betreffenden Textstelle möglich, weil sich die handelnden Personen von selbst verstehen (die Professoren an Fachhochschulen), ihre ausdrückliche Bezeichnung also nicht erforderlich ist. Es paßt auch zu der unpersönlichen, auf die Institutionen bezogenen Ausdrucksweise des betreffenden Gesetzesartikels (*Das Hochschulwesen ..., Die Hochschulen ..., Die Fachhochschulen ...).*
Das Passiv wird daher in Texten dann gewählt, wenn der Agens nicht bezeichnet werden soll oder muß. Im Einzelfall kann das ein Verschweigen des Agens sein oder auch auf Nichtwissen beruhen usw. Die Passivkonstruktion erlaubt aber meist eine Agensbezeichnung in der Form einer Präpositionalergänzung mit *durch* oder *von*:

Karl schenkte der Tante ein Buch.
Der Tante wurde ein Buch geschenkt.
Der Tante wurde von Karl ein Buch geschenkt.

Passiv und Verbvalenz

In der Passivverwendung treten Änderungen in der Verbvalenz ein. Dabei wechseln die Aktanten der Proposition teilweise die syntaktischen Rollen, teilweise fallen sie weg. Man vergleiche etwa:

Aktiv: *jemand sieht etwas*
E_{Nom} E_{Akk}

Passiv: *etwas wird gesehen (von jemandem)*
E_{Nom} fakultative $E_{Präp\ von}$

Aktiv: *jemand schenkt jemandem etwas*
E_{Nom} E_{Dat} E_{Akk}

Passiv: *etwas wird jemandem (von jemandem) geschenkt*
E_{Nom} E_{Dat} fakultative $E_{Präp\ von}$

Da die Agensbezeichnung in Form der Präpositionalergänzung mit *von* oder *durch* nur fakultativ ist, verringert sich jeweils die Valenz im Bereich der obligatorischen Ergänzungen um eine Stufe. Die Akkusativergänzung der Aktivsätze wird Nominativergänzung der Passivsätze.

Passiv und Satzgliedfolge

Wie die konstruierten Aktiv-/ Passiv-Umformungen bereits erkennen lassen, ändert sich in Passivsätzen auch die Satzgliedfolge. Im Textzusammenhang bietet der Passivsatz daher eine andere Anschlußmöglichkeit als der Aktivsatz. Dazu ist auf den Abschnitt Thema-Rhema-Gliederung in Kapitel VII.2. zu verweisen.

Literaturhinweise

W. Admoni, Der deutsche Sprachbau, § 37.
O. Behaghel, Deutsche Syntax, II, § 643-654.
H. Brinkmann, Die deutsche Sprache, S. 323-326, 534-542.
I. Dal, Kurze deutsche Syntax, § 112-114.
Duden. Grammatik, Nr. 294-310.
Einführung in die Grammatik, S. 94-102.
P. Eisenberg, Grundriß der deutschen Grammatik, S. 137-150.
U. Engel, Deutsche Grammatik, S. 453-462.
J. Erben, Deutsche Grammatik, § 120-122.
W. Flämig, Grammatik des Deutschen, S. 416-428.
H. Glinz, Die innere Form des Deutschen, S. 380-388.
Grundzüge einer deutschen Grammatik, S. 540-560.
G. Helbig - J. Buscha, Deutsche Grammatik, S. 161-188.
E. Hentschel - H. Weydt, Handbuch der deutschen Grammatik, S. 116-126.
W. Jung, Grammatik der deutschen Sprache, Nr. 483-496.
H. Paul, Deutsche Grammatik, IV, § 369f.

5. Aktionale Einordnung

Differenzierungsmöglichkeiten der Geschehensdarstellung

Das mit dem Verb bezeichnete Geschehen kann nach der Phase oder Art des Geschehens differenziert dargestellt werden, woraus sich für die konkrete Realisierung der Proposition in einem Satz eine Fülle von Möglichkeiten ergibt. Diese Möglichkeiten sollen hier zunächst inhaltlich erfaßt werden.

Anfang

Am Anfang eines Geschehens kann hervorgehoben werden,
- daß das Geschehen bewirkt, verursacht oder veranlaßt wird,
- daß ein Vorgang einsetzt,
- daß ein Übergang in einen neuen Zustand erfolgt.

Dauer

Am Geschehen selbst kann bezeichnet werden,
- daß es andauert,
- daß es gewohnheitsmäßig erfolgt,
- daß es wiederholt geschieht,
- daß es mit besonderer Intensität geschieht.

Ende

Das Ende eines Geschehens kann in der Weise besonders dargestellt werden,
- daß ein Ziel oder Ergebnis erreicht wird,
- daß ein Vorgang aufhört.

Sprachliche Ausdrucksmittel der Aktionsarten

Die sprachlichen Ausdrucksmittel für die Phasen und Arten des Geschehens, die man Aktionsarten nennt, sind in der deutschen Gegenwartssprache nicht grammatisch systematisiert. Damit hängt zusammen, daß auch keine allgemein akzeptierte systematische Terminologie existiert.
Der Wortschatz bietet lexikalische Mittel zur Bezeichnung von Aktionsarten. Sollen an einem Vorgang das Anfangen oder Aufhören bezeichnet werden, so kann man sagen:

jemand beginnt, etwas zu tun
jemand hört auf, etwas zu tun
und weiter z.B.
jemand ist gewohnt, etwas zu tun
jemand tut etwas immer wieder usw.

Mit den Mitteln der Wortbildung lassen sich ebenso Anfang, Übergang, Aufhören, Zielerreichung ausdrücken:

erblühen - *verblühen*
einschlafen - *ausschlafen* usw.

Wortbildung und Syntax sind an Fügungen beteiligt, bei denen die Aktionsart durch ein Verb, die Handlung bzw. das Geschehen durch ein Verbalsubstantiv bezeichnet werden, z.B.: *zum Kochen bringen.* Derartige Fügungen werden Funktionsverbgefüge genannt.

Aktionale Modifizierung im Text

In einem Garten-Sachbuch heißt es im Kapitel Tulpen:

Manchmal kommt es vor, daß die eine oder andere Tulpe nicht zum Blühen kommt, sondern daß sie nur Blätter treibt. Deshalb sollte man sie nicht gleich entfernen, denn sie wird mit Hilfe der Blätter erneut Kraft sammeln, um eine starke Zwiebel zu bilden, die im kommenden Jahr zur Blüte gelangt. Deshalb ist es auch wichtig, daß den Tulpen die Blätter belassen und nicht zu früh abgeschnitten werden, wie man es leider oft sieht. Wird das Laub gelb, kann man es abschneiden oder die Zwiebel aus dem Boden nehmen und sie an einem trockenen Ort bis zum Wiedereinpflanzen lagern...
Die Fruchtstände (Samenkapsel) schneidet man nach dem Verblühen ab, denn sie nehmen der Pflanze nur unnötig Kraft weg. Legt man Wert auf Brutzwiebeln, muß man die Blüten schon vor dem Aufblühen entfernen.

(aus: Helmut Lass, Mein kleiner Garten, Köln 1986, S. 123).

Deutlich wird mit Präfigierung zwischen dem Anfang und dem Ende des Blühens unterschieden:

Z.12 *vor dem Aufblühen* - Z.10 *nach dem Verblühen.*

Das Eintreten des Blütezustandes überhaupt wird mit zwei unterschiedlichen Funktionsverbgefügen bezeichnet: *zum Blühen kommen* (Z.1f.), *zur Blüte gelangen* (Z.5).

Die Bildungsweise der Funktionsverbgefüge

Da an einem Funktionsverbgefüge stets ein Verbalsubstantiv beteiligt ist, kann man dieses Substantiv mit seinem Basisverb vergleichen. Dieser Vergleich läßt die Bildungsweise des Funktionsverbgefüges gut erkennen:

beschließen - *einen Beschluß fassen*
entscheiden - *eine Entscheidung fällen*
bearbeiten - *in Bearbeitung nehmen*
beweisen - *unter Beweis stellen*
gebrauchen - *in Gebrauch nehmen*

Dem Verb *beschließen* entspricht in der Umschreibung das Substantiv *Beschluß*, bei dem es sich um einen bestimmten, u.a. durch den Ablaut charakterisierten Typ von Substantivbildung zu dem Verb *beschließen* handelt. Das Funktionsverbgefüge enthält in allen zugehörigen Fällen ein Verbalsubstantiv, dessen Bildung auf verschiedene Weise erfolgt sein kann. Eine besondere Rolle spielt dabei das *-ung*-Suffix. Das Verbalsubstantiv steht entweder im Akkusativ, oder es ist mit einer festen Präposition eingeleitet.
Die Aussage des einfachen Verbs ist auf das Verbalsubstantiv übertragen worden. Das dem einfachen Verb entsprechende Substantiv kann aber nicht die syntaktische Funktion des Verbs erfüllen; es bedarf daher einer verbalen Ergänzung. Als diese Ergänzung fungieren in den Beispielen die Verben *fassen, fällen, nehmen, stellen,* an denen Person, Numerus, Modus, Tempus und Genus ausgedrückt werden. Da die Bedeutung der zugrundeliegenden Verben in den Verbalsubstantiva enthalten ist, wirken diese hinzugekommenen Verben bei oberflächlicher Betrachtung semantisch überflüssig und scheinen auf die bloße grammatische Funktion beschränkt, weshalb sie die Bezeichnung Funktionsverben erhalten haben.
Neben den genannten Beispielen gibt es noch eine Fülle anderer Funktionsverben, z.B.

stehen - *in Verbindung stehen*
setzen - *in Erstaunen setzen*
geraten - *ins Stocken geraten* usw.

Besonders häufig sind die Verben *kommen* und *bringen*. Bei ihnen wird der Charakter des Funktionsverbs sehr deutlich, da diese Wörter sonst konkretere, genauer faßbare Bedeutungen haben, die im Funktionsverbgefüge gerade nicht vorliegen. Gleichwohl unterscheiden sich *kommen* und *bringen* auch als Funktionsverben semantisch: *in Verbindung bringen - in Verbindung kommen.* Diese beiden Funktionsverbgefüge haben offensichtlich verschiedene Bedeutungen. Diese Bedeutungsverschiedenheit kann wegen der Identität der anderen Bestandteile nur auf der Opposition von *kommen* und *bringen* beruhen. Die Funktionsverben besitzen demnach neben der grammatisch-syntaktischen auch eine semantische Funktion.

→ Attributionsprobe: z.B. in schnellen Angriff nehmen

Die Funktionsverbgefüge und die Aktionsarten

Er hat uns in Verbindung gebracht.
Wir sind durch ihn in Verbindung gekommen.
Wir stehen mit ihm in Verbindung.

Der Ersatz des Funktionsverbgefüges *in Verbindung bringen* durch *in Verbindung kommen* oder *in Verbindung stehen* führt zu semantischen und syntaktischen Veränderungen. Die semantischen Unterschiede zwischen den Funktionsverbgefügen betreffen nicht den Vorgang des Verbindens im ganzen, sondern kennzeichnen die Aktionsarten:

in Verbindung bringen bezeichnet das Verursachen des Vorgangs,
in Verbindung kommen bezeichnet das Erreichen eines Grenzpunktes,
in Verbindung stehen bezeichnet das Andauern des Vorgangs.

Der Vergleich zeigt, daß mit Hilfe der Funktionsverbgefüge, und zwar mit Hilfe der an ihnen beteiligten Funktionsverben, Aktionsarten ausgedrückt werden können, die bei dem einfachen Verb unberücksichtigt bleiben.

in Verbindung bringen ist ein kausatives Funktionsverbgefüge,
in Verbindung kommen ist ein terminatives (oder perfektives) Funktionsverbgefüge,
in Verbindung stehen ist ein duratives Funktionsverbgefüge.

in Verbindung bringen, in Verbindung kommen und *in Verbindung stehen* stehen außerdem in einem ähnlichen syntaktischen Verhältnis zueinander wie *verbinden, verbunden werden* und *verbunden sein.*
Greift man die Aktionsart des Bewirkens oder Veranlassens heraus, die in *in Verbindung bringen* ausgedrückt wird, so können dazu Parallelbeispiele mit demselben und mit anderen Funktionsverben gestellt werden:

zum Abschluß bringen	*in Gang setzen*
zum Einsatz bringen	*in Bewegung setzen*

zur Anwendung bringen	*in Brand setzen*
zum Kochen bringen	*in Betrieb setzen*

Alle diese Gefüge können als Kausativa verstanden werden.
Aufschlußreich ist die Einordnung der kausativen Funktionsverbgefüge unter sprachhistorischem Aspekt. Die historische Betrachtung gilt also in diesem Fall der sprachlichen Funktion 'kausative Aktionsart', nicht den Sprachformen der Funktionsverbgefüge, die ebenfalls sprachgeschichtlich untersucht werden könnten, da ähnliche Gefüge schon im Althochdeutschen vorkommen.

Kausativbildungen im Althochdeutschen

Das Funktionsverbgefüge *in Brand setzen* steht als Kausativum im Neuhochdeutschen neben dem einfachen Verb *brennen*, das durative Aktionsart ausdrückt.
Das schwache Verb *brennen* lautete auch im Althochdeutschen und Mittelhochdeutschen *brennen*; als germanische Vorstufe ist **brann-jan* anzusetzen. Dieser Ableitung liegt die Präteritumsform *brann* eines starken Verbs *brinnan* zugrunde, das es im Althochdeutschen noch gab. Beide Verben waren in ihrer Bedeutung verschieden:

brinnan 'brennen' - *brennen* 'brennen machen', 'in Brand setzen'

Das starke Verb *brinnan* war demnach ein Durativum, das schwache Verb *brennen* ein Kausativum. Im Neuhochdeutschen sind beide Verben so zusammengefallen, daß das schwache Verb *brennen* die Bedeutung des starken Verbs *brinnan* übernommen hat. Es fehlte daher ein sprachliches Zeichen für die frühere Bedeutung des schwachen Verbs *brennen*. Dessen Bedeutung 'brennen machen' wird im Neuhochdeutschen durch das Funktionsverbgefüge *in Brand setzen* ausgedrückt. Das Funktionsverbgefüge läßt sich als zusammengesetzte Kausativbildung verstehen, die die heute nicht mehr produktive Bildungsweise mit *jan*-Suffix abgelöst hat.

	durativ 'brennen'	kausativ 'brennen machen'
ahd.	*brinnan* st.V.	*brennen* sw.V.
nhd.	*brennen* sw.V.	*in Brand setzen* Fvg.

Das Problem der stilistischen Bewertung der Funktionsverbgefüge

In einer weitverbreiteten Stilfibel werden verbale Komplexe mit Funktionsverbgefügen, die hier Streckverben genannt werden, stilistisch negativ bewertet:

> **Streckverben.** Die einfachste Spielart der Hauptwörterkrankheit sind die Streckverben. Jedes Verbum kann man auseinanderstrecken, indem man das Verbum in ein Hauptwort verwandelt und ein farbloses Zeitwort hinzufügt. Also nicht: *Ich bedaure, daß Sie das beschlossen haben*, sondern: *Ich gebe meinem Bedauern Ausdruck, daß dieser Beschluß gefaßt worden ist.* Namentlich Menschen, die von Natur Langweiler und Kanzleiräte sind, neigen zu dieser Form der Hauptwörterei. Sie sind zu faul, um zu *besprechen*, zu *prüfen* und zu *entscheiden*. Sie *treten in Erwägungen ein*, sie *nehmen die Sache in Bearbeitung*, sie *stellen etwas unter Beweis* (weil sie die Juristen in ihrer Fachsprache so reden hören, wenn für eine zweifelhafte Sache der *Beweis angeboten* werden soll) und *fällen schließlich* - so Gott will - *eine Entscheidung*.
>
> *Meiden Sie die Streckverben!*
>
> (aus: Ludwig Reiners, Stilfibel. Der sichere Weg zum guten Deutsch, Deutscher Taschenbuch Verlag 154, 10.A. München 1970, S. 87).

Ein entsprechender Ausdruck begegnet auch in Text L 3 (Z.5f.): *... die ich ... in Gebrauch nahm*. Ein Ersatz durch *die ich gebrauchte* erscheint aber nicht ohne weiteres stilistisch besser. Die betreffenden Bildungen bedürfen vor einer stilistischen Bewertung einer genaueren sprachwissenschaftlichen Analyse ihrer Bildung, Bedeutung und syntaktischen Eigenschaften. Dabei ist von folgenden Ergebnissen der vorhergehenden Abschnitte auszugehen: In semantischer Hinsicht erlauben die Funktionsverbgefüge vielfach gegenüber den einfachen Verben eine genauere Bezeichnung von Aktionsarten und sind insofern aus der Sicht der Wortbildung als zusammengesetzte Aktionsartenbezeichnungen zu verstehen, was insbesondere an den Kausativa deutlich wird.

Mit dem Nachweis einer eigenen semantischen Funktion ist aber die stilistische Berechtigung der Funktionsverbgefüge im Prinzip anerkannt. *in Gebrauch nehmen* in Text L 3 ist nicht lediglich eine 'Streckung' von *gebrauchen*; das Funktionsverbgefüge bringt vielmehr die terminative Aktionsart zum Ausdruck, die dem einfachen Verb fehlt. Gefüge wie *sich Gedanken machen über* (Text S 3, Z.8f.) oder vor allem *aus dem Tritt bringen* (Text S 3, Z.39) zeigen, daß Verbindungen aus Verbalsubstantiv und Verb auch

so viel idiomatischen Charakter gewinnen können, daß sie gar nicht mehr auf das Basisverb des Substantivs bezogen werden können.
Das Problem einer stilistischen Bewertung stellt sich also nur da, wo das Funktionsverbgefüge gegenüber den entsprechenden einfachen Verbformen semantisch keine Mehrleistung erbringt, wo die Aktionsart oder die lexikalische Bedeutung nicht verändert wird.

Analyse von Funktionsverbgefügen

Bei der Satzanalyse erweist es sich stets als vorteilhaft, komplexe verbale Fügungen als Ganzes zu analysieren. Funktionsverbgefüge werden daher als Verbalkomplexe aufgefaßt. Bei der Satzanalyse stellt sich öfters das Problem, einen verbalen Ausdruck und mit ihm verbundene akkusativische oder präpositionale Substantive als Funktionsverbgefüge zu bestimmen.

in Bewegung gesetzt haben (Text L 14, Z.10)
Der Verbalkomplex erfüllt die morphologische Bedingung, ein Verbalsubstantiv (*Bewegung*) sowie ein charakteristisches Funktionsverb (*setzen*) zu enthalten.

eine Erklärung geben will (Text S 2, Z.19)
Der Verbalkomplex enthält ebenfalls ein Verbalsubstantiv (*Erklärung*) und ein Funktionsverb (*geben*).

wird...Hilfe bringen (Text S 3, Z.3f.)
Der Verbalkomplex enthält wiederum ein Verbalsubstantiv (*Hilfe*) und das Funktionsverb (*bringen*).

Funktionsverbgefüge besitzen ferner eine Reihe syntaktischer Eigenschaften, die man durch gezielte Proben ermitteln kann. Der Artikelgebrauch ist bei den Funktionsverbgefügen relativ fest:

in Bewegung setzen	*Erklärung geben*	*Hilfe bringen*
in die Bewegung setzen	*die Erklärung geben*	*die Hilfe bringen*
in eine Bewegung setzen	*eine Erklärung geben*	*eine Hilfe bringen*

Artikellose Gefüge wie *in Bewegung setzen* können in der Regel keinen Artikel aufnehmen. Umgekehrt ist eine Fügung mit Artikel meist nicht artikellos möglich. Allerdings kann bei *eine Erklärung geben* auch der bestimmte Artikel stehen.
Das Verbalsubstantiv ist in der Regel nicht pronominal ersetzbar:

... *er müsse ... Arme und Beine ... in Bewegung gesetzt haben*
... *[er müsse Arme und Beine dahinein gesetzt haben]*
..., *wenn man für alle Wörter eine Erklärung geben will*
..., *wenn man sie für alle Wörter geben will*
... *wird Ihnen rasch Hilfe bringen*
... *wird Ihnen rasch etwas bringen*

Der Ausdruck *eine Erklärung geben* steht einer Verbindung von Verb und Akkusativobjekt nahe; die geringere Festigkeit der Fügung zeigt sich auch bei der Probe der Attributfähigkeit:

wirksame Hilfe bringen
in schnelle Bewegung setzen
eine erschöpfende Erklärung geben
[zur vollständigen Kenntnis nehmen]

Funktionsverbgefüge wie *zur Kenntnis nehmen* sind so fest verknüpft, daß sie kein Adjektivattribut aufnehmen können; bei anderen ist dies dagegen wohl möglich. Es ergibt sich ein Übergangsbereich zwischen Funktionsverbgefüge und syntaktischer Verbindung von Verb und akkusativischer oder präpositionaler Ergänzung, der bei der Behandlung derartiger Gefüge innerhalb der Satzanalyse Spielraum läßt.

Literaturhinweise

W. Admoni, Der deutsche Sprachbau, § 34f.
H. Brinkmann, Die deutsche Sprache, S. 253-262.
Duden. Grammatik, Nr. 182, 304, 991.
P. Eisenberg, Grundriß der deutschen Grammatik, S. 307-314.
U. Engel, Deutsche Grammatik, S. 407-409, 462.
J. Erben, Deutsche Grammatik, § 112.
W. Flämig, Grammatik des Deutschen, S. 178-180, 369.
Grundzüge einer deutschen Grammatik, S. 431-442.
G. Helbig - J. Buscha, Deutsche Grammatik, S. 79-105.
E. Hentschel - H. Weydt, Handbuch der deutschen Grammatik, S. 78-80.

6. Verbstellung und kommunikative Satzfunktion

Stellungsmöglichkeiten finiter Verbformen

Der Text S 3, ein Beipackzettel zu einem Arzneimittel, gibt in seinen Zwischenüberschriften bereits zwei Möglichkeiten der Stellung der finiten Verbform zu erkennen:

- Spitzenstellung: *Nehmen Sie Ihrem Magen Arbeit ab.* (Z.33)
- Endstellung: *..., was er nicht verträgt.* (Z.41)

Der erste Satz nach der Anrede zeigt die finite Verbform weder am Anfang noch am Ende, sie steht nach dem ersten Satzglied *(Sie)* an zweiter Stelle: *Sie haben Magenbeschwerden.* (Z.2) Die vollständige Analyse des Textes führt auf scheinbare Ausnahmen von diesen drei Stellungstypen, die sich im einzelnen beschreiben und erklären lassen. Den Stellungstypen lassen sich syntaktische Funktionen wie die Selbständigkeit oder Abhängigkeit eines Satzes zuordnen. Sie stehen ferner mit kommunikativen Funktionen in Zusammenhang.

Die Endstellung des finiten Verbs

Unter Endstellung wird zunächst die Position vor dem satzschließenden Interpunktionszeichen (meist ein Punkt) verstanden. Sie liegt in folgenden Sätzen vor.

Z.15f.: *... die den Magen noch zusätzlich belasten.*
Z.21f.: *daß Sie Ihrem Magen zuviel zumuten.*
Z.29 : *wenn Sie ihm weh getan haben.*
Z.30f.: *wo Sie können.*
Z.31f.: *daß es Ihnen wieder besser geht.*
Z.37f.: *das seinen Rhythmus nach den Mahlzeiten einstellt.*
Z.41 : *was er nicht verträgt.*
Z.42 : *was Ihrem Magen weh tut.*
Z.45 : *die Ihre Beschwerden hervorrufen?*

Diese Sätze sind nach ihrer syntaktischen Funktion dadurch charakterisiert, daß sie nicht selbständig, sondern abhängig sind. Es sind sogenannte Nebensätze. Sie besitzen ein sie kennzeichnendes Einleitewort, entweder eine subordinierende Konjunktion wie *daß, wenn* oder ein Relativelement wie *die, wo, das, was.* Im Hinblick auf das Einleitewort heißen sie eingeleitete Nebensätze.

Z.18 : *Aber so geduldig der Magen auch ist, ...*
Z.23f.: *Aber selbst wenn Sie Ihren Magen mit einem guten Medikament wieder ins Gleichgewicht bringen, ...*
Z.52 : *Wenn Sie es alleine nicht schaffen, ...*

Auch diese Nebensätze sind durch Einleitewörter *(so ... auch, selbst wenn, wenn)* und Endstellung des finiten Verbs charakterisiert.
Einleitewort und Verbform rahmen den gesamten Nebensatz ein, bilden gewissermaßen zwei umklammernde Elemente. Bestimmte Satzglieder oder Satzgliedteile können auch aus dieser Umrahmung herausgestellt oder ausgeklammert werden, was man eben als Herausstellung oder Ausklammerung bezeichnet.

Z.4f.: *... wenn Sie es vorschriftsmäßig einnehmen, d.h. regelmäßig und so lange wie nötig.*

Daß es sich um eine Ausklammerung handelt, läßt sich mit einer Umstellprobe zeigen, bei der die Endstellung des Verbs wieder unmittelbar sichtbar wird:
... wenn Sie es vorschriftsmäßig, d.h. regelmäßig und so lange wie nötig, einnehmen.

Die Endstellung kommt nur in Nebensätzen vor, aber - wie sich noch zeigen wird - nicht alle Nebensätze haben Endstellung des finiten Verbs.

Die Spitzenstellung des finiten Verbs

Unter Spitzenstellung wird zunächst die Position am Satzanfang verstanden. Sie liegt in folgenden Sätzen vor:

Z.8f. : *Haben Sie sich eigentlich schon einmal Gedanken über Ihren Magen gemacht?*
Z.30 : *Seien Sie also nett zu Ihrem Magen, ...*
Z.33 : *Nehmen Sie Ihrem Magen Arbeit ab.*
Z.34 : *Essen Sie langsam und in Ruhe.*
Z.34f. : *Kauen Sie Ihre Mahlzeiten kräftig durch, ...*
Z.36 : *Gönnen Sie Ihrem Magen geregelte Arbeitszeiten.*
Z.41 : *Muten Sie Ihrem Magen nichts zu, ...*
Z.43 : *Sind es zu kalte Getränke?*
Z.47 : *Leben Sie bewußter.*
Z.50ff.: *Versuchen Sie, von den Ereignissen des Tages Abstand zu bekommen und ruhiger zu werden.*

Derartige Sätze mit Spitzenstellung treten auch in reihender Verbindung miteinander auf. Sie können auch durch koordinierende Konjunktionen verbunden sein.

Z.30f.: *Seien sie also nett zu Ihrem Magen, entlasten Sie ihn, wo Sie können, und tragen Sie so selbst dazu bei, daß ...*

Die Konjunktion *und* ist kein Satzglied, sie läßt sich nicht innerhalb des Satzes umstellen. Sie steht als verbindendes Element zwischen den Sätzen und hebt die Spitzenstellung des Verbs nicht auf. Dasselbe gilt von den ebenfalls koordinierenden Konjunktionen *oder, denn, aber.* Auch in den folgenden Sätzen liegt daher Spitzenstellung vor:

Z.28 : *Denn bedenken Sie ...*
Z.44f.: *Oder sind es Genußmittel ..., die ...?*

Die registrierten Sätze mit Spitzenstellung sind alle selbständige Sätze. Es gibt aber auch einen bestimmten Typ unselbständiger Sätze mit Spitzenstellung des Verbs, den nichteingeleiteten Konditionalsatz bzw. Konzessivsatz. Als Konditionalsatz begegnet er z.B. im Text L 14, Z.1f.:

Irr ich nicht, so entstammte er einem unehelichen Verhältnis ...

Dieser Nebensatztyp läßt sich dadurch identifizieren, daß er in einen mit der Konjunktion *wenn* eingeleiteten Konditionalsatz (mit Endstellung) umgeformt werden kann: *Wenn ich nicht irre ...*
Die selbständigen Sätze mit Spitzenstellung sind durch zusätzliche Merkmale des Modus und der Intonation gekennzeichnet. In einem Satz wie *Nehmen Sie Ihrem Magen Arbeit ab* steht die Verbform im Modus Imperativ, wie die Umformung in den Singular verdeutlicht: *Nimm Deinem Magen Arbeit ab.* Neben der direkten Aufforderung im Imperativ gibt es auch schwächer markierte Wunschsätze mit Spitzenstellung des Verbs im Konjunktiv: *Käme er doch endlich!*
Indikativformen in Spitzenstellung werden mit einer charakteristischen Intonation verbunden, die die Fragesatzform kennzeichnet, und zwar hier die Entscheidungsfrage: *Sind es zu kalte Getränke?*
Selbständige Sätze mit Spitzenstellung des Verbs wenden sich vielfach direkt an einen Partner, von dem eine Handlung oder eine Antwort erwartet wird. H. Brinkmann und J. Erben nennen solche Sätze daher Partnersätze.

Die Zweitstellung des finiten Verbs

Nachdem die Fälle von End- und Spitzenstellung behandelt sind, bleiben aus Text S 3 noch zahlreiche Sätze mit finiten Verbformen zu besprechen.

Z.2 : *Sie haben Magenbeschwerden.*
Z.3f.: *Es wird Ihren Magen beruhigen und Ihnen rasch Hilfe bringen, wenn ...*
Z.6f.: *Im Zweifelsfall fragen Sie ...*

Für diese und zahlreiche andere Sätze ergibt sich durch Umstell- und Ersatzproben auf den ersten Blick die Bestimmung der Verbstellung als Zweitstellung. Vor dem finiten Verb steht jeweils ein Satzglied. Bei der Umstellung eines Satzgliedes an die erste Stelle im Satz muß das bisher dort stehende Satzglied hinter das Verb treten.

Es wird Ihren Magen beruhigen ...:
Ihren Magen wird es beruhigen ...
Im Zweifelsfall fragen Sie ...:
Sie fragen im Zweifelsfall ...

Die Zweitstellung des finiten Verbs liegt auch bei den folgenden Verben vor:

Z.10 *leistet*	Z.28 *tut*
Z.10 *muß*	Z.37 *ist*
Z.11 *ist*	Z.39 *bringen*
Z.13 *muß*	Z.42 *wissen*
Z.14 *ist*	Z.46 *haben*
Z.14 *kommen*	Z.48 *hat*
Z.16 *schlagen*	Z.49 *wird*
Z.19 *wehrt*	Z.50 *wirken*
Z.21 *sind*	Z.54 *sehen*
Z.25 *können*	Z.54 *müssen*
Z.27 *können*	Z.55 *sollten*

Koordinierende Konjunktionen, die vor dem ersten Satzglied stehen, heben die Zweitstellung des Verbs nicht auf, da sie selbst keine Satzglieder sind, vgl.:

Z.2 : *Und Sie haben ein bewährtes Arzneimittel zur Hand.*
Z.14: *..., und dann knurrt er.*
Z.19: *..., und der Magen reagiert sauer.*

Z.35: ..., *denn gut kauen hilft verdauen.*

Der Satzverbindung mit Konjunktion vergleichbar ist der Anschluß mit einer Partikel, die am ehesten mit dem von H. Brinkmann verwendeten Terminus Gesprächswort bezeichnet werden kann.

Z.6: *Nun, das fühlen Sie selbst.*

Wenn man hier Umstellproben vornimmt, ändert das Wort *nun* seine Semantik und seinen syntaktischen Status; es ist als Temporaladverb in der Bedeutung 'jetzt' Satzglied:

Nun fühlen Sie das selbst. - *Das fühlen Sie nun selbst.*

Im Text hat die Partikel *nun* aber nicht die Bedeutung 'jetzt' und ist auch kein Satzglied. Die erste Satzgliedposition nimmt *das* ein, das Verb steht also an zweiter Stelle.
Ebensowenig kann die Ellipse des ersten Satzgliedes die Zweitstellung als solche aufheben. Das ausgelassene Satzglied kann ohne Auswirkung auf die Verbstellung eingefügt werden:

Z.12f.: ... *und [er] verarbeitet es.*
Z.19f.: ... *und [er] macht ihnen Kummer.*

Zweitstellung des finiten Verbs liegt auch dort vor, wo nach dem Ende eines voranstehenden Nebensatzes der selbständige Satz mit dem finiten Verb zu beginnen scheint. Ersatzproben können hier verdeutlichen, daß der voranstehende Nebensatz als ein Satzglied fungiert und die eine Position vor dem in Zweitstellung befindlichen Verb füllt:

Z.23f.: *Aber selbst wenn Sie Ihren Magen mit einem guten Medikament wieder ins Gleichgewicht bringen, gilt: ...*
Dann gilt: ...
Z.52 : *Wenn Sie es alleine nicht schaffen, können ...*
Dann können ...

Zweitstellung des finiten Verbs liegt auch vor, wenn Teile des ersten Satzgliedes herausgestellt sind; die Rückgängigmachung der Herausstellung zeigt das deutlich:

Z.11f.: *Ob heiß oder kalt, fest oder flüssig, fett oder mager - alles nimmt er an.*
Alles, ob heiß oder kalt, fest oder flüssig, fett oder mager, nimmt er an.

Z.18 : *Aber so geduldig der Magen auch ist, irgendwann ist das Maß voll.*
Aber irgendwann, so geduldig der Magen auch ist, ist das Maß voll.

Alle bisher besprochenen Sätze mit Zweitstellung sind selbständige Sätze, die der Aussage oder Mitteilung dienen. Sie stellen die jeweilige Proposition in temporaler und modaler Ausgestaltung dar.
Die Zweitstellung kommt darüber hinaus aber noch in anderen Sätzen vor:

Z.5f. : *Und wie lange ist die regelmäßige Einnahme nötig?*
Z.42f.: *Wenn nicht, beobachten Sie sich doch einmal.*
Z.54 : *(Sie sehen,) Sie können viel für Ihren Magen tun.*

In selbständigen Sätzen begegnet die Zweitstellung des Verbs nach Fragewörtern mit *w*-Anlaut, also in Ergänzungsfragen, die jeweils ein Satzglied erfragen. Diese Sätze sind wie alle Sätze in Frageform durch Interpunktion beziehungsweise Intonation gekennzeichnet.
Das zweite Satzbeispiel repräsentiert den geläufigen Fall des Aufforderungssatzes mit Zweitstellung. Daß hier die Aufforderung durch den Modus Imperativ charakterisiert wird, zeigt die Ersatzprobe mit dem Singular:

Wenn nicht, beobachte dich doch einmal.

Aufforderungen oder Wünsche werden auch mit dem Konjunktiv I in Zweitstellung geäußert:

Man nehme ...
Er lebe hoch.

Schließlich begegnet die Zweitstellung des Verbs auch in abhängigen Sätzen ohne Einleitewort, insbesondere bei der Redewiedergabe und bei angeführten Sätzen. Ihre Abhängigkeit läßt sich durch die Umformung in einen *daß*-Satz zeigen. Für sich betrachtet, unterscheiden sie sich nämlich nicht von selbständigen Sätzen, falls nicht der Konjunktiv I oder II steht.

Sie sehen, Sie können viel für Ihren Magen tun.
Sie sehen, daß Sie viel für Ihren Magen tun können.
Er sagte, er komme morgen.
Er sagte, daß er morgen kommt.

Die Verbstellungstypen

Die Verbstellungstypen Spitzenstellung, Zweitstellung und Endstellung lassen sich zusammenfassend nach ihren syntaktischen Bedingungen und Funktionen systematisch darstellen. Dabei soll die Selbständigkeit oder Unselbständigkeit des Satzes als Haupt- oder Nebensatz als Satzrang bezeichnet werden, womit der Status innerhalb eines Satzgefüges berücksichtigt wird. Aussage, Frage und Aufforderung lassen sich als kommunikative Grundfunktionen verstehen, denen bestimmte Satzformen entsprechen. Verbstellung, Satzrang und kommunikative Satzfunktion stehen in folgendem Verhältnis zueinander:

	Satzrang:	Hauptsatz			Nebensatz	
		Funktion:			Einleitungstyp:	
		Aussage	Frage	Aufforderung	nicht eingeleitet	eingeleitet
Verbstellung:	Zweitstellung	+	+	+	+	–
	Spitzenstellung	–	+	+	+	–
	Endstellung	–	–	–	–	+

Die in mehreren Funktionen auftretenden Stellungstypen unterscheiden sich durch zusätzliche Merkmale. Bei der Spitzenstellung kennzeichnet den Fragesatz die charakteristische Intonation oder Interpunktion, den Aufforderungssatz der Modus Imperativ oder Konjunktiv, den nichteingeleiteten Nebensatz sein Satzrang und seine konditionale (oder konzessive) Bedeutung. Ebenso ist bei Zweitstellung des Verbs der Fragesatz durch die Intonation oder Interpunktion und durch ein Fragewort gekennzeichnet, der Aufforderungssatz durch den Modus des Konjunktivs oder Imperativs, der Nebensatz durch das Fehlen eines Einleitewortes, die syntaktische Abhängigkeit und zum Teil durch den Konjunktiv. Die Aufstellung berücksichtigt in jedem Fall nur die Position der finiten Verbform. Bei einer Einbeziehung der infiniten Formen ergeben sich weitere Regelmäßigkeiten der Verbstellung.

Kommunikative Satzform und kommunikativ-pragmatische Satzfunktion

Die Zuordnung der Verbstellungstypen (und weiterer Merkmale) zu den Funktionen Aussage, Frage, Aufforderung bedarf weiterer Differenzierung. Es handelt sich um Grundformen, die auch vielfach zur Realisierung der in ihnen angebotenen Funktionen genutzt werden. In dem zugrundeliegenden Text dient die Aussageform des Satzes auch der Äußerungsfunktion der Aussage, z.B. *Er reagiert sauer.*
Die Aufforderungsform wird zum Ausdruck der pragmatischen Funktion der Aufforderung benutzt, z.B. *Leben Sie bewußter.*
Und in der Frageform treten tatsächliche Fragen auf, z.B. *Sind es zu kalte Getränke? - Und wie lange ist die regelmäßige Einnahme nötig?*

Der Ausdruck der kommunikativ-pragmatischen Funktionen Aussage, Aufforderung, Frage ist aber nicht an die Verwendung der entsprechenden kommunikativen Satzformen gebunden. Man kann Frageform und Aussageform zur Aufforderung benutzen, z.B.:

Willst du wohl herkommen?
Jetzt schlagen wir die Hefte auf.

Man kann die Aussageform mit Hilfe der Intonation oder Interpunktion zur Frage benutzen, z.B. *Sie haben Magenbeschwerden?*

Verbale Umklammerung

In dem folgenden Satz aus Text S 3 steht das finite Verb an erster Position.

Haben Sie sich eigentlich schon einmal Gedanken über Ihren Magen gemacht? (Z.8f.)

Das finite Verb ist hier das Hilfsverb *haben*, das mit dem Partizip *gemacht* die Perfektform bildet. Die beiden morphologisch eng zusammengehörigen Teile der Perfektform stehen im Satz getrennt: das finite Hilfsverb an erster, die infinite Partizipform an letzter Stelle. Die beiden Teile umklammern - bildlich ausgedrückt - die zwischen ihnen stehenden Teile des Satzes.
In Nebensätzen mit der kennzeichnenden Endstellung des finiten Verbs steht am Anfang ein ebenfalls kennzeichnendes Element, das Einleitewort:

daß es Ihnen wieder besser geht (Z.31f.)
die den Magen noch zusätzlich belasten (Z.15f.)

Einleitewort und finites Verb umklammern den gesamten Satz. Im selbständigen Satz mit Zweitstellung bleibt dagegen das erste Satzglied stets außerhalb der Klammer. Die übrigen Satzglieder können auch hier umklammert werden. Eine Durchsicht des Textes S 3 läßt eine Vielzahl von Möglichkeiten erkennen, aus welchen Bestandteilen die verbale Umklammerung im selbständigen Satz gebildet wird:

1) *und irgendwann macht er das nicht mehr mit.* (Z.40f.)
2) *Es wird Ihren Magen beruhigen.* (Z.3)
3) *Neben dieser fremden Hilfe können Sie auch selbst viel für Ihren Magen tun.* (Z.27f.)

Beispiel 1 zeigt den in der Wortbildung des Verbs sehr häufigen Fall der trennbaren Zusammensetzung (*mitmachen*), die der Präfixbildung semantisch nahesteht. Das abtrennbare Bestimmungswort *mit* bildet den zweiten Klammerteil.

Beispiel 2 repräsentiert die ganze Reihe der Hilfsverbkomplexe mit *haben, sein* oder *werden* und dem Partizip oder Infinitiv: Konjunktivumschreibung, Futur I und II, Perfekt, Plusquamperfekt, Passiv.

Verbale Umklammerungen werden ferner aus Modalverb und Infinitiv (so in Beispiel 3), aus Funktionsverb und Verbalsubstantiv sowie aus den Bestandteilen verbaler Redewendungen gebildet: *Und Sie haben ein bewährtes Arzneimittel zur Hand* (Z.2f.)

Die Fälle sind in der folgenden Tabelle zusammengefaßt:

Allgemeine Klassifizierung	Erster Klammerteil	Zweiter Klammerteil
Hilfsverbkonstruktionen Modus : Konjunktiv Tempus : Futur I Futur II Perfekt Plusquamperfekt Genus verbi: Passiv	 *würde* *werden* (Präs.) *werden* (Präs.) *sein/haben* (Präs.) *sein/haben* (Prät.) *sein/werden*	 Infinitiv Infinitiv Partizip + *sein/haben* Partizip Partizip Partizip
Modalverbkonstruktion	Modalverb	Infinitiv
Sonstige Verben mit modaler Funktion	modales Verb	Infinitiv mit *zu*
Funktionsverbgefüge	Funktionsverb	Verbalsubstantiv im Akkusativ oder mit Präposition
Zusammengesetzte Verben mit trennbarem Bestimmungswort (präfixähnliche 'Vorsilben', substantivische, adjektivische oder verbale Bestimmungswörter)	finites Verb	Bestimmungswort
Verbale Redewendung	finites Verb	nicht-finiter Teil der Redewendung

Ausklammerung

Die Untersuchung der Verbstellung in den Texten im Anhang führt auf Fälle, in denen zwar die beschriebene Umklammerung festgestellt werden kann, die Sätze aber auch noch nach dem klammerschließenden Element weitergehen:

> *Die Hochschulen bereiten auf eine berufliche Tätigkeit vor, welche die Anwendung wissenschaftlicher Erkenntnisse und wissenschaftlicher Methoden oder die Fähigkeit zu künstlerischer Gestaltung erfordert.* (Text S 1, Z.3-6)

Der am Einleitewort *welche* und an der Endstellung des Verbs *erfordert* erkennbare Nebensatz steht hinter dem klammerschließenden Bestimmungswort *vor.* Eine Umstellprobe läßt zugleich erkennen, daß mit der tatsächlichen in dem belegten Satz gegebenen Ausklammerung des Nebensatzes die Bildung eines allzu langen und das Verständnis erschwerenden Klammerfeldes vermieden wird.
Außer Nebensätzen können auch andere Teile von Sätzen ausgeklammert werden: *Die Hochschulen bereiten vor auf eine berufliche Tätigkeit, welche* ...

Die Bestimmung der Verbstellung im Rahmen der Satzanalyse

Die Verbstellungstypen können bei der Analyse von Satzgefügen wichtige Hilfe leisten, worauf in den Erläuterungen zu den Beispielanalysen (Kapitel VIII) im einzelnen eingegangen wird. In dem umfangreichen Satzgefüge von Thomas Mann (Text L 11) sind zahlreiche finite Verbformen in Endstellung auszumachen, die den unselbständigen Status des betreffenden Satzes anzeigen: *steht* (Z.2), *wird* (Z.3), *hat* (Z.5), *gedenkt* (Z.6), *drängt* (Z.9), *wünscht* (Z.11), *will* (Z.12), *hat* (Z.14).

Das Gefüge enthält nur ein einziges finites Verb *sind* (Z.1), das nicht in Endstellung steht und den Hauptsatz markiert. Der das Gefüge tragende Hauptsatz kann in diesem Fall durch eine Weglassung aller Nebensätze sichtbar gemacht werden, was die Analyse insgesamt erleichtert:

> *Die Großen, das sind die achtzehnjährige und braunäugige Ingrid, ein sehr reizvolles Mädchen, und Bert, blond und siebzehnjährig.*

Die Feststellung der Ausklammerung eines Attributsatzes, wie sie im vorhergehenden Abschnitt besprochen wurde, fördert ebenfalls die Gefügeanalyse. Der wiederum an der Endstellung erkannte Nebensatz läßt sich in die Klammer zu dem Satzteil stellen, zu dem er gehört; er läßt sich auch mit diesem Satzteil zusammen ausklammern. Die Berücksichtigung dieser Möglichkeiten führt zur zutreffenden Bestimmung der syntaktischen Funktion und zur angemessenen Beschreibung der Stellung des Nebensatzes, wie schrittweise in den weiteren Kapiteln deutlich werden wird.

Literaturhinweise

W. Admoni, Der deutsche Sprachbau, § 66-68.
O. Behaghel, Deutsche Syntax, IV, § 1427-1461.
H. Brinkmann, Die deutsche Sprache, S. 463-474.
I. Dal, Kurze deutsche Syntax, § 126-129.
Duden. Grammatik, Nr. 1258-1285.
Einführung in die Grammatik, S. 178, 277-286.
P. Eisenberg, Grundriß der deutschen Grammatik, S. 408-417.
U. Engel, Deutsche Grammatik, S. 303-355.
J. Erben, Deutsche Grammatik, § 449-455, 526-534.
W. Flämig, Grammatik des Deutschen, S. 210-229.
H. Glinz, Die innere Form des Deutschen, S. 85-98.
Grundzüge einer deutschen Grammatik, S. 702-724.
G. Helbig - J. Buscha, Deutsche Grammatik, S. 564-584.
E. Hentschel - H. Weydt, Handbuch der deutschen Grammatik, S. 382-390.
W. Jung, Grammatik der deutschen Sprache, Nr. 287-297.
H. Paul, Deutsche Grammatik, III, § 56-75.

VI. Erweiterung des einfachen Satzes

1. Erweiterung von Satzgliedern durch Attribute

Kern und Attribut

In dem Satz *Die Probe des Kirchenchores dauert bis neun Uhr* (Text L 1, Z.15) können durch Umstellprobe und Ersatzprobe *bis neun Uhr* und *die Probe des Kirchenchores* als Satzglieder ermittelt werden. Die beiden Syntagmen *die Probe* und *des Kirchenchores* bilden zusammen ein Satzglied, denn sie können nur gemeinsam umgestellt werden.
Durch die flexivische Kongruenz sind die beiden Syntagmen ferner jeweils als eigene Einheiten charakterisiert, so stehen etwa im Syntagma *des Kirchenchores* Artikel und Substantiv im Genitiv Singular Maskulinum.
Nun ist nach dem Verhältnis der beiden Bestandteile des Satzgliedes zu fragen. Eine Rangordnung beider Teile kann durch die Weglaßprobe ermittelt werden:

Die Probe des Kirchenchores dauert bis neun Uhr.
Die Probe (...) dauert bis neun Uhr.
(...) des Kirchenchores dauert bis neun Uhr.

Nur das Genitiv-Syntagma erweist sich als weglaßbar. Die Satzgliedfunktion des ganzen Ausdrucks kann auch durch das Syntagma *die Probe* allein wahrgenommen werden. Das Genitiv-Syntagma *des Kirchenchores* ist offensichtlich dem Nominativ-Syntagma *die Probe* als weitere Bestimmung hinzugefügt. Das Syntagma *die Probe* bildet den Kern des Satzgliedes, das Syntagma *des Kirchenchores* ist syntaktisch weglaßbare Erweiterung zu diesem Kern; derartige Erweiterungen von nominalen Kernen heißen Attribute.

Die Bestandteile der Attribute

Das Attribut *des Kirchenchores* besteht aus einem Syntagma, gebildet aus Substantiv und bestimmtem Artikel. Einige der verschiedenartigen Möglichkeiten von Umfang und Bestandteilen von Attributen werden an den folgenden Satzgliedern deutlich:

die Probe des Kirchenchores (Text L 1, Z.15)
eine neue Figur (Text L 12, Z.1)
Zeus, sein Vater (Text L 14, Z.3)
eine weitläufige Landschaft (Text L 14, Z.14)
nach dem zweifellos wohlverdienten Ruhestand (Text L 14, Z.19)
zu einer Dame, die ihn ungemein umstrickte (Text L 14, Z.20f.)
Sancho Pansa, ein freier Mann (Text L 8, Z.7)
den Zettel mit den Wellenlinien (Text L 1, Z.13)
aus der scheinbar ewigen Geraden des Horizonts (Text L 12, Z.8f.)

Attribute können aus einzelnen Wörtern bestehen: Die Adjektive *neue* und *weitläufige* sind in den angeführten Satzgliedern weglaßbar.

Neben Adjektivattributen stehen Attribute aus den verschiedensten Pronomen, die mit Substantiven verbunden werden können:

Meine Hausmeisterin (Text, L 3, Z.1)
ihr neuer Freund (Text L 3, Z.3f.)
diese riesenhafte Figur (Text L 12, Z.9)

Bei der Weglaßprobe ist in diesen Fällen zu berücksichtigen, daß anstelle des Pronominalattributs dann ein Artikel stehen muß.
Attribute können auch aus ganzen Sätzen bestehen, wie bereits bei der Satzgliedermittlung deutlich wurde.
In Text L 14, Z.20f. erweist sich der Satz *die ihn ungemein umstrickte* als ausgeklammerter Bestandteil eines Satzgliedes mit dem Kern *zu einer Dame.*

..., daß er zu einer Dame kam, die ihn ungemein umstrickte.
..., daß er zu einer Dame, die ihn ungemein umstrickte, kam.
..., daß er zu einer Dame kam.

In Attributen, die aus Syntagmen bestehen, wiederholen sich die Attribuierungsmöglichkeiten.
Das aus einem Syntagma bestehende Attribut *ein freier Mann* zu dem Kern *Sancho Pansa* enthält in sich ein adjektivisches Attribut *freier* zu dem Kern *ein Mann.*
Auch ein aus einem Wort bestehendes Attribut kann durch ein anderes Wort attribuiert werden. Durch schrittweise Weglaßprobe zeigt sich, daß *zweifellos* adverbielles Attribut zum Adjektiv *wohlverdient* ist, das seinerseits als Attribut zum Kern *Ruhestand* fungiert.
Die Gemeinsamkeit in der Funktion aller Attribute wird durch Umformung von einer Attributform in eine andere deutlich:

zu einer Dame, die ihn ungemein umstrickte,
zu einer ihn ungemein umstrickenden Dame
Sancho Pansa, ein freier Mann,
Sancho Pansa, der ein freier Mann war,
eine weitläufige Landschaft
eine Landschaft von Weitläufigkeit

Die Verknüpfung des Attributs mit dem Kern

Die unterschiedlichen Möglichkeiten der Verknüpfung des Attributs mit dem Kern lassen verschiedene Attributtypen erkennen.
Das Adjektivattribut ist durch die flexivische Kongruenz in das ganze Syntagma eingebunden. Es richtet sich im Genus nach dem Substantiv und stimmt auch in Kasus und Numerus mit ihm überein.

eine neue Figur (Text L 12, Z.1; hier Akk. Sing. Fem.)

Satzförmige Attribute, die mit einem Relativpronomen beginnen, zeigen beim Relativpronomen Kongruenz mit Genus und Numerus des Kerns. Der Kasus des Relativpronomens richtet sich dagegen nach seiner Funktion im untergeordneten Satz.

zu einer Dame, die ... (Text L 14, Z.20f.)
einen mit eiserner Spitze versehenen Stock, welchen...(Text L10, Z.14)

Nicht alle satzförmigen Attribute werden durch Relativsätze gebildet. So kann ein Attributsatz etwa durch die Konjunktion *daß* mit seinem Kern verknüpft werden: *die Tatsache, daß*

Ferner kann das Attribut in Form einer Infinitivgruppe mit *zu* an den Kern angeschlossen sein: *die Lust zu lesen*

Aus Syntagmen bestehende Attribute, die dieselbe Größe wie der Kern bezeichnen und meist durch Kasuskongruenz mit ihrem Kern verknüpft sind, heißen Apposition:

Zeus, sein Vater, ...
Sancho Pansa, ein freier Mann, ...

Die Verknüpfung des Attributs mit seinem Kern kann auch durch einen eigenen Kasus, den Genitiv, oder durch Präpositionen geleistet werden:

die Probe des Kirchenchores
den Zettel mit den Wellenlinien

Im Hinblick auf die Art der Verknüpfung spricht man hier von Genitiv- und Präpositionalattributen.

Bei der Attribuierung eines Adjektivattributs durch ein Adverb oder Adjektivadverb ist keine flexivische Kongruenz gegeben. Das Attribut ist nur durch seine Position vor dem Kern bestimmt: *nach dem zweifellos wohlverdienten Ruhestand*

Die Position vor oder nach dem Kern ist auch bei den übrigen Attributen Ausdruck der Beziehung zwischen Kern und Attribut.

Die Stellung des Attributs

Bei substantivischem Kern stehen adjektivische und pronominale Attribute in der Regel vor dem Kern, Genitiv- und Präpositionalattribute, Attributsätze und Appositionen in der Regel nach dem Kern. Adverbielle oder präpositionale Attribute zu Adjektiven stehen meist vor dem Adjektiv. Die Kombination dieser Stellungsmöglichkeiten kann zu relativ komplexen Syntagmen führen:

aus der scheinbar ewigen Geraden des Horizonts (Text L 12, Z.8f.)

Schematisch läßt sich ein solches komplexes Syntagma etwa so darstellen:

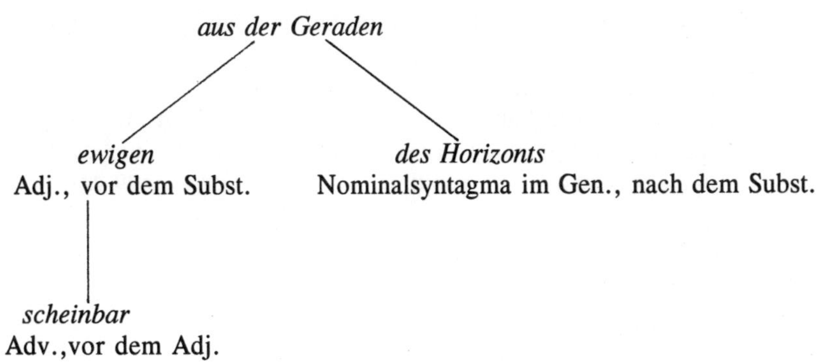

Analyse von Satzgliedern mit Attributen

Um die in einem Satz gegebenen Attribute vollständig zu bestimmen und zu beschreiben, ist zunächst die Ermittlung der Satzglieder erforderlich, da Attribute Teile von Satzgliedern sind.

> *Die Artikel dieses Wörterbuches sind nach einem einheitlichen System aufgebaut, mit dem ein größtmögliches Maß an Objektivität erreicht werden soll.* (Text S 2, Z.20-22)

Der ausgeklammerte Relativsatz gehört als Attribut zu dem Kern *System*:

> *Die Artikel dieses Wörterbuchs sind nach einem einheitlichen System, mit dem ein größtmögliches Maß an Objektivität erreicht werden soll, aufgebaut.*

Kern und Attribut lassen sich als Ganzes an die erste Stelle des Satzes umstellen: *Nach einem einheitlichen System, mit dem ..., sind die Artikel dieses Wörterbuches aufgebaut.*

Der Satz enthält zwei nichtverbale Satzglieder:

> *die Artikel dieses Wörterbuches*
> *nach einem einheitlichen System, mit dem ...*

Mit der Weglaßprobe werden folgende Attribute ermittelt:

dieses Wörterbuches: Genitivattribut zu der Nominativergänzung *die Artikel*

einheitlichen: Adjektivattribut zum substantivischen Kern *System* in der Präpositionalergänzung

mit dem ein größtmögliches Maß an Objektivität erreicht werden soll: Relativsatz-Attribut zur Präpositionalergänzung. In dem Relativsatz sind in der Nominativergänzung ein Adjektivattribut *größtmögliches* und ein Präpositionalattribut *an Objektivität* enthalten.

In dem folgenden Satz ist die Beobachtung der Verbstellung für die Ermittlung der Satzglieder und der in ihnen enthaltenen Attribute besonders hilfreich:

> *Aufgrund der Tatsache, daß wir die Wörter unserer Sprache mittels derselben Sprache erläutern und beschreiben müssen, lassen sich Zirkeldefinitionen nicht immer vermeiden.* (Text S 2, Z.13-15)

Die Endstellung des Verbs *müssen* kennzeichnet den mit der Konjunktion *daß* beginnenden Nebensatz. Für den Gesamtsatz ist von Zweitstellung des Verbs *lassen* auszugehen, wie bei Erststellung der Nominativergänzung *Zirkeldefinitionen* deutlich wird. In der vorliegenden Anordnung muß der gesamte Komplex vor *lassen* als ein Satzglied angesehen werden, wie eine Ersatzprobe mit *deswegen* bestätigt. Der *daß*-Satz ist demnach ein Teil eines Satzgliedes, und zwar Attribut zu *Tatsache*; er ist weglaßbar, wenn seine Erläuterungsfunktion anders ausgedrückt wird: *Aufgrund dieser Tatsache lassen ...*

Die syntaktische Funktion des Attributsatzes ist also nicht nur bei Relativsätzen gegeben. Umgekehrt können Relativsätze auch noch in anderen Funktionen auftreten.

Literaturhinweise

W. Admoni, Der deutsche Sprachbau, § 57.
H. Brinkmann, Die deutsche Sprache, S. 60-84.
Duden. Grammatik, Nr. 1063-1080.
Einführung in die Grammatik, S. 273-277.
P. Eisenberg, Grundriß der deutschen Grammatik, S. 226-276.
U. Engel, Deutsche Grammatik, S. 23, 603-648.
J. Erben, Deutsche Grammatik, § 254-266, 535-559.
W. Flämig, Grammatik des Deutschen, S. 124-133, 316-321.
H. Glinz, Die innere Form des Deutschen, S. 232-254.
Grundzüge einer deutschen Grammatik, S. 826-838.
G. Helbig - J. Buscha, Deutsche Grammatik, S. 585-609.
E. Hentschel - H. Weydt, Handbuch der deutschen Grammatik, S. 350-366, 391-394.
W. Jung, Grammatik der deutschen Sprache, Nr. 237-259.

2. Satzförmige Satzglieder und Satzgliedteile

Gliedsätze und Gliedteilsätze

Es lassen sich hinsichtlich der Satzgliedwertigkeit grundsätzlich zwei Typen von Sätzen unterscheiden, die einen übergeordneten Satz erweitern:

- Einerseits solche Sätze, die im übergeordneten Satz als Satzglieder fungieren.

Der *Wie*-Satz in dem Gesamtsatz *Wie's mit seiner Erziehung stand, wissen wir nicht* (Text L 14, Z.6f.) kann durch Umstellprobe und Ersatzprobe als Satzglied bestimmt werden.
Solche Sätze, die als Satzglieder übergeordneter Sätze fungieren, heißen Gliedsätze.

- Andererseits Sätze, die im übergeordneten Satz nicht als Gliedsätze fungieren, sondern Teile von Satzgliedern, das heißt satzförmige Attribute sind.

Der Relativsatz *die ihn ungemein umstrickte* (Text L 14, Z.20f.) ist weiter oben durch die Weglaßprobe als satzförmiges Attribut zu dem Syntagma *zu einer Dame* bestimmt worden.
Solche Sätze, die Teile von Satzgliedern sind, nennt man Gliedteilsätze (eigentlich Satzgliedteilsätze).
Gliedsätze und Gliedteilsätze werden gemeinsam als Nebensätze, untergeordnete oder abhängige Sätze bezeichnet.

Die Einleitung der Nebensätze

Neben ihrer syntaktischen Funktion als Gliedsätze bzw. Gliedteilsätze lassen sich die Nebensätze auch hinsichtlich der Einleitung klassifizieren.
Folgende Sätze sind durch die Endstellung des Verbs als Nebensätze gekennzeichnet:

> *Seit jedoch ihr neuer Freund darauf gekommen ist* (Text L 3, Z.3f.)
> *die ich erst kürzlich in Gebrauch nahm* (Text L 3, Z.5f.)
> *was ihm ja denn auch gelang* (Text L 14, Z.4)
> *daß er Riesenarbeit leistete* (Text L 14, Z.11)
> *der die Reisenden belästigte* (Text L 14, Z.16f.)
> *Als der Athlet genug getan zu haben glaubte* (Text L 14, Z.17f.)
> *Nachdem er mehrmals seine Unterschrift ... auf ein Blatt gezeichnet hatte* (Text L 1, Z.2-4)
> *wo der Main ... seinen schönsten Bogen zieht* (Text L 5, Z.1f.)
> *wenn der Vater starb* (Text L 5, Z.4)

bis auch er starb (Text L 5, Z.5)
welchen er schräg gegen den Boden stemmte (Text L 10, Z.14f.)

In allen diesen Fällen werden die Nebensätze durch ein charakteristisches Einleitewort eingeleitet.
Die Einleitewörter lassen sich danach klassifizieren, ob sie Satzglieder der Nebensätze sind, oder nicht. Bei den Umstellproben wird der Nebensatzcharakter nicht berücksichtigt:

der die Reisenden belästigte
der belästigte die Reisenden
die Reisenden belästigte der

Von der Verbvalenz her ist *der* die obligatorische Nominativergänzung, wie die Pronominalprobe zeigt: *jemand belästigt jemanden.* Das Einleitewort *der* drückt durch die Genus- und Numeruskongruenz die Attributfunktion zum Kern *einen Wegelagerer* aus; zugleich ist es Satzglied E_{Nom} des Relativsatzes. Neben den flektierbaren Relativpronomen stehen die unflektierbaren Relativadverbien, die aber ebenfalls Satzgliedfunktion besitzen.

wo der Main ... seinen schönsten Bogen zieht

Bei der Umstellprobe kann das Relativadverb *wo* durch *da* ersetzt werden:

Der Main ... zieht da seinen schönsten Bogen

Konjunktionale Einleitewörter sind nicht umstellbar, sie besitzen keinen Satzgliedwert. Sie können jedoch semantisch weiterklassifiziert werden: So unterscheidet man zwischen semantisch leeren subordinierenden Konjunktionen, die lediglich die syntaktische Verknüpfung zwischen dem übergeordneten Kern und dem Nebensatz leisten (so etwa *daß* und *ob*) und zwischen semantisch gefüllten Konjunktionen, die das Verhältnis des Nebensatzes zum übergeordneten Satz semantisch spezifizieren, so etwa *nachdem* (temporal), *weil* (kausal) usw.
Neben dem eingeleiteten Nebensatz gibt es ferner Nebensätze, die kein Einleitewort haben. Nichteingeleitete Nebensätze haben im Unterschied zu den eingeleiteten keine Endstellung des finiten Verbs. Sie zeigen entweder Spitzenstellung (bei Konditionalsätzen und Konzessivsätzen) oder Zweitstellung (bei Subjekt- und Objektsätzen) des finiten Verbs:

Irr ich nicht ... (Text L 14, Z.1)
Uns scheint, er müsse mehr ... (Text L 14, Z.8)

Die Art der Einleitung von Nebensätzen läßt sich in nachstehender Tabelle zusammenfassend festhalten:

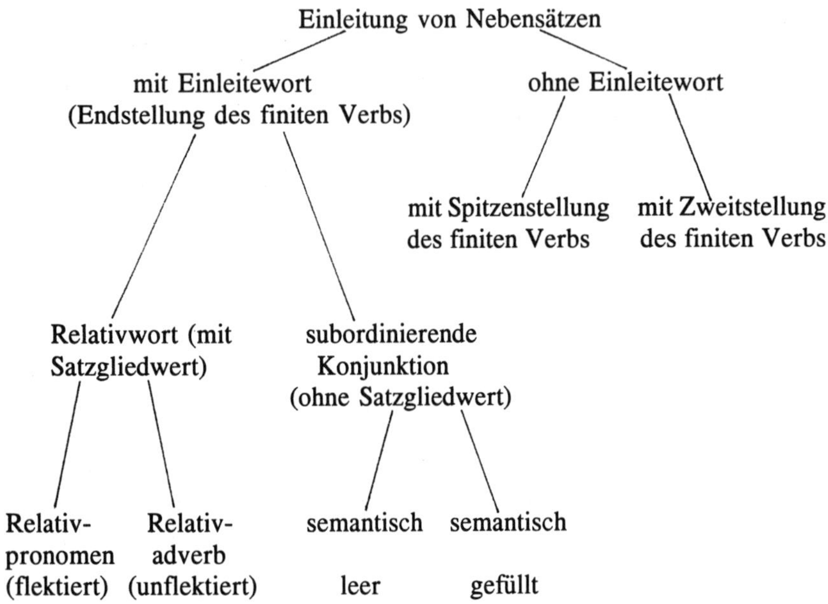

Die Stellung der Nebensätze im Gesamtsatz

Nebensätze erscheinen innerhalb der Gesamtsätze als Vordersätze, Zwischensätze oder Nachsätze:

> *Nachdem er mehrmals seine Unterschrift ... auf ein Blatt gezeichnet hatte, nahm er einen neuen Bogen (...)* (Text L 1, Z.2-4)
> *Er, der die Schrecknisse besiegte ..., fand nun am Geschirrabwaschen Geschmack* (...) (Text L 14, Z.23f.)
> ... *und sah, wie die Tinte eintrocknete und dunkel wurde* (...) (Text L 1, Z.7f.)

Nichteingeleitete Nebensätze mit Spitzenstellung des Verbs treten nur als Vordersätze auf.
Zwischensätze werden vielfach durch Ausklammerung zu Nachsätzen:

> ..., *daß er zu einer Dame kam, die ihn ungemein umstrickte.* (Text L 14, Z.20f.)

Der zu *Dame* gehörige Relativsatz ist aus dem *daß*-Satz ausgeklammert. Die Stelle des ausgeklammerten Attributsatzes bleibt dabei durch den Kern besetzt. Diese Funktion der Stellenbesetzung im übergeordneten Satz kann auch ein Element übernehmen, dessen Funktion nur in dieser Platzhalterrolle besteht. Derartige Elemente nennt man Korrelate.
In dem folgenden Beispiel ist *darauf* Korrelat des ausgeklammerten *daß*-Satzes in dem *seit*-Satz:

> *Seit jedoch ihr neuer Freund darauf gekommen ist, daß man im Sommer die Hemden auch offen tragen könne, ...* (Text L 3, Z.3-5)

Korrelate sind wichtige Hilfen bei der Analyse von Satzgefügen. Sie repräsentieren Sätze (oder auch Satzglieder) in Sätzen und geben deren Abhängigkeit und Funktion zu erkennen.

Die Funktion der Gliedsätze

Gliedsätze lassen sich analog zu den Satzgliedern, die sie vertreten, beschreiben. Man unterscheidet im Blick auf die Verbvalenz Ergänzungssätze und Angabesätze. Die Funktion der Ergänzungssätze kann durch Ersatzproben mit flektierbaren Wörtern bestimmt werden.

> *Fest steht immerhin, daß er Riesenarbeit leistete.* (Text L 14, Z.11)
> *Fest steht immerhin dies.*

dies ist Nominativergänzung; der *daß*-Satz fungiert also als Subjektsatz.

> *Was wir zurückließen, erschien uns unwichtig.* (Text L 6, Z.11)
> *Das erschien uns unwichtig.*

Das ist hier ebenfalls Nominativergänzung; der mit dem Relativpronomen *was* eingeleitete Gliedsatz fungiert hier also als Subjektsatz.

> *Wie's mit seiner Erziehung stand, wissen wir nicht.* (Text L 14, Z.6f.)
> *Das wissen wir nicht.*

das ist Akkusativergänzung; der *wie*-Satz fungiert also als Objektsatz.

> *Seit jedoch ihr neuer Freund darauf gekommen ist, daß man im Sommer die Hemden auch offen tragen könne, ...* (Text L 3, Z.3-5)
> *Seit jedoch ihr neuer Freund auf diese Tatsache gekommen ist...*

Der *daß*-Satz fungiert als Präpositionalergänzung; *kommen* erfordert in der vorliegenden Bedeutung eine Ergänzung mit *auf*:

jemand kommt auf etwas
jemand kommt darauf, daß ...

Die Funktion der Angabesätze kann durch Ersatzproben mit charakteristischen pronominalen Adverbien bestimmt werden; diese Ersatzprobe ist daher eine wichtige Hilfe bei der Analyse von Satzgefügen.

Nachdem er mehrmals seine Unterschrift ... auf ein Blatt gezeichnet hatte, nahm er einen neuen Bogen. (Text L 1, Z.2-4)
Danach nahm er einen neuen Bogen.

Danach ist in diesem Satz Temporalangabe; der *nachdem*-Satz hat dieselbe Funktion.

..., der die Reisenden belästigte, indem er mit ihnen verfuhr, ... (Text L 14, Z.16f.)
..., der die Reisenden so belästigte, ...

so ist in diesem Satz Modalangabe; der *indem*-Satz hat dieselbe Funktion. Entsprechend läßt sich etwa der *weil*-Satz in Text L 11 (Z.3f.) durch ein Adverb *deswegen* ersetzen (Kausalangabe).

Satzgliedwertige Infinitivgruppen

Gleichwertig mit Gliedsätzen können auch Infinitivgruppen auftreten; sie lassen sich ebenfalls durch Ersatz- und Weglaßproben als Ergänzungen oder Angaben bestimmen sowie in ihrer Funktion und Bedeutung im einzelnen beschreiben.

Zeus, sein Vater, schlich eines Nachts zur Gattin Amphitryons, um sich zu belustigen, ... (Text L 14, Z.3f.)

Die Infinitivgruppe läßt sich als Ganzes umstellen, durch Ausdrücke wie *zu diesem Zweck, deswegen* ersetzen und somit als Kausalangabe bestimmen.

Aufgabe eines Wörterbuchartikels ist es, die Vielfalt der Verwendungsmöglichkeiten eines Wortes darzustellen. (Text S 2, Z.2f.)

Die Infinitivgruppe läßt sich als Ganzes umstellen und durch Ausdrücke wie *dies, die Darstellung der Vielfalt ...* ersetzen, wobei das Korrelat *es* entfällt. Somit ist erkennbar, daß die Infinitivgruppe als prädikative Ergänzung im Nominativ steht.

Bei der Analyse von Satzgefügen können Infinitivgruppen und Gliedsätze durch einfache Satzglieder ersetzt werden. Im Hinblick auf die Verbvalenz füllen die gegeneinander austauschbaren Satzglieder jeweils dieselbe Leerstelle aus.

jemand fordert jemanden zu etwas auf
E_{Nom} - V_{fin} - E_{Akk} - $E_{Präp}$ - $V_{Best\text{-}Wort}$

jemand fordert jemanden auf, etwas zu tun
jemand fordert jemanden (dazu) auf, daß er etwas tut

Die vielfältige Gestalt der Gliedteilsätze

Gliedteilsätze können ganz unterschiedlicher Gestalt sein, wie aus folgender Beispielreihe ersichtlich ist:

Der Wunsch, den er hatte, ...
Der Wunsch, daß er bleiben könnte, ...
Der Wunsch, er könne bleiben, ...

Als Einleitewort fungieren einerseits Relativwörter, andererseits aber auch Konjunktionen. Ferner kann der Attributsatz uneingeleitet sein, dann weist die finite Verbform Zweitstellung auf. Auch hier kann eine Infinitivgruppe die gleiche Funktion erfüllen: *Der Wunsch zu bleiben.*

Es besteht also keine einfache Entsprechung zwischen der Art der Einleitung eines abhängigen Satzes und seiner syntaktischen Funktion: Attributsätze müssen nicht stets durch Relativwörter eingeleitet sein, Relativsätze sind nicht immer Attributsätze.

Der weiterführende Relativsatz

Eine Sonderstellung in der Einordnung der Nebensätze nimmt der sogenannte weiterführende Relativsatz ein. Diese Relativsätze haben keine eigentliche Bezugsgröße im übergeordneten Satz, sondern sie beziehen sich auf den übergeordneten Satz als Ganzes, den sie in lockerer, weiterführender Weise kommentieren:

Meine Hausmeisterin hat sich von ihrem Manne scheiden lassen, was für mich insofern eine gewisse Erleichterung bedeutet, ... (Text L 3, Z.1f.)

Zeus, sein Vater, schlich eines Nachts zur Gattin Amphitryons, um sich zu belustigen, was ihm ja denn auch gelang. (Text L 14, Z.3f.)

Die hier mit *was* eingeleiteten Sätze beziehen sich auf den jeweils übergeordneten Satz insgesamt. Im Blick auf diese Eigenschaft werden solche weiterführenden Relativsätze auch Satzattribute oder Satzrelativsätze genannt.
Teilweise lassen sich solche weiterführenden Relativsätze auch in Modalwörter im übergeordneten Satz umwandeln, so daß man ihnen Satzgliedwert zusprechen könnte:

Er hat mich besucht, was mich gefreut hat.
Er hat mich erfreulicherweise besucht.

Eine solche Umwandlung ist jedoch nicht immer einwandfrei möglich, so etwa bei den oben zitierten Textbeispielen.
Die weiterführenden Nebensätze lassen sich in ihrer einem selbständigen Satz ähnlichen Funktion daran erkennen, daß ihr Relativpronomen bei Änderung der Verbstellung leicht durch ein Demonstrativpronomen ersetzbar ist: *Das bedeutet für mich ...* - *Das gelang ihm ...*
Außerdem treten sie im allgemeinen in Nachstellung auf.

Literaturhinweise

W. Admoni, Der deutsche Sprachbau, § 59-60.
O. Behaghel, Deutsche Syntax, III, § 1169-1425, IV, § 1625-1643.
H. Brinkmann, Die deutsche Sprache, S. 607-703.
I. Dal, Kurze deutsche Syntax, § 132-152.
Duden. Grammatik, Nr. 1186-1284.
Einführung in die Grammatik, S. 257-279.
P. Eisenberg, Grundriß der deutschen Grammatik, S. 337-369.
U. Engel, Deutsche Grammatik, S. 240-302.
J. Erben, Deutsche Grammatik, § 560-616.
W. Flämig, Grammatik des Deutschen, S. 250-321.
H. Glinz, Die innere Form des Deutschen, S. 416-442.
Grundzüge einer deutschen Grammatik, S. 777-838.
G. Helbig - J. Buscha, Deutsche Grammatik, S. 642-679.
E. Hentschel - H. Weydt, Handbuch der deutschen Grammatik, S. 373-382.
W. Jung, Grammatik der deutschen Sprache, Nr. 62-96.
H. Paul, Deutsche Grammatik, IV, § 378-537.

3. Satzreihe, Satzgefüge, komplexer Satz

Finites Verb und Satzabgrenzung

Unter Verweis auf Kapitel III.1. sei noch einmal der auf das Auftreten des finiten Verbs gestützte Satzbegriff wiederholt. Eine Proposition als inhaltliche Grundlage für den einzelnen Satz beruht auf der Vorgangs- oder Handlungsbezeichnung durch ein Verb und der Bezeichnung der beteiligten Aktanten durch nominale oder pronominale Satzglieder. Daher wird für die Einheit Satz das Vorkommen einer finiten Verbform als konstitutiv vorausgesetzt. Satzähnliche Äußerungen ohne finites Verb können hier nicht weiter beachtet werden. Die Einheit Satz zeigt in gesprochener Sprache einen charakteristischen abgeschlossenen Intonationsverlauf. In geschriebener Sprache sind Großschreibung am Anfang und Punkt (bzw. Fragezeichen oder Ausrufezeichen) am Ende die Abgrenzungssignale für den Ganzsatz. So sind in Text S 3 zum Beispiel folgende Sätze mit jeweils einem finiten Verb festzustellen:

Z. 2 : *Sie haben Magenbeschwerden.*
Z.10 : *Ihr Magen leistet Schwerstarbeit.*
Z.33 : *Nehmen Sie Ihrem Magen Arbeit ab.*

Selbständige Sätze mit einem finiten Verb werden einfache Sätze genannt.

Satzreihe

Großschreibung am Anfang und satzschließender Punkt erweisen folgenden Teil von Text S 3 als Satzeinheit, in der jedoch zwei finite Formen vorkommen:

Z.38-40: *Unregelmäßig oder hastig eingenommene Mahlzeiten bringen den Magen aus dem Tritt, und irgendwann macht er das nicht mehr mit.*

Es handelt sich um eine durch die koordinierende Konjunktion *und* ausgedrückte Verbindung von zwei einfachen Sätzen. Statt dieser Verbindung wäre auch eine Folge von zwei selbständigen einfachen Sätzen denkbar: ... *aus dem Tritt. Irgendwann* ... Koordinierte Elemente stehen jeweils auf der gleichen Ebene. Koordination von Sätzen nennt man Parataxe. Durch Konjunktionen wie *und* ausgedrückte Verbindung heißt syndetisch, Verbindung ohne Konjunktionen asyndetisch. Syndetische oder asyndetische Koordination von Sätzen wird Satzreihe genannt.

Koordination und Ellipse

In Satzreihen koordinierte Sätze haben häufig Satzglieder gemeinsam, deren Wiederholung in jedem Teilsatz unnötig erscheint. Sie werden deshalb erspart, was man Ellipse nennt. In Text L 14, Z.21f. findet sich folgende Satzreihe: *Der berühmte Kämpfer trug nun Wasser,*
strickte Strümpfe,
schüttelte Kissen,
schälte Kartoffeln.

Es handelt sich um eine asyndetische Reihe von vier Einfachsätzen. Die Nominativergänzung ist nur im ersten Teilsatz vorhanden, in den drei folgenden Teilsätzen fehlt sie, kann aber leicht eingesetzt werden.

Satzgefüge

In den Kapiteln V.6. und VI.2. sind bereits die abhängigen Sätze behandelt worden, die häufig an der Endstellung des finiten Verbs erkennbar sind. Beispiele aus dem Text S 3 zeigen so jeweils ein finites Verb in Zweitstellung und eines in Endstellung:

Z.42 : *Sie wissen selbst am besten, was Ihrem Magen weh tut.*
Z.52f.: *Wenn Sie es alleine nicht schaffen, können Ihnen Meditation oder autogenes Training helfen.*
Z.37 : *Der Magen ist ein Organ, das seinen Rhythmus nach den Mahlzeiten einstellt.*

Die Teilsätze mit Endstellung sind in jedem Fall unselbständige, abhängige Sätze, die nicht allein stehen können.
Sie sind von einem selbständigen, unabhängigen Satz abhängig, der in manchen Fällen allein stehen könnte, jedoch nicht in allen:

Der Magen ist ein Organ.

Der weggelassene Teilsatz ist Attributsatz zu *Organ* und somit Gliedteilsatz. Seine Weglassung reduziert das Satzglied um das Attribut.

Meditation oder autogenes Training können Ihnen helfen.

Nach der Weglassung des *wenn*-Satzes muß ein anderes Satzglied die Position vor dem finiten Verb besetzen. Der weggelassene Teilsatz ist ein Gliedsatz. Seine Weglassung reduziert den Trägersatz um ein Satzglied mit dem Status einer Angabe. Deshalb bleibt ein grammatisch vollständiger Satz übrig (Hauptsatz).

? Sie wissen selbst am besten

Der weggelassene Teilsatz ist ein Gliedsatz im Status der valenzgeforderten Ergänzung. Seine Weglassung reduziert den Trägersatz um ein notwendiges Satzglied. Deshalb bleibt ein grammatisch unvollständiger Satz übrig (Hauptsatzrest).

Die Verbindung eines Trägersatzes mit einem abhängigen Satz nennt man Satzgefüge. Die Unterordnung oder Subordination von Sätzen heißt Hypotaxe. Als Satzreihe oder Satzgefüge verbundene Sätze nennt man komplexe Sätze.

Periode

Die Beobachtung von Texten lehrt schnell, daß Satzreihen und Satzgefüge in Verbindung auftreten können. So können zum Beispiel Sätze zur Satzreihe koordiniert werden, die ihrerseits abhängige Sätze enthalten.

Beispiel aus Text S 3, Z.30-32:

Seien sie also nett zu Ihrem Magen, entlasten Sie ihn, wo Sie können, und tragen Sie so selbst dazu bei, daß es Ihnen wieder besser geht.

Andererseits können in einem Gefüge beispielsweise Satzreihen gemeinsam in Abhängigkeit von einem Trägersatz stehen (sieh etwa die Analyse von Text L 5 in Kapitel VIII). Schließlich können Subordinationen über mehrere Ebenen gehen, indem von einem abhängigen Satz wiederum ein Satz abhängig ist.

Übersicht

- Satz (selbständiger Satz)
  - einfacher Satz
  - komplexer Satz
    - Satzreihe

      Verbindung von mehreren potentiell selbständigen Sätzen. Koordination. Ellipse. Parataxe
      - syndetisch
      - asyndetisch
    - Satzgefüge

      Verbindung eines selbständigen Satzes (Hauptsatz, Trägersatz) mit einem abhängigen Satz (Nebensatz). Subordination. Hypotaxe
      - Gliedsatz
        - Ergänzungssatz
          - übrig: Hauptsatzrest
        - Angabesatz
          - übrig: Hauptsatz
      - Gliedteilsatz

Gemeinsames Auftreten von Satzreihe und Satzgefüge:
Periode
(Gesamtsatz, Schachtelsatz)

Analyseverfahren

In die Analyse von umfangreichen Perioden führt am besten die praktische Übung ein, die wenigstens im Nachvollzug anhand der Beispiele in Kapitel VIII möglich ist. An dieser Stelle sollen nur einige allgemeine Verfahrenshinweise gegeben werden.

Text L 7, Z.36-38:

> *Schließlich wird sein Augenlicht schwach, und er weiß nicht, ob es um ihn wirklich dunkler wird, oder ob ihn nur seine Augen täuschen.*

Im ersten Überblick über diese Periode sind zwei finite Verben in Endstellung zu erkennen (*wird, täuschen*). Die betreffenden Teilsätze sind durch die wiederholte subordinierende Konjunktion *ob* eingeleitet und durch die koordinierende Konjunktion *oder* als Satzreihe verbunden. Die finiten Verben *wird* und *weiß* stehen in Zweitstellung. Die betreffenden Sätze sind durch die koordinierende Konjunktion *und* als Satzreihe verbunden.
Die an der Endstellung und der Konjunktion *ob* erkennbare Nebensatzreihe erweist sich als nicht weglaßbar im Hinblick auf die Valenz des Verbs *weiß* (*jemand weiß etwas = jemand weiß, ob...*). Es handelt sich also um zwei koordinierte Ergänzungssätze, die zusammen mit dem Hauptsatzrest *er weiß nicht* erst einen vollständigen Satz ergeben. Die Periode läßt sich daher in ihrem Aufbau skizzieren.

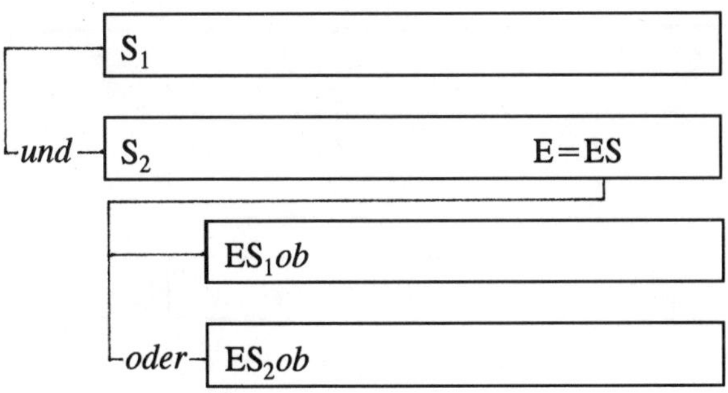

Text L 14, Z.14-17:

> *Ferner säuberte er eine weitläufige Landschaft mit der ihm eigenen Energie von allerlei unnützem Gesindel, bekämpfte mit Erfolg einen Löwen und legte einen Wegelagerer lahm, der die Reisenden belästigte, indem er mit ihnen verfuhr, wie sie's ungern genug erlebten.*

An der Endstellung des Verbs und am Einleitewort sind drei abhängige Sätze erkennbar: *der ... belästigte* - *indem ... verfuhr* - *wie ... erlebten.*

Drei Verben stehen in Zweitstellung, zwei davon mit Ellipse der ihnen vorangehend gedachten Nominativergänzung. Die drei selbständigen Sätze bilden eine Reihe, Satz 1 und Satz 2 stehen asyndetisch, Satz 3 ist mit der Konjunktion *und* verbunden.
Die drei Nebensätze erweisen sich als einer dem anderen subordiniert. Der *wie*-Satz ist im Hinblick auf den *indem*-Satz nicht weglaßbarer Ergänzungssatz (*jemand verfährt so mit jemandem - jemand verfährt mit jemandem, wie ...*). Der den *wie*-Satz einschließende *indem*-Satz ist insgesamt weglaßbar in Hinblick auf den *der*-Satz. Er könnte in den *der*-Satz umgestellt werden (*der die Reisenden, indem er ..., belästigte*), und er könnte durch eine entsprechende Einwortangabe ersetzt werden: *der die Reisenden so belästigte.* Der *indem*-Satz ist also ein Satzglied des *der*-Satzes mit dem Status einer Angabe.
Der den *indem*-Satz (und somit auch den *wie*-Satz) mit umfassende *der*-Satz ist insgesamt weglaßbar: *und legte einen Wegelagerer lahm.* Er ist ferner in den selbständigen Satz 3 umstellbar, und zwar hinter den Ausdruck *einen Wegelagerer: und legte einen Wegelagerer, der ... erlebten, lahm.*
Wenn man die Ellipse der Nominativergänzung rückgängig macht, lassen sich Umstellproben durchführen. Sie zeigen, daß der *der*-Satz Teil des Satzgliedes (Akkusativergänzung) *einen Wegelagerer* ist:
einen Wegelagerer, der ... erlebten, legte er lahm.
Der *der*-Satz ist demnach Attributsatz. Die Periode hat insgesamt folgenden Aufbau:

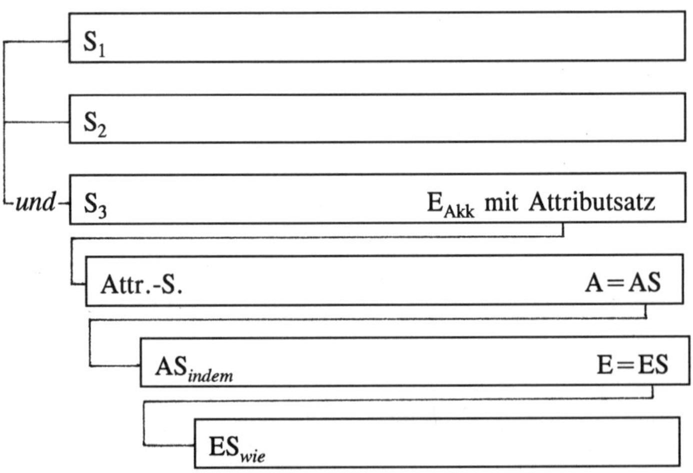

Literaturhinweise: sieh Kapitel VI.2.

VII. Satz und Text

1. Mittel der Textkohäsion

Text. Textthema. Textfunktion

In diesem Kapitel kann nur so weit in die Textlinguistik eingeführt werden, wie zur angemessenen Analyse von Sätzen nötig ist. Sätze kommen als Bestandteile von Texten vor. Texte bestehen aus einer inhaltlich zusammenhängenden Folge von Sätzen. Texte können mündlich wie schriftlich realisiert werden. Sie handeln von etwas, dem Textthema, und sie dienen zu etwas, das ist die Textfunktion. Texte haben erkennbare Begrenzungen, nämlich Anfang und Ende. Texte lassen sich nach formalen, inhaltlichen und funktionalen Aspekten in verschiedene Textsorten klassifizieren. Beispiel für Texte sind etwa ein Telefongespräch, ein Beipackzettel zu einem Arzneimittel, eine Prüfungsordnung, ein Geschäftsbrief, ein Gedicht, ein Roman usw. Größere Texte sind in kleinere Einheiten oberhalb der Satzebene gegliedert, z.B. Kapitel, Paragraphen, Absätze usw. Für eine vom Satz ausgehende Betrachtung stellt sich die Frage, welche sprachlichen Mittel im Satz den inhaltlichen Zusammenhang des Satzes mit dem umgebenden Text ausdrücken. Diese an die verschiedensten lexikalischen und syntaktischen Mittel gebundene Funktion nennt man (Text-)Kohäsion (daneben auch: Text-Konnexion). Der dadurch ausgedrückte, aber davon unabhängige innere Sinnzusammenhang eines Textes wird von Kohäsion terminologisch unterschieden als (Text-)Kohärenz.

Kohäsion durch Konnektoren

Auf den ersten Blick fallen in Sätzen diejenigen Elemente als einen Zusammenhang ausdrückend auf, die explizit der Koordination dienen, nämlich die koordinierenden Konjunktionen wie *und, oder, aber, denn.* Sie dienen nicht nur der Reihenbildung, u.a. der Verbindung von Teilsätzen zur Satzreihe, sondern sie können auch am Anfang von einfachen oder komplexen Sätzen stehen und ihre Kohäsion mit dem vorhergehenden Text ausdrücken. Beispiele bietet der Text L 7, Z.2: *Aber*, Z.10: *Und.*
Derartige Verbindungselemente zwischen Sätzen werden Konnektoren genannt. Konnektoren kommen auch innerhalb von Sätzen vor. Im Text S 3 kennzeichnet zum Beispiel in Z.30 das Adverb *also* den Satz als Folgerung aus dem vorhergehenden Text. In Text L 14 kommen zum Beispiel die Konnektoren *freilich* (Z.13), *ferner* (Z.14), *doch* (Z.22) vor.

Kohäsion durch anaphorische und kataphorische Elemente

Eine wichtige Rolle bei der Herstellung von Textkohäsion spielen sprachliche Elemente, die direkt auf andere Elemente in vorausgehenden oder folgenden Sätzen verweisen. Zurückverweisende Elemente heißen anaphorisch, vorausweisende kataphorisch. Zur Anaphorisierung dient insbesondere das Personalpronomen der dritten Person, das mit dem Bezugswort im Numerus und im Singular auch im Genus kongruent ist. Es kommt in dieser Funktion zum Beispiel im Text L 7 vor. In der folgenden Übersicht für Satz 1 bis 12 wird nach dem Pronomen jeweils das Bezugswort mit Satznummer angegeben.

3: *er* = *Türhüter* (3) *ihm* = *Mann* (2)
4: *er* = *Mann* (4)
5: *es* = *eintreten dürfen* (4)
7: *er* = *Türhüter* (7), *es* = *hineinzugehn* (7 - kataphorisch)
8: *er* = *Mann* (8), *er* = *Mann* (8), *er* = *Mann* (8), *er* = *Mann* (8)
9: *ihm* = *Mann* (8), *ihn* = *Mann* (8)
10: *er* = *Mann* (8)
11: *er* = *Mann* (8)
12: *ihm* = *Mann* (8), *ihn* = *Mann* (8), *es* = *Verhöre, fragt ...* (12), *sie* = *Fragen* (12), *er* = *Türhüter* (12), *ihm* = *Mann* (8), *er* = *Türhüter* (12), *ihn* = *Mann* (8)

Andere anaphorische und kataphorische Elemente sind beispielsweise Demonstrativpronomen (Z.1 *Zu diesem Türhüter*), Possessivpronomen (Z.21 *durch seine Bitten*), Pronominaladjektive (Z.13 *Solche Schwierigkeiten*) u.a.

Anaphorische Elemente dienen zum verkürzten Sprechen über identische Größen. Sie sind eine besondere Form der Substitution. Darunter versteht man im Zusammenhang mit der Textkohäsion das wiederholte Vorkommen von Elementen in Sätzen, die sich auf den gleichen außersprachlichen Sachverhalt oder eine Größe beziehen. Diese Erfahrung ist jedem Sprachbenutzer zugänglich: Wenn man zusammenhängend über etwas redet, muß dieses Etwas immer wieder bezeichnet werden. Eine Möglichkeit ist die Anaphorisierung.

Kohäsion durch semantische Isotopie

Die Bezeichnung thematisch gleichbleibender Größen kann in der einfachsten Form durch die Wiederholung ihrer Bezeichnung erfolgen, was man identische Substitution nennt. Die Bezeichnung kann aber auch ersetzt werden durch ein Wort mit ähnlicher Bedeutung (synonymische Substitution), mit weiterer Bedeutung (Oberbegriff, hyperonymische Substitution), mit engerer Bedeutung (Unterbegriff, hyponymische Substitution). Es kann aber auch eine auf Weltkenntnis oder kultureller Vertrautheit beruhende Substitution eines Teils durch ein Ganzes (und umgekehrt), einer Ursache durch ihre Folge (und umgekehrt) usw. erfolgen.
Der Text L 9 zeigt beispielsweise folgende Formen:

> Identische Substitution: *Mutter* (Z.10, 15, 23)
> Synonymische Substitution: *Mutter* (Z.15) - *Frau Friedemann* (Z.21)
> Hyperonymische Substitution: *Giebelhaus* (Z.1) - *Haus* (Z.16)

Dieser Fall der hyperonymischem Substitution ist recht geläufig: Ersatz eines endozentrischen Determinativkompositums durch sein Grundwort. Der Wortbildungszusammenhang, nämlich das Wiederauftreten des Grundmorphems *Haus* in *Giebelhaus* und *Haustür*, unterstützt das Verfahren, das hier gewählt ist. Wenn von einem Haus die Rede war, ist mitgesagt, daß es eine Haustür hat. So kann die Teilbezeichnung als nächstes Teilthema der Beschreibung gewählt werden. Insgesamt schaffen die verschiedenen Substitutionen einschließlich derer durch Anaphorisierung ganze Ketten von Elementen mit gleicher Bezeichnungsfunktion; diese nennt man semantische Isotopie.

Kohäsion durch Artikel

In der anaphorischen und kataphorischen Funktion gleicht der Artikel den Pronomen. Am Anfang von Kafkas Vor dem Gesetz (L 7) wird deutlich, wie der bestimmte Artikel dem Demonstrativpronomen gleicht:

> Vor dem Gesetz steht *ein* Türhüter. Zu *diesem* Türhüter kommt *ein* Mann vom Lande ... Aber *der* Türhüter sagt, ... *Der* Mann überlegt...

Demgegenüber hat der unbestimmte Artikel eher eine kataphorische Wirkung. Die eigentliche Textkohäsion stiftende Wirkung der Artikel beruht auf ihrer Funktion, Bekanntheit oder Neuheit im Text zu kennzeichnen. Sie dienen dann zum Ausdruck der Thema-Rhema-Gliederung im Satz, die ihrerseits an die Stellung des Satzes im Text gebunden ist.

Literaturhinweise: sieh Kapitel VII.3.

2. Thema-Rhema-Gliederung und Satzgliedfolge

Umstellbarkeit und Satzgliedfolge

Die Verwendung der Umstellprobe als Verfahren der Satzgliedermittlung beruht darauf, daß die Satzglieder (abgesehen vom verbalen Satzkern) im Prinzip keine festen Positionen im Satz haben. Weil sie auch an anderen Stellen im Satz stehen könnten, kann man sie zur syntaktischen Analyse an solche anderen Stellen setzen. Die in Texten vorkommenden Sätze zeigen aber als solche eine bestimmte Folge der Satzglieder, mit der demnach eine Auswahl aus den möglichen Folgen getroffen ist. Damit ist die Frage gegeben, wonach die Satzgliedfolge geregelt ist.

Satzgliedfolge und Satzakzent

Zur Verdeutlichung bestimmter Gegebenheiten wird zunächst auf konstruierte Beispiele zurückgegriffen. In einem mit dem Verb *geben* konstruierten Beispiel sind etwa für die Satzglieder *der / ein Lehrer, dem / einem Schüler, das / ein Buch* folgende Anordnungen denkbar:

> *Der Lehrer gab dem Schüler ein Buch.*
> *Der Lehrer gab das Buch einem Schüler.*
> *Das Buch gab dem Schüler ein Lehrer.*
> *Einem Schüler gab der Lehrer das Buch.*
> *Das Buch gab ein Lehrer einem Schüler.*
> usw.

Die Beispiele lassen bereits erkennen, daß manche Satzgliedfolgen auffälliger als andere sind, daß sie daher zum Ausdruck besonderer Mitteilungswerte dienen können. Dabei wird die Satzgliedfolge teilweise vom Satzakzent unterstützt: <u>*Einem Schüler*</u> *gab der Lehrer das Buch.*
Dieser Satz ist in einem Kontext denkbar, in dem von einem Lehrer die Rede war und von einem bestimmten Buch. Der Satz wäre dann die Mitteilung, daß dieser Lehrer dieses Buch einem Schüler (und nicht etwa einem Kollegen) gegeben hat. Der Tatsache, daß es einem Schüler gegeben wurde, kommt dann ein besonderer Mitteilungswert zu, der durch die Anfangsstellung und Akzentuierung ausgedrückt wird. In der Satzgliedfolge *Der Lehrer gab das Buch einem Schüler* wäre derselbe Mitteilungswert enthalten, allerdings weniger auffällig hervorgehoben.

Satzgliedfolge und Artikelgebrauch

In den konstruierten Beispielen, die man sich zwanglos in einen entsprechenden Textzusammenhang hineindenken kann, zeigt der bestimmte Artikel bei den Satzgliedern *der Lehrer* und *das Buch*, daß es sich um einen durch Vorerwähnung bekannten Lehrer und um ein durch Vorerwähnung bekanntes Buch handelt. Der unbestimmte Artikel bei dem Satzglied *einem Schüler* zeigt, daß vorher von diesem Schüler nicht die Rede war, daß er als Empfänger des Buches neu im Text ist. Die Merkmale 'bekannt' und 'neu' werden zur Bestimmung der Begriffe Thema und Rhema verwendet, mit denen die Satzgliedfolge im Text beschrieben wird.

Thema und Rhema

Die Begriffe Thema und Rhema werden hier im Anschluß an die 'Grundzüge einer deutschen Grammatik' mit den Merkmalpaaren 'bekannt - nicht bekannt' und 'nicht neu - neu' erklärt. Neu ist alles im Text noch nicht Vorgekommene, nicht neu ist alles Vorerwähnte, aber auch Sprecher und Angesprochener. Bekannt ist das in der Kenntnis von Sprecher und Hörer Vorhandene, nicht bekannt das erst im Text Eingeführte. Wichtig ist die Überschneidung der beiden Gliederungspaare: Bekanntes kann bei seiner ersten Erwähnung im Text insofern neu sein.

Den Ansatzpunkt einer Mitteilung bilden stets bekannte Gegebenheiten; sie werden als *Thema* des Satzes eingesetzt. Die Mitteilung über dieses Thema ist das *Rhema;* es besteht aus neuen Einheiten. Themafähig sind nur bekannte Elemente, die freilich in der Textsituation auch neu sein können, da sie noch nicht vorgekommen sind. Rhemafähig sind nur neue Elemente, die in der Textsituation auch bekannt sein können, weil sie in der Situation vorhanden sind.
Diese Verhältnisse kann man sich durch graphische Darstellung veranschaulichen.

neu / bekannt	nicht neu im Text =themafähig	neu im Text =rhemafähig
bekannt für Sprecher und Hörer =themafähig	bekannt und nicht neu =nur themafähig	bekannt und neu =thema-und rhemafähig
nicht bekannt für Sprecher und Hörer =rhemafähig	nicht bekannt und nicht neu =logisch ausgeschlossen	nicht bekannt und neu =nur rhemafähig

Satzgliedfolge und Thema-Rhema-Gliederung

Die Regelung der Satzgliedfolge durch die Thema-Rhema-Gliederung läßt sich vor allem an einfach gebauten Sätzen gut erkennen.

Seine Geburt war glänzend. (Text L 14, Z.1)

Bei der Ermittlung des Thema- und des Rhemabereiches hilft die Umformung in einen Nebensatz und die Einfügung einer Satznegation. Die Satznegation steht dann nämlich immer zwischen Thema und Rhema, wie J.M. Zemb entdeckt hat.

(Ich teile mit), daß seine Geburt glänzend war.
, daß seine Geburt nicht glänzend war.

Thema ist *seine Geburt*. Das Merkmal der Bekanntheit ist dadurch gegeben, daß mit der Nennung einer Person in der Überschrift auch die Tatsache ihrer Geburt vorausgesetzt ist. Als Ausdruck der Bekanntheit dient das Possessivpronomen *seine*, das den Bezug auf Herkules explizit macht. Rhema ist, was über seine Geburt mitgeteilt wird, nämlich, daß sie glänzend war.
Es muß freilich darauf hingewiesen werden, daß die Thema-Rhema-Gliederung in den meisten Sätzen sehr viel komplizierter ist als in dem vorliegenden Beispiel. Bei ihrer Analyse stellt sich rasch das Problem der Überprüfbarkeit der Beurteilung. Von manchen Wissenschaftlern wird daher die Anwendbarkeit der Begriffe Thema und Rhema bezweifelt.

Typen der Thema-Rhema-Progression

Wenn man die Schwierigkeiten bei der Anwendung im einzelnen erst einmal erkennt und akzeptiert, erweist sich die Analyse der Thema-Rhema-Gliederung in Sätzen als hervorragendes Instrument der Textanalyse. Dabei werden Thema und Rhema eines Satzes in Bezug zu Thema und Rhema des vorhergehenden und des folgenden Satzes gesetzt. Bestimmte Grundtypen der Thema-Rhema-Progression im Text kann man sich wiederum leicht vorstellen:

<u>durchlaufendes Thema</u>

Als Textbeispiel ist etwa eine Kurzbiographie vorstellbar:

X wurde ... geboren.
Er besuchte die ... Schule.
Er studierte ... in ... usw.

In diesem Text wäre die Person X durchlaufendes Thema. Jeder Satz brächte zu dem gleichbleibenden Thema eine neue Mitteilung:

T_1 - R_1
T_1 - R_2
T_1 - R_3 usw.

lineare Progression

Bei der linearen Progression wird jeweils das Rhema des vorhergehenden Satzes zum Thema des nächsten Satzes.

T_1 - R_1
T_2 (=R_1) - R_2
T_3 (=R_2) - R_3 usw.

Einen Beispieltext kann man sich etwa nach folgendem Schema vorstellen:

Er (=eine bekannte Person) *traf seinen Freund X.*
X hatte sich ein neues Auto gekauft.
Dieses Auto hat einen neuartigen Motor.
Dieser Motor ...

Hyperthema

Bei diesem Typ wird ein Thema schrittweise entfaltet. Thema der folgenden Sätze sind jeweils Teile des Oberthemas. Als Beispiel kann man sich eine Personenbeschreibung vorstellen, bei der das Hyperthema der Person in Teilthemen wiederaufgenommen wird, z.B. die Haare, das Gesicht, die Kleidung usw.:

T_1 - R_1
T_{1a} - R_2
T_{1b} - R_3 usw.

Thema-Rhema-Progression im Text

In echten Texten kommen im allgemeinen komplexe Verbindungen der verschiedensten Typen von Thema-Rhema-Progression vor. Als Beispiel sei der Text L 9 ansatzweise beschrieben.
Das graue Giebelhaus, in dem Johannes Friedemann aufwuchs ist Thema in Satz 1 und Hyperthema in Satz 2 und 3. Denn die thematischen Elemente dieser Sätze (*Haustür, Diele, Tapeten des Wohnzimmers*) sind Teil des

Hauses. Nur durch diese vorausgesetzte sachliche Gegebenheit können sie überhaupt als bekannt gelten.
Im zweiten Absatz wird in Satz 4 Johannes Friedemann Thema. Seine Bekanntheit wird in typischer Weise durch die Verwendung des Personalpronomens der dritten Person ausgedrückt.
Johannes bleibt durchlaufendes Thema in den verschiedenen Teilen von Satz 4 und in Satz 5. Satz 6 dagegen zeigt einfache lineare Progression. Das thematische Personalpronomen bezieht sich hier auf das rhematische Element *Vater* in Satz 5.
Im dritten Absatz bildet der Garten wieder ein Hyperthema, mit dem allerdings die Thema-Elemente *Johannes* und *die Mutter* verschränkt sind.
Im vierten Absatz bildet *Johannes* wiederum das durchlaufende Thema und das Hyperthema.

Die thematischen und rhematischen Gegebenheiten steuern die Satzgliedfolge im einzelnen Satz, wobei sich auch hier typische Regelungen zeigen. In vielen Fällen bildet die Nominativergänzung (das Subjekt) auch das Thema und steht infolgedessen am Satzanfang:

Seine Hände und Füße ... waren ...
er hatte ...

Muster der Satzgliedfolge

Die Beobachtung der Anfangsstellung der Nominativergänzung kann den Blick darauf lenken, daß die Thema-Rhema-Gliederung die Satzgliedfolge nicht allein bestimmt. Sie wirkt vielmehr innerhalb bestimmter vorgegebener Regeln, die insbesondere die Verbstellung betreffen. Es existieren aber auch Grundmuster der Folge für die nichtverbalen Satzglieder.
Diese Grundmuster sind wiederum in der Nebensatzform mit Endstellung des Verbs am besten erkennbar. Am Anfang steht sehr oft die Nominativergänzung, am Ende vor dem Verb befinden sich die übrigen Ergänzungen, während die Angaben dazwischen angeordnet sind. Für die Angaben gilt eine Folge Temporal-, Kausal-, Lokal-, Modal-, Instrumentalangabe als Grundmuster. Diese Verhältnisse lassen sich wiederum nur mit konstruierten Beispielen klar veranschaulichen, weil in echten Sätzen in Texten die Grundmuster durch die Thema-Rhema-Gliederung überlagert werden.

(Ich erwarte,)
daß Karl das Buch in die Bibliothek zurückbringt.
daß Karl morgen das Buch in die Bibliothek zurückbringt.
daß Karl morgen durch seine Freundin das Buch in die Bibliothek zurückbringen läßt.

Umstellproben können rasch veranschaulichen, daß je nach Kontext die Temporalangabe *morgen* einen höheren Mitteilungswert besitzen kann.

Möglichkeiten einer Analyse der Satzgliedfolge

Bei der Analyse von Sätzen kann die gegebene Satzgliedfolge auf die Thema-Rhema-Gliederung bezogen werden, indem auf deren äußere Merkmale geachtet wird. Da die Bekanntheit als Voraussetzung der Themafähigkeit vielfach durch den bestimmten Artikel oder das Personalpronomen der dritten Person ausgedrückt wird, kann das Auftreten des bestimmten Artikels oder des Personalpronomens der dritten Person oft als Hinweis auf den Themabereich verstanden werden. Umgekehrt ist der unbestimmte Artikel oft als Indiz für Neuheit im Text und Rhemafähigkeit zu bewerten. Freilich müssen diese Interpretationen immer am Kontext kontrolliert werden.

Beispielanalyse (Text L 9, Z.5f.):

> *Die Tapeten des Wohnzimmers im ersten Stock zeigten verblichene Landschaften, ...*

Der bestimmte Artikel kennzeichnet *Tapeten, Wohnzimmer* und *ersten Stock (im* hier = *in dem*) als bekannt. Sie dürfen als bekannt vorausgesetzt werden, insofern ein Giebelhaus Stockwerke besitzt, ein Haus, in dem jemand aufwächst, ein Wohnzimmer enthalten wird und Wohnzimmer normalerweise tapeziert sind. Der artikellose Ausdruck *verblichene Landschaften* würde im Singular den unbestimmten Artikel haben (*eine verblichene Landschaft).* Er ist neu und gehört zum Rhema.

Der zweite Satz der Satzreihe zeigt genau dieselben Artikelverhältnisse:

> *..., und um den schweren Mahagonitisch mit der dunkelroten Plüschdecke standen steiflehnige Möbel* (Text L 9, Z.6f.)

um den schweren Mahagonitisch mit der dunkelroten Plüschdecke
Es steht jeweils der bestimmte Artikel, es handelt sich also um den Themabereich.

steiflehnige Möbel
Das Substantiv steht artikellos, was als Plural des unbestimmten Artikels aufzufassen ist. Der Ausdruck gehört also zum Rhemabereich.
Damit ist für diesen Satz auch erklärt, warum die Nominativergänzung hier erst nach dem Verb steht.

Literaturhinweise: sieh Kapitel VII.3.

3. Satzbedeutung

Satzstruktur und Satzbedeutung

Mit der Ermittlung der Satzglieder und der Bestimmung ihrer syntaktischen Funktion ist zunächst die Struktur eines Satzes erfaßt. Die Identifizierung eines Satzgliedes beispielsweise als valenzbedingte Akkusativergänzung sieht von der Bedeutung des Verbs und der Akkusativergänzung weitgehend ab. Semantische Aspekte werden aber bereits bei den Adverbialergänzungen und bei den Angaben berücksichtigt, wenn sie als lokal, temporal, kausal oder modal klassifiziert werden. Bei der Analyse des verbalen Satzkerns stehen die semantischen Funktionen von Tempus- und Modusformen, von Modalverben oder Funktionsverbgefügen im Mittelpunkt.
Auf der Ebene des Satzgefüges steht bei der Analyse zunächst ebenfalls die Aufdeckung der Struktur im Vordergrund, nämlich die Ermittlung des Trägersatzes, die Unterscheidung der eingebetteten Sätze nach dem Grad ihrer Einbettung, die Feststellung der Koordination oder Subordination von Gefügeteilen usw. In der Klassifizierung von Angabesätzen als temporal, kausal usw. wird aber die Bedeutung auch schon berücksichtigt.
Es stellt sich aber jetzt die Frage nach der Satzbedeutung überhaupt. Sätze vermitteln als relativ selbständige, abgeschlossene sprachliche Einheiten jeweils einen Sachverhalt. Sie sind Bestandteile eines Textes, dessen Gesamtinhalt sie aufbauen. Der Text ist die Einheit des sprachlichen Handelns, in der ein Sprecher oder Schreiber einem Hörer oder Leser mit einer bestimmten Intention eine selbständige Äußerung übermittelt. Die Beschreibung der Satzbedeutung muß daher stets die Stellung des Satzes im Text berücksichtigen. Insofern der einzelne Satz auch eine Bedeutung hat, kann er aber zunächst auch für sich betrachtet werden.

Der Anteil der lexikalischen Bedeutung

Einfache Beobachtung an beliebigen Sätzen zeigt, daß die Bedeutung des Satzes zunächst einmal von der Bedeutung der in ihm vorkommenden Wörter bestimmt wird. Die auftretenden Substantive bezeichnen vor allem die Größen, über die Aussagen gemacht werden; so beispielsweise in Text L 3: *Hausmeisterin* (Z.1) 'Frau, die für Reinigung und Instandhaltung eines Gebäudes sorgt', *Kragen-Nummer* (Z.3), *Hemden* (Z.4) usw. Den Größen werden mit Adjektiven bestimmte Qualitäten zugesprochen, so beispielsweise in Text L 14: *(eine) weitläufige (Landschaft)* (Z.14) 'eine in verschiedene Richtungen weit ausgedehnte, ausgebreitete Landschaft', *(von allerlei) unnützem (Gesindel)* (Z.15), *(der) berühmte (Kämpfer)* (Z.21) usw. Mit den Verben schließlich werden Zustände, Tätigkeiten oder Vorgänge ausgesagt,

an denen die charakterisierten Größen beteiligt sind, so beispielsweise in Text L 14: *Der berühmte Kämpfer trug nun Wasser, ...* (Z.21)
Die Bedeutung der Wörter konstituiert die Satzbedeutung. Dabei wirken innerhalb des Satzes vor allem die syntagmatischen Bedeutungsbeziehungen, die semantischen Beziehungen der in einem Satz vorkommenden Wörter zueinander. Sie lassen sich vom Verb aus analog zum syntaktischen Valenzbegriff als semantische Valenz verstehen. So verlangt das Verb *tragen* nicht nur syntaktisch in vielen Verwendungen eine Akkusativergänzung; es verlangt vielmehr in Abhängigkeit von seiner jeweiligen Bedeutung Akkusativergänzungen ganz bestimmter Bedeutungsklassen; in Text L 3 (Z.5) erfordert die hier vorliegende Bedeutung 'mit etwas bekleidet sein' eine Akkusativergänzung, die ein Kleidungsstück bezeichnet (*Hemden*); in Text L 14 (Z.21) ist diese Bedeutung des Verbs durch die Bedeutung der Akkusativergänzung *Wasser* ausgeschlossen, hier kann *tragen* nur die Bedeutung 'etwas irgendwohin bringen' haben.

Satzbedeutung und Textverflechtung

Sätze bestehen aber nicht nur aus Wörtern, die unmittelbar außersprachliche Verhältnisse bezeichnen wie *Hausmeisterin, tragen, weitläufig*. Daneben stehen Wörter wie *er, hieraus* usw., die nur eine allgemeine Verweisfunktion besitzen; sie erhalten eine konkrete Bezeichnungsfunktion nur im jeweiligen Kontext. Die Satzbedeutung kann daher nur unter Berücksichtigung des Kontextes vollständig erfaßt werden. An Elementen wie dem Personalpronomen der dritten Person werden also zugleich sprachliche Mittel erfaßt, die die Sätze miteinander verflechten und so am Aufbau eines Textes mitwirken. Weitere derartige Mittel sind beispielsweise Possessivpronomen, Pronominaladverbien sowie Adverbien überhaupt.

ihr (neuer Freund) (Text L 3, Z.3f.) verweist zurück auf das feminine Substantiv *Hausmeisterin* (Z.1); erst durch diesen Bezug wird das Syntagma *ihr neuer Freund* und damit der ganze Satz verständlich.

hieraus (Text L 14, Z.13) verweist zurück auf den gesamten Inhalt des vorhergehenden Satzes, wie eine Ersatzprobe leicht veranschaulichen kann: *Heutzutage würde freilich aus der gründlichen Reinigung eines Stalles wenig Wesens gemacht.*

Später (Text L 1, Z.11) weist zurück auf das vorhergehende Geschehen und ordnet den Inhalt des vorliegenden Satzes zeitlich danach ein.

Textsyntaktische Verknüpfung leisten ferner vor allem die Konjunktionen. Subordinierende Konjunktionen verknüpfen Sätze innerhalb von Satzgefügen; koordinierende Konjunktionen treten in Satzreihen auf; sie können auch selbständige, voneinander getrennte Sätze oder Satzgefüge miteinander verbinden:

Er kann nicht kommen. Denn er ist krank.

Textzusammenhänge werden schließlich auch durch die semantische Funktion der Wörter vermittelt, indem Wörter wiederholt werden oder indem Wörter mit ähnlicher, miteinander zusammenhängender Bedeutung aufeinander verweisen. Es sind Wörter, die ihrer Bedeutung nach in gleichen Umgebungen auftreten können, also in paradigmatischer semantischer Beziehung stehen. In Text L 14 wird beispielsweise das Wort *Sohn* (Z.2) von dem Wort *Junge* (Z.5) aufgenommen; die Bezeichnung *Athlet* (Z.18) wird durch das Wort *Kämpfer* (Z.21) variiert. Dabei werden die paradigmatischen Bedeutungsbeziehungen der Wörter für den Aufbau des Textzusammenhanges genutzt.

Bedeutungsbeschreibung eines Satzgefüges

Seit jedoch ihr neuer Freund darauf gekommen ist, daß man im Sommer die Hemden auch offen tragen könne, sind schon wiederum zwei neue seidene, die ich erst kürzlich in Gebrauch nahm, in der Waschanstalt verloren gegangen. (Text L 3, Z.3-7)

Innerhalb dieses komplexen Satzes bestehen Beziehungen, die bei der Analyse zu berücksichtigen sind:
Der *daß*-Satz ist durch das Korrelat *darauf* als Präpositionalergänzung in den *seit*-Satz eingebettet. Das Relativpronomen *die* bezieht sich numeruskongruent auf das Syntagma *zwei neue seidene*, zu dem der Relativsatz Attribut ist. Das Syntagma selbst ist Attribut zu einem Kern *Hemden,* der im vorhergehenden Teilsatz als Akkusativergänzung bereits vorkam und nicht wiederholt wird.
Der Satz bildet den zweiten und letzten Satz des gesamten Textes. Er ist mit dem vorhergehenden Satz vielfältig verbunden. Die im Personalpronomen *ich* hergestellte Beziehung auf den Sprecher ist auch im ersten Satz bereits in dem Possessivpronomen *mein* und in den Personalpronomen *mich* und *mir* gegeben. Das Possessivpronomen *ihr* stellt eine Beziehung zu dem Femininum *Hausmeisterin* her. Die Bezeichnung *ihr neuer Freund* nimmt inhaltlich auf die Aussage der Scheidung von ihrem Manne Bezug. Ebenso ist eine inhaltliche Verbindung zwischen *Hemden* und *Kragen-Nummer* gegeben.
Der erste Satz setzt den Ausdruck *meine Hausmeisterin* als bekannte Größe voraus und macht ihn zum Thema. Rhema ist die Mitteilung der Scheidung

und die Erklärung der Bedeutung dieses Faktums für den Sprecher, *eine gewisse Erleichterung*. In dem zu besprechenden zweiten Satz knüpft die Modalitätsangabe *jedoch* thematisch an die erwartete Erleichterung an und kennzeichnet sie als irrig; der gesamte Inhalt des zweiten Satzes ist, von diesem Rückbezug abgesehen, neu, also Rhema.
Auch in den einzelnen Teilsätzen sind die Satzglieder thematisch - rhematisch angeordnet. Die Pronomen *man* (Z.4) und *ich* (Z.5) bilden jeweils als bekannte Größen das Thema der entsprechenden Teilsätze und stehen in ihnen daher ganz am Anfang.

Temporal bezieht der Sprecher den Inhalt des Textes auf einen Bezugszeitpunkt im Jetzt, der als mit dem Sprechzeitpunkt identisch angesehen werden kann. Vor diesem Bezugszeitpunkt ist die Scheidung erfolgt (*hat ... scheiden lassen*: Perfekt); diese Tatsache *bedeutet* (Präsens) jetzt für den Sprecher *Erleichterung*, da eine von dem Mann ausgehende Beeinträchtigung, die auf der Übereinstimmung der Kragennumer beruht, somit in einen Bezugszeitpunkt des Damals gerückt ist: *war* (Präteritum). Neue Beeinträchtigung gilt aber wiederum für das Jetzt: *ist darauf gekommen, sind verloren gegangen*; die Perfektformen kennzeichnen vor dem Sprechzeitpunkt eingetretene Ereignisse, deren Ergebnisse im Sprechzeitpunkt fortbestehen. Sie sind durch die Konjunktion *seitdem* in eine zeitliche Abfolge gebracht.
Mit einer Ausnahme enthält der Text nur Indikativformen; der Konjunktiv *könne* (Z.5) kennzeichnet den betreffenden Satz wohl als Wiedergabe einer Äußerung des neuen Freundes:

Man kann im Sommer die Hemden auch offen tragen (o.ä.)

Im übrigen gibt der Sprecher keine Einschränkung der Geltung der Aussagen; die Indikativformen zeigen deutlich, daß die Aussagen als der Wirklichkeit entsprechend verstanden werden sollen: Bewertungen durch den Sprecher erfährt nicht die Geltung, sondern das Geschehen selbst. Der weiterführende Relativsatz *was für mich insoferne eine gewisse Erleichterung bedeutet, als ...* (Z.1f.) leistet eine derartige Kommentierung unmittelbar. In dem zweiten Satz ist sie indirekt in dem Modalwort *jedoch* erkennbar, wonach der Fortgang des Geschehens nicht mit den Erwartungen des Sprechers übereinstimmt.
Dieses weitere Geschehen kann nur in vordergründiger Interpretation der Indikativformen vom Sprecher als für wirklich zu halten gemeint sein. Vielmehr ist dem ersten Satz aus den Elementen 'Mann der Hausmeisterin' und 'gemeinsame Kragen-Nummer' sowie der Erleichterung über die Scheidung zu entnehmen, daß dem Sprecher Hemden abhanden gekommen waren, ohne daß dies ausdrücklich gesagt würde. Entgegen den Erwartungen des Sprechers setzt sich aber der Verlust seiner Hemden fort, wenn

auch die Hausmeisterin offenbar die Schuld auf die Waschanstalt schiebt. Die überwiegend rhematische Funktion dieses zweiten Satzes ist darin begründet, daß zahlreiche Aussagen als bekannt vorausgesetzt werden. Der Text erweist sich, wie schon in seinen textsyntaktischen Beziehungen, als äußerst knapp und verdichtet, wie es in der Bezeichnung als *Kürzestgeschichte* durch den Autor selbst ausgedrückt ist. Insofern lohnt sich bei einem solchen Text eine genaue syntaktische Analyse besonders. Sie soll natürlich nicht die Textverdichtung durch banale Ausformulierung aufheben, sondern durch Kennzeichnung ihrer Mittel gerade bewußt und nachvollziehbar machen.

Literaturhinweise

W. Admoni, Der deutsche Sprachbau, § 66-68.
R. Bergmann - P. Pauly - M. Schlaefer, Einführung in die deutsche Sprachwissenschaft, S. 69-78.
K. Brinker, Linguistische Textanalyse.
H. Brinkmann, Die deutsche Sprache, S. 474-505, 704-887.
I. Dal, Kurze deutsche Syntax, § 125-131.
Duden. Grammatik, Nr. 1328-1337.
Einführung in die Grammatik, S. 288-311.
P. Eisenberg, Grundriß der deutschen Grammatik, S. 397-437.
U. Engel, Deutsche Grammatik, S. 31-176, 303-355, 356-384.
J. Erben, Deutsche Grammatik, § 509-525, 628-650.
H.-W. Eroms, Funktionale Satzperspektive.
W. Flämig, Grammatik des Deutschen, S. 236-249.
H. Glinz, Die innere Form des Deutschen, S. 136-147, 416-451.
Grundzüge einer deutschen Grammatik, S. 702-764.
E. Hentschel - H. Weydt, Handbuch der deutschen Grammatik, S. 394-396.
W. Jung, Grammatik der deutschen Sprache, Nr. 287-329.
O. I. Moskalskaja, Textgrammatik.
H. Paul, Deutsche Grammatik, III, § 56-75.
J.M. Zemb, Satz - Wort - Rede.
J.M. Zemb, Vergleichende Grammatik, Teil 1.

VIII. Analysebeispiele für komplexe Sätze

Die Beispiele gehen von komplexen Sätzen einfacher Art, mit nur zwei finiten Verben, schrittweise zu komplizierteren Gesamtsätzen und schließlich zu umfangreicheren Perioden vor. Der Kommentar zur Analyse ist bei den ersten Beispielen ausführlicher gehalten und berücksichtigt besonders auch die Vorgehensweise und die Analyseverfahren. Bei den komplizierteren Perioden beschränkt der Kommentar sich auf die knappe Erläuterung von Besonderheiten und Problemfällen. Gelegentlich ergibt sich auch die Notwendigkeit, bisher noch nicht behandelte syntaktische Phänomene zu erläutern und entsprechende Termini einzuführen. Diese Stellen sind auch über das Sachregister auffindbar. Alle Sätze sind Texten im Anhang (IX.) entnommen.

Komplexe Sätze mit zwei finiten Verben

Text L 9, Satz 3:

Die Tapeten des Wohnzimmers im ersten Stock zeigten verblichene Landschaften, und um den schweren Mahagonitisch mit der dunkelroten Plüschdecke standen steiflehnige Möbel.

Der Satz enthält zwei finite Verben (*zeigten, standen*), die sich beide in Zweitstellung befinden. Da Merkmale einer Abhängigkeit fehlen, sind beide Sätze als selbständige Sätze anzusehen. Sie sind durch die koordinierende Konjunktion *und* zu einer Satzreihe verbunden. Die Gesamtstruktur läßt sich vorläufig so darstellen:

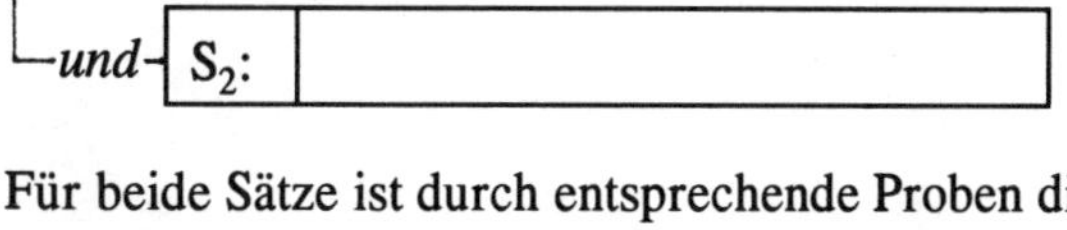

Für beide Sätze ist durch entsprechende Proben die Zweitstellung des Verbs zu sichern, es sind die Satzglieder zu ermitteln und zu klassifizieren.

Satz 1:
Sicherung der Zweitstellung des Verbs, Ermittlung der Satzglieder durch Umstellprobe:

> *verblichene Landschaften zeigten die Tapeten des Wohnzimmers im ersten Stock*

Klassifizierung der Satzglieder durch Ersatzproben:

sie	*zeigten*	*das*
Nom.		Akk.

zeigen in der Bedeutung 'sehen lassen' ist zweiwertig und fordert eine Nominativ- und eine Akkusativergänzung: *jemand / etwas zeigt etwas*. Satz 1 hat demnach folgende Satzgliedstruktur und Satzgliedfolge:

S_1	E_{Nom} - V_{fin} - E_{Akk}

Satz 2:
Sicherung der Zweitstellung des Verbs, Ermittlung der Satzglieder durch Umstellprobe:

> *steiflehnige Möbel standen um den schweren Mahagonitisch mit der dunkelroten Plüschdecke*

Klassifizierung der Satzglieder durch Ersatzproben:

dort	*standen*	*sie*
Adv.		Nom.

stehen in der Bedeutung 'sich an einem bestimmten Ort befinden' ist zweiwertig und verlangt eine Nominativ- und eine Adverbialergänzung: *jemand / etwas steht irgendwo*. Satz 2 hat demnach folgende Satzgliedstruktur und Satzgliedfolge:

S_2	E_{Adv} - V_{fin} - E_{Nom}

Die Satzreihe ist, wie gesagt, durch *und* verbunden:

	S_1	E_{Nom} -	V_{fin} -	E_{Akk}
		Die Tapeten des Wohnzimmers im ersten Stock	*zeigten*	*verblichene Landschaften*
und	S_2	E_{Adv} -	V_{fin} -	E_{Nom}
		um den schweren Mahagonitisch mit der dunkelroten Plüschdecke	*standen*	*steiflehnige Möbel*

Die Analyse könnte nun noch weiter die nominalen Satzglieder auf ihre Attribute hin untersuchen (vgl. Kapitel VI.1). Tempus und Modus der Verben sind entsprechend Kapitel V.1 und V.2 zu interpretieren. Dabei ist der Textzusammenhang der Satzreihe zu beachten, der auch ihre Thema-Rhema-Struktur und die Satzgliedfolge bestimmt (vgl. Kapitel VII.1 und VII.2).

Text L 9, Satz 1:

Das graue Giebelhaus, in dem Johannes Friedemann aufwuchs, lag am nördlichen Tore der alten, kaum mittelgroßen Handelsstadt.

Der Satz enthält zwei finite Verben, von denen eines (*aufwuchs*) sich in Endstellung befindet. Da der betreffende Teilsatz am Anfang eine als Relativpronomen erkennbare Fügung (*in dem*) enthält, handelt es sich offenbar um einen abhängigen Satz. Für das zweite finite Verb (*lag*) ist daher Zweitstellung zu vermuten. Der betreffende Satz wäre dann der Trägersatz eines Satzgefüges.
Das Relativpronomen des abhängigen Satzes kongruiert im Numerus (Singular) und im Genus (Neutrum) mit dem vorangehenden Bezugswort *Giebelhaus*. Der Relativsatz ist weglaßbar, wobei das Bezugswort im Satz erhalten bleibt: *Das graue Giebelhaus lag* ... Umstellproben und Ersatzproben führen für den Trägersatz zu folgendem Befund:

am nördlichen Tore der alten, kaum mittelgroßen Handelsstadt lag das graue Giebelhaus, in dem ...
es (Nom.) *lag dort* (Adv.)

liegen 'an einem Punkt zu finden sein, seine Lage haben'
etwas liegt irgendwo

S	E_{Nom} - V_{fin} - E_{Adv}

Der als Attributsatz zur E_{Nom} fungierende Relativsatz wird für sich nach demselben Verfahren analysiert:

Johannes Friedemann wuchs in dem auf
er wuchs dort auf
wo (Adv.) *er* (Nom.) *aufwuchs*

aufwachsen 'heranwachsen, groß werden'
jemand wächst auf

Das einwertige Verb *aufwachsen* erfordert nur eine Nominativergänzung. Das Satzglied *in dem* ist eine Lokalangabe, wie der Geschehenstest zeigt (Kapitel III.2): *er wuchs auf, und das geschah dort.* Der Attributsatz hat demnach folgende Satzstruktur und Satzgliedfolge:

Attr-S m.Rel-Pron	A_{lok} - E_{Nom} - V_{fin}

Für die Gefügedarstellung wird der Attributsatz dem Satzglied des Trägersatzes zugeordnet, das sein Kern ist:

S	E_{Nom} - m.Attr-S	V_{fin} -	E_{Adv}
	Das graue Giebelhaus	*lag*	*am nördlichen Tore der alten, kaum mittelgroßen Handelsstadt*

Attr-S m.Rel-Pron	A_{lok} -	E_{Nom} -	V_{fin}
	in dem	*Johannes Friedemann*	*aufwuchs*

Text L 9, Satz 12:

Obgleich sein Gesicht so jämmerlich zwischen den Schultern saß, war es doch beinahe schön zu nennen.

Das Satzgefüge enthält einen abhängigen Satz, der an der einleitenden subordinierenden Konjunktion *obgleich* und an der Endstellung des finiten Verbs (*saß*) erkennbar ist. Er nimmt die erste Satzgliedposition vor dem in Zweitstellung befindlichen finiten Verb (*war*) des Trägersatzes ein. Umstell- und Ersatzproben führen zu folgendem Ergebnis:

Sein Gesicht (es) war doch beinahe schön zu nennen, obgleich es (sein Gesicht) so jämmerlich zwischen den Schultern saß.
Beinahe schön war sein Gesicht (es), obgleich es (sein Gesicht) so jämmerlich zwischen den Schultern saß, doch zu nennen.
Trotzdem war es doch beinahe schön zu nennen.

Der Verbalkomplex *war zu nennen* drückt eine Notwendigkeit oder Möglichkeit aus, wie die Ersetzbarkeit durch die Modalverben *müssen* und *können* zeigt. Dabei wird das Verb in das Passiv gesetzt:

Trotzdem mußte / konnte es doch beinahe schön genannt werden.

nennen in der Bedeutung 'als etwas bezeichnen' ist in der Aktivkonstruktion dreiwertig, in der Passivkonstruktion zweiwertig:

jemand	*nennt*	*jemanden/etwas*	*etwas*
E_{Nom}		E_{Akk}	präd. E_{Akk} E_{Adj}

z.B. *er nennt ihn einen Lügner*
er nennt ihn verlogen

jemand/etwas	*wird*	*etwas genannt*
E_{Nom}		präd. E_{Nom} E_{Adj}

z.B. *er wird ein Lügner genannt*
sein Gesicht wird schön genannt

Der Trägersatz enthält also folgende valenzbedingten Satzglieder:

S	- V_{fin} - E_{Nom} - - E_{Adj} - V_{Inf}

Der *obgleich*-Satz ist als Satzglied bestimmt, er ist also Gliedsatz. Da er nicht valenzbedingt ist, handelt es sich um einen Angabesatz, wie auch die Weglaßbarkeit (bei entsprechender anderer Erststellenbesetzung) zeigt: *Es war doch beinahe schön zu nennen.* Entsprechend der Bedeutung der Konjunktion *obgleich* handelt es sich um einen konzessiven Angabesatz. Er drückt aus, daß der in ihm bezeichnete Sachverhalt nicht die zu erwartende Folge hat. Konzessivsätze werden im weiteren Sinne zu den Kausalsätzen gerechnet.

Das Satzgefüge kann nun soweit beschrieben werden:

AS m. Konj. *obgleich*	

S	A_{kaus} - =AS	V_{fin} -	E_{Nom} -	-	E_{Adj} -	V_{Inf}

Die Satzglieder des Angabesatzes sind aufgrund entsprechender Proben und der Valenzanalyse:

E_{Nom} -	A_{mod} -	E_{Adv} -	V_{fin}
sein Gesicht	*so jämmerlich*	*zwischen den Schultern*	*saß*

Es bleibt noch im Trägersatz das Wort *doch* zu bestimmen.
Umstellproben sind in beschränktem Umfang möglich:
Doch war sein Gesicht, obgleich es..., beinahe schön zu nennen.

doch ist erststellenfähig und somit Satzglied. Es erweist sich aber in bestimmter Weise mit dem *obgleich*-Satz verbunden. In dem vorhandenen Gefüge könnte *doch* weggelassen werden: *Obgleich ..., war es beinahe schön zu nennen.* Umgekehrt könnte auch der *obgleich*-Satz fehlen oder beispielsweise selbständig vorangehen: *Sein Gesicht saß ... Doch war es beinahe schön zu nennen.*
Ein Element, das in derselben Funktion wie ein anderes auftritt, es nur wiederaufnimmt oder in manchen Fällen auch seine Satzgliedposition ersatzweise füllt, wird Korrelat genannt. Es kann demnach nur in derselben Weise wie sein Bezugselement bestimmt werden.
Das Satzgefüge kann nun abschließend dargestellt werden:

AS m.Konj.*ob-gleich*	E_{Nom} -	A_{mod} -	E_{Adv} -	V_{fin}
	sein Gesicht	*so jämmerlich*	*zwischen den Schultern*	*saß*

S	A_{kaus} - =AS	V_{fin} -	E_{Nom} -	A_{kaus} - Korrelat	E_{Adj} -	V_{Inf}
		war	*es*	*doch*	*beinahe schön*	*zu nennen*

Komplexe Sätze mit drei finiten Verben

Text L 9, Satz 7:

Hinter dem Hause war ein kleiner Garten, in dem man während des Sommers einen guten Teil des Tages zuzubringen pflegte, trotz des süßlichen Dunstes, der von einer nahen Zuckerbrennerei fast immer herüberwehte.

Von den drei finiten Verben des komplexen Satzes befindet sich eins in Zweitstellung (*war*) und weist somit auf einen selbständigen Satz. Die Verben *pflegte* und *herüberwehte* befinden sich in Endstellung. Es liegen Nebensätze vor, die durch Relativpronomen eingeleitet sind (*in dem, der*). Ihre Weglaßbarkeit und die Kongruenz der Relativpronomen mit ihren Bezugswörtern in Genus und Numerus erweisen sie als Attributsätze: *Garten, in dem ...; Dunstes, der ...*
Aufgrund der Position des Syntagmas *trotz des süßlichen Dunstes* ist die Gefügestruktur nicht auf Anhieb durchsichtig. Die Umstellprobe zeigt, daß dieses Syntagma Satzglied des vorhergehenden Nebensatzes ist, aus dem es als Nachtrag ausgeklammert ist. Der mit *der* beginnende Attributsatz ist demnach Teil eines Satzgliedes des *in dem*-Attributsatzes. Diese hierarchische Struktur mit einem Nebensatz ersten und einem zweiten Grades läßt sich auch an der schrittweisen Weglaßbarkeit erkennen, bei der der Nebensatz ersten Grades ohne den zweiten Grades stehen kann, aber nicht umgekehrt der zweiten Grades ohne den ersten Grades.

> *Hinter dem Hause war ein kleiner Garten, in dem man während des Sommers trotz des süßlichen Dunstes, der von einer nahen Zuckerbrennerei fast immer herüberwehte, einen guten Teil des Tages zuzubringen pflegte.*

> *Hinter dem Hause war ein kleiner Garten, in dem man während des Sommers trotz des süßlichen Dunstes einen guten Teil des Tages zuzubringen pflegte.*
> *Hinter dem Hause war ein kleiner Garten.*

Die einzelnen Teilsätze lassen sich mit den üblichen Verfahren analysieren:

S	E_{Adv} - V_{fin} - E_{Nom}

Attr-S_1 m.Rel-Pron	E_{Adv} - E_{Nom} - A_{temp} - E_{Akk} - V_{Inf} V_{fin} - A_{mod}

Attr-S_2 m.Rel-Pron	E_{Nom} - E_{Adv} - A_{temp} - V_{fin}

Bei der Gefügedarstellung werden die Attributsätze ihren Bezugswörtern zugeordnet:

S	E_{Adv} -	V_{fin} -	E_{Nom} m. Attr-S
	Hinter dem Hause	*war*	*ein kleiner Garten*

Attr-S 1.Grades m.Rel-Pron	E_{Adv} -	E_{Nom}	- A_{temp}	- E_{Akk} -	$V_{Inf}V_{fin}$	- A_{kaus} m.Attr-S
	in dem	*man*	*während des Sommers*	*einen guten Teil des Tages*	*zuzubringen pflegte*	*trotz des süßlichen Dunstes*

Attr-S 2.Grades m.Rel-Pron	E_{Nom}	- E_{Adv}	- A_{temp}	- V_{fin}
	der	*von einer nahen Zukkerbrennerei*	*fast immer*	*herüberwehte.*

Text L 9, Satz 6:

Er befand sich im Himmel, sagte die Mutter, und erwartete dort sie alle.

In diesem komplexen Satz ist kein finites Verb in Endstellung zu beobachten, vielmehr befinden sich alle in Zweitstellung. Wenn das Verb *sagte* in Zweitstellung steht, muß der davor befindliche Satz Gliedsatzcharakter haben. Das entspricht der intuitiven Feststellung, daß das Verb *sagte* eine Akkusativergänzung fordert, die hier offenbar satzförmig ist. Der Satz mit dem Verb *erwartete* zeigt einen koordinierenden Anschluß mit *und.* Die Subjektellipse zeigt, daß der Satz mit dem ersten koordiniert ist. Umstellproben und Ersatzproben sichern die Analyse:

Er befand sich im Himmel und [er] erwartete dort sie alle, sagte die Mutter.
Die Mutter sagte, er befand sich im Himmel und erwartete dort sie alle.
Das sagte die Mutter.

Der Trägersatz ist also ein einfacher Satz mit der Struktur:

S	E_{Akk} - V_{fin} - E_{Nom}

Die Akkusativergänzung besteht aus zwei mit *und* koordinierten Sätzen ohne Einleitewort und mit Zweitstellung des Verbs, von denen der zweite nachgestellt ist. Die Verben stehen im Indikativ. Ihr Status als Redewiedergabe wird durch das Verb *sagen* hinreichend verdeutlicht. Die Abhängigkeit der beiden Sätze ließe sich auch durch die Umformung in *daß*-Sätze veranschaulichen. Das ganze Gefüge zeigt somit folgenden Aufbau:

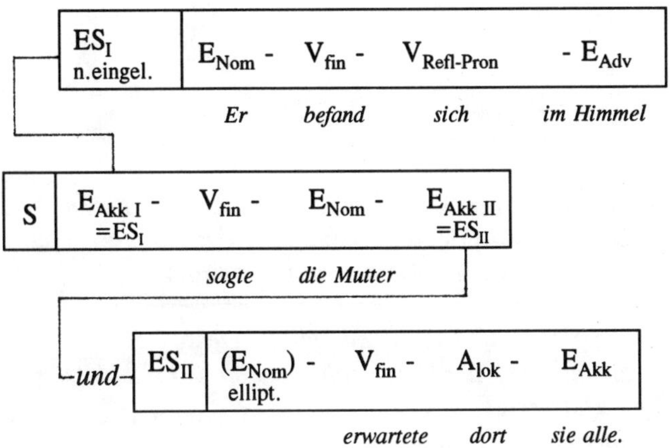

Komplexe Sätze mit vier finiten Verben

Text L 9, Satz 8:

Ein alter, knorriger Walnußbaum stand dort, und in seinem Schatten saß der kleine Johannes oft auf einem niedrigen Holzsessel und knackte Nüsse, während Frau Friedemann und die drei nun schon erwachsenen Schwestern in einem Zelt aus grauem Segeltuch beisammen waren.

Der mit der Konjunktion *während* eingeleitete Teilsatz ist auch an der Endstellung des finiten Verbs *waren* als abhängiger Satz erkennbar. Die übrigen finiten Verben zeigen Zweitstellung. Die Sätze bilden eine Satzreihe, die durch zweimaliges *und* verbunden ist. Es ist dann zu prüfen, von welchem Satz der *während*-Satz abhängt.
Der erste und der zweite Satz haben folgende Strukturen:

	S_1	E_{Nom} - V_{fin} - E_{Adv}
und	S_2	A_{lok} - V_{fin} - E_{Nom} - A_{temp} - E_{Adv}

Die Bestimmung der Satzglieder A_{lok} und E_{Adv} wäre auch umgekehrt denkbar. Sie erfolgt hier im Hinblick auf die Proposition des Satzes, daß nämlich der kleine Johannes auf einem Holzsessel saß.
Der dritte Satz hat dasselbe Subjekt wie der zweite, das aber nicht wiederholt wird, also elliptisch ist. Dadurch und durch das zweite *und* entsteht eine engere Verbindung mit Satz 2:

und	S_3	(E_{Nom}) - V_{fin} - E_{Akk}

Die Satzstrukturen sind bisher insofern unvollständig, als der *während*-Satz unberücksichtigt blieb. Er soll zur Vereinfachung der Umstellproben durch das gleichbedeutende Adverb *währenddessen* ersetzt werden:

S_1: *Ein alter, knorriger Walnußbaum stand währenddessen dort.*
S_2: *und in seinem Schatten saß der kleine Johannes oft währenddessen auf einem niedrigen Holzsessel*
S_3: *und knackte währenddessen Nüsse.*

Nach seiner Bedeutung gehört der *während*-Satz offensichtlich als Angabe gleichzeitigen Geschehens zu Satz 2 und 3: *Während Frau Friedemann und die drei nun schon erwachsenen Schwestern in einem Zelt aus grauem Segeltuch beisammen waren, saß der kleine Johannes in seinem Schatten oft auf einem niedrigen Holzsessel und knackte Nüsse.* Da das Sitzen des Johannes und das Nüsseknacken gleichzeitig stattfinden, bezieht sich auch die Angabe des gleichzeitigen Zusammenseins der Mutter und der Schwestern auf beides. Diese Bedeutungsverhältnisse und die Struktur des komplexen Satzes können etwa so veranschaulicht werden:

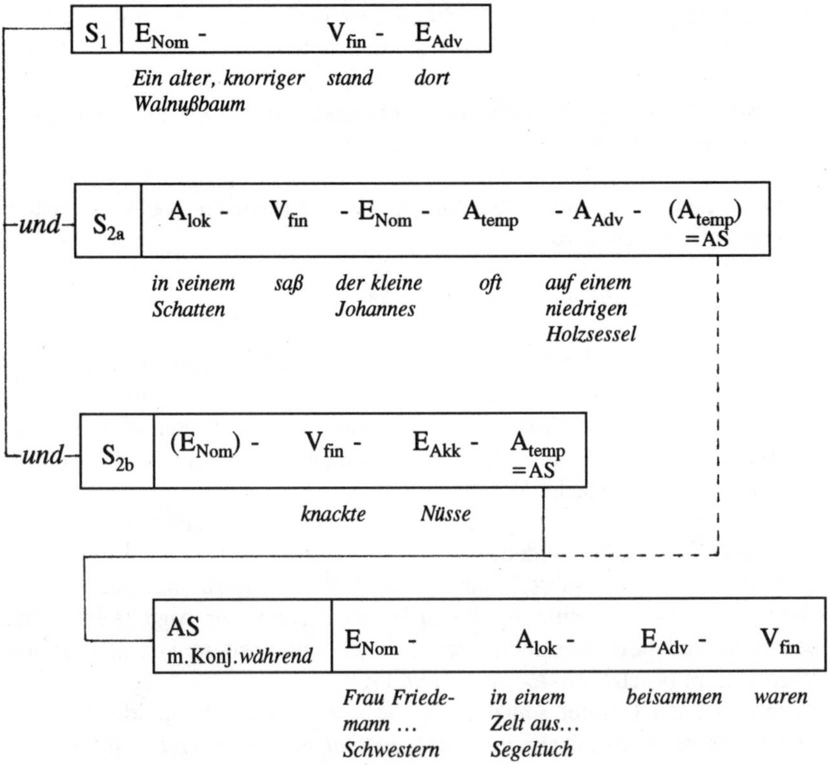

Die engere Zusammengehörigkeit von Satz 2a und 2b ist in der Identität der E_{Nom} begründet, die in 2b elliptisch ist. Sie wird durch die Konjunktion *und* betont. Der *während*-Satz wird dem Satz 2b als Satzglied zugeordnet, weil er ihm unmittelbar folgt. Seine Beziehung zu Satz 2a ist angedeutet.

Text L 9, Satz 10:

Er war nicht schön, der kleine Johannes, und wie er so mit seiner spitzen und hohen Brust, seinem weit ausladenden Rücken und seinen viel zu langen, mageren Armen auf dem Schemel hockte und mit einem behenden Eifer seine Nüsse knackte, bot er einen höchst seltsamen Anblick.

Die finiten Verben *hockte* und *knackte* befinden sich in Endstellung. Das gemeinsame Einleitewort der beiden Sätze ist *wie*, sie sind durch *und* verbunden. Die beiden Sätze lassen sich durch *so* ersetzen, wodurch der

Rest des komplexen Satzes als durch *und* verbundene Satzreihe mit den beiden finiten Verben *war* und *bot* erkennbar wird:

> *Er war nicht schön, der kleine Johannes, und so bot er einen höchst seltsamen Anblick.*

In Satz 1 ist die Nominativergänzung zweimal vorhanden, was bei Umstellproben aufgehoben wird:

> *Der kleine Johannes war nicht schön.*

Der Platz vor dem Verb wird durch das Personalpronomen *er* nur syntaktisch gefüllt, da ein unmittelbarer Rückbezug auf ein Substantiv mit maskulinem Genus im Text nicht gegeben ist. Das Pronomen dient hier als Korrelat. Die inhaltliche Füllung der Nominativergänzung wird durch die Herausstellung ins Nachfeld betont.
Satz 1 enthält ferner die Negation *nicht.* Durch ihre Weglaßbarkeit kann sie als Angabe betrachtet werden: *Der kleine Johannes war schön.* Jedoch stellt sie insofern einen Sonderfall dar, als sie nicht frei umstellbar ist.
Die beiden *wie*-Sätze sind durch den Ersatz durch *so* als Angabe im Satz 2 bestimmt und dort weglaßbar, wobei dann die Position vor dem finiten Verb anders besetzt werden muß: *und er bot ...*
In dem zweiten Teil der Angabe sind die Konjunktion *wie* und die Nominativergänzung *er* elliptisch: *und (wie er) mit einem behenden Eifer seine Nüsse knackte.* Im ersten *wie*-Satz ergibt die Umstellprobe folgende Satzglieder:

> *er hockte so mit seiner ... auf dem Schemel*
> *so hockte er mit seiner ... auf dem Schemel*
> *auf dem Schemel hockte er so mit seiner ...*
> *so, mit seiner ... hockte er auf dem Schemel*

Die Bewertung des *so* als eigenes Satzglied könnte sich auf seine Erststellenfähigkeit berufen. Doch gewinnt *so* dann eine etwas andere Bedeutung als satzeinleitendes Adverb, das die bloße Folge des Geschehens ausdrückt. In diesem Satz bezeichnet *so* aber eher die Art des Hockens, die dann noch ausführlicher beschrieben wird. Das Adverb *so* ist daher eher als Korrelat zu der Modalangabe *mit seiner ...* aufzufassen. Es ist gemeinsam mit ihr erststellenfähig, wenn man eine Pause bzw. eine Komma einfügt.
Der komplexe Satz hat im ganzen folgenden Aufbau:

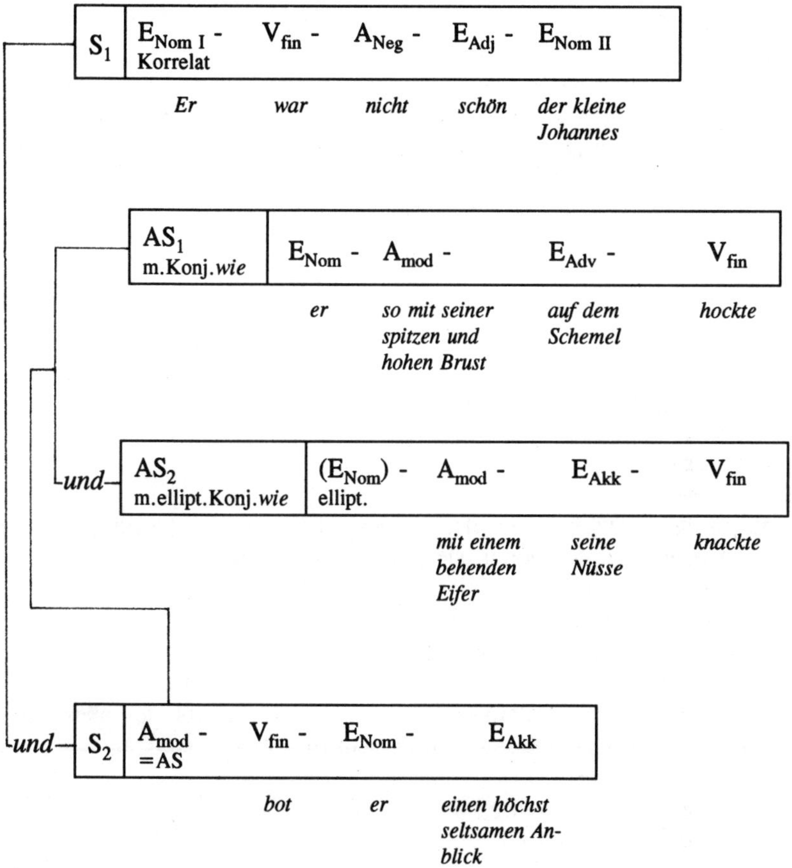
S1
ENom I - Vfin - ANeg - EAdj - ENom II
Korrelat
Er war nicht schön der kleine Johannes
AS1
m.Konj.wie
ENom - Amod - EAdv - Vfin
er so mit seiner spitzen und hohen Brust auf dem Schemel hockte
und
AS2
m.ellipt.Konj.wie
(ENom) - Amod - EAkk - Vfin
ellipt.
mit einem behenden Eifer seine Nüsse knackte
und
S2
Amod - Vfin - ENom - EAkk
=AS
bot er einen höchst seltsamen Anblick

Komplexe Sätze mit sechs bis zehn finiten Verben

Text L 9, Satz 4:

Hier saß er oft in seiner Kindheit am Fenster, vor dem stets schöne Blumen prangten, auf einem kleinen Schemel zu den Füßen seiner Mutter und lauschte etwa, während er ihren glatten, grauen Scheitel und ihr gutes, sanftmütiges Gesicht betrachtete und den leisen Duft atmete, der immer von ihr ausging, auf eine wundervolle Geschichte.

Als abhängige Sätze sind erkennbar an Einleitewort und Verbendstellung:

> *vor dem ... prangten*
> *während ... betrachtete*
> *(während) ... atmete*
> *der ... ausging*

Die mit Relativpronomen eingeleiteten Sätze haben Bezugswörter, zu denen sie als Attributsätze fungieren, sie sind auch weglaßbar:

> *... Fenster, vor dem ... prangten*
> *... Duft atmete, der ... ausging*

Im letzten Fall ist der Relativsatz ausgeklammert, er läßt sich aber durch Aufhebung der Ausklammerung hinter sein Bezugswort stellen:

> *... Duft, der ... ausging, atmete*

Für den *während*-Satz läßt sich aufgrund der Ersetzbarkeit durch *währenddessen* und der Weglaßbarkeit Angabecharakter feststellen. Auf der Trägersatzebene bleibt somit eine Satzreihe:

> *Hier saß er oft in seiner Kindheit am Fenster und lauschte etwa auf eine wundervolle Geschichte.*

Der Attributsatz *vor dem ... prangten* gehört zur Lokalangabe *am Fenster* und ist ein Nebensatz ersten Grades. Der *während*-Satz ist Temporalangabe im zweiten Hauptsatz (*und lauschte währenddessen*), also ebenfalls Nebensatz ersten Grades. Er besteht aus zwei durch *und* verbundenen Teilen, in deren zweitem die Konjunktion *während* und die Nominativergänzung *er* elliptisch sind. Zur Akkusativergänzung des zweiten *während*-Satzes gehört der Attributsatz *der ... ausging*, der also Nebensatz zweiten Grades ist.

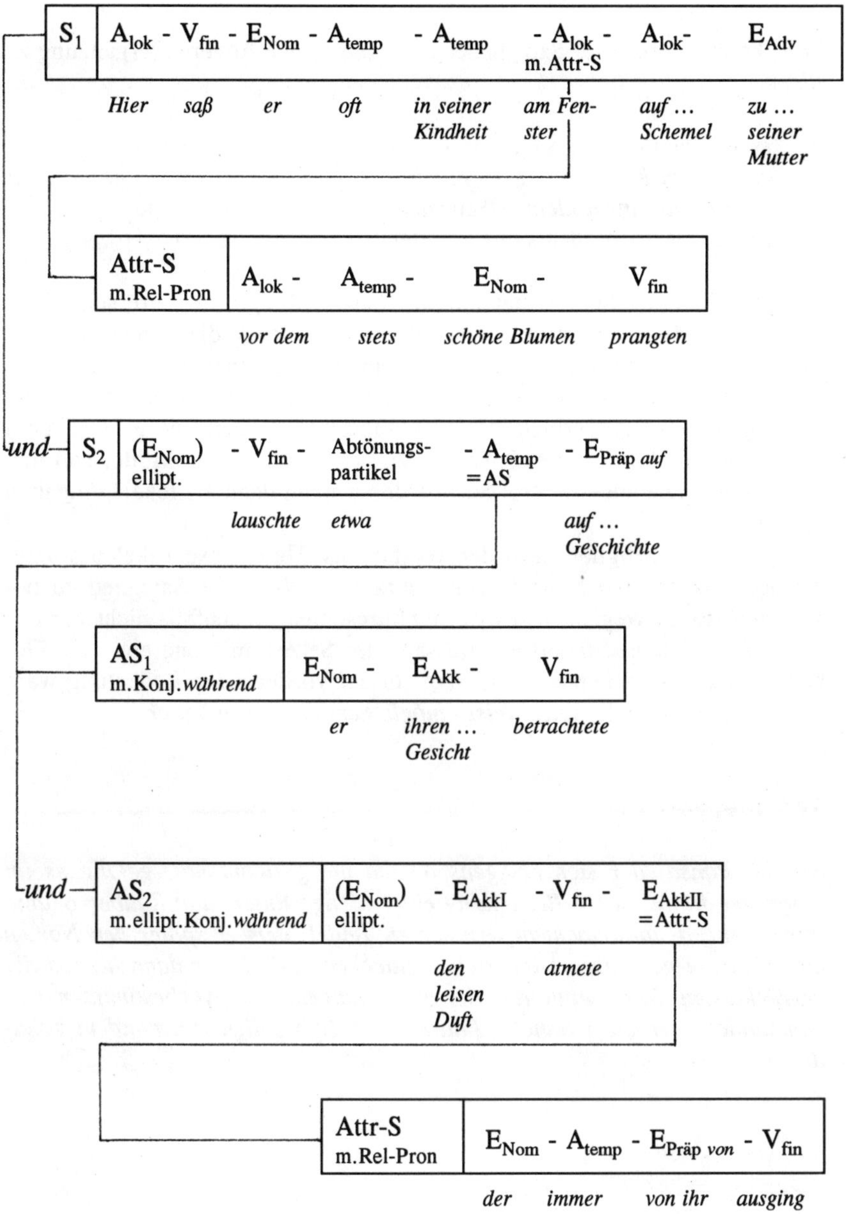
S1 | A lok - V fin - E Nom - A temp - A temp - A lok - m.Attr-S - A lok - E Adv
Hier saß er oft in seiner Kindheit am Fenster auf … Schemel zu … seiner Mutter
Attr-S m.Rel-Pron | A lok - A temp - E Nom - V fin
vor dem stets schöne Blumen prangten
und — S2 | (E Nom) ellipt. - V fin - Abtönungspartikel - A temp =AS - E Präp auf
lauschte etwa auf … Geschichte
AS1 m.Konj. während | E Nom - E Akk - V fin
er ihren … Gesicht betrachtete
und — AS2 m.ellipt.Konj. während | (E Nom) ellipt. - E AkkI - V fin - E AkkII =Attr-S
den leisen Duft atmete
Attr-S m.Rel-Pron | E Nom - A temp - E Präp von - V fin
der immer von ihr ausging

Erläuterungen zur Analyse

In S_1 konkurrieren vier Satzglieder als valenzfähige Adverbialergänzung zu *sitzen*:

er saß hier
er saß am Fenster
er saß auf einem kleinen Schemel
er saß zu den Füßen seiner Mutter

Die Entscheidung beruht hier auf der Satzgliedfolge, die ihrerseits Ausdruck der Mitteilungsstruktur ist. Wenn prinzipiell die semantisch am engsten zum Verb gehörigen Teile dem Satzende am nächsten stehen, erscheint es als plausibel, hier das Syntagma *zu den Füßen seiner Mutter* als valenzgeforderte Adverbialergänzung aufzufassen. Denn es geht in dem Satz darum, daß der kleine Johannes zu den Füßen seiner Mutter saß und ihr zuhörte. Die anderen drei Satzglieder werden dann als lokale Angaben bestimmt.
In S_2 ist *etwa* lediglich nach der Wortart als Abtönungspartikel bestimmt worden. Das Wort ist nur in eingeschränktem Sinne als Satzglied zu bestimmen. Es ist weglaßbar, es ist nicht umstellbar, jedenfalls nicht vor das finite Verb. Es modifiziert die Aussage des Satzes im Sinne einer die Genauigkeit abschwächenden Abtönung. In der vorliegenden Bedeutung wäre es ersetzbar durch *beispielsweise, möglicherweise, womöglich.*

Text L 8, Satz 1:

Sancho Pansa, der sich übrigens dessen nie gerühmt hat, gelang es im Laufe der Jahre, durch Beistellung einer Menge Ritter- und Räuberromane in den Abend- und Nachtstunden seinen Teufel, dem er später den Namen Don Quixote gab, derart von sich abzulenken, daß dieser dann haltlos die verrücktesten Taten aufführte, die aber mangels eines vorbestimmten Gegenstandes, der eben Sancho Pansa hätte sein sollen, niemandem schadeten.

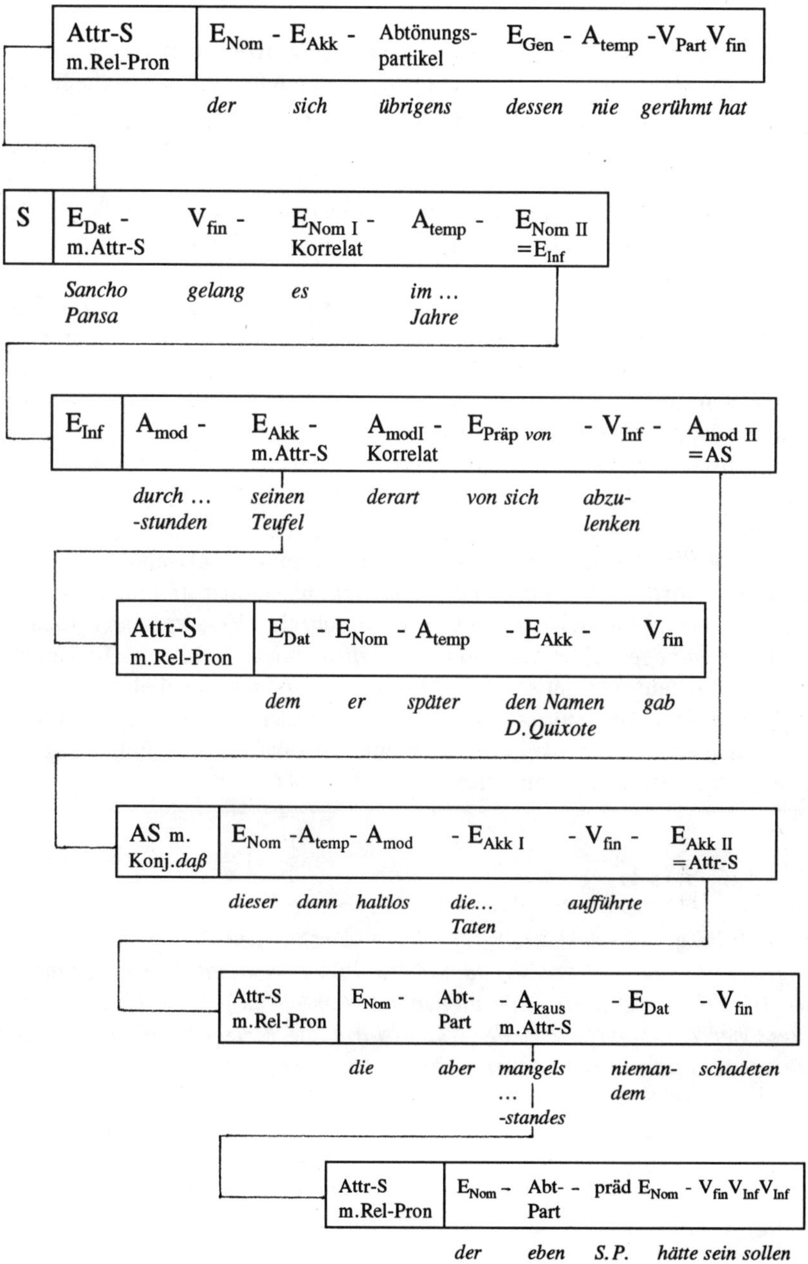
Attr-S m.Rel-Pron
E_{Nom} - E_{Akk} - Abtönungspartikel E_{Gen} - A_{temp} - $V_{Part}V_{fin}$
der sich übrigens dessen nie gerühmt hat
S
E_{Dat} - m.Attr-S V_{fin} - $E_{Nom\ I}$ - Korrelat A_{temp} - $E_{Nom\ II}$ $=E_{Inf}$
Sancho Pansa gelang es im … Jahre
E_{Inf}
A_{mod} - E_{Akk} - m.Attr-S A_{modI} - Korrelat $E_{Präp\ von}$ - V_{Inf} - $A_{mod\ II}$ =AS
durch … -stunden seinen Teufel derart von sich abzu-lenken
Attr-S m.Rel-Pron
E_{Dat} - E_{Nom} - A_{temp} - E_{Akk} - V_{fin}
dem er später den Namen D.Quixote gab
AS m. Konj.daß
E_{Nom} - A_{temp} - A_{mod} - $E_{Akk\ I}$ - V_{fin} - $E_{Akk\ II}$ =Attr-S
dieser dann haltlos die… Taten aufführte
Attr-S m.Rel-Pron
E_{Nom} - Abt-Part - A_{kaus} m.Attr-S - E_{Dat} - V_{fin}
die aber mangels … -standes nieman-dem schadeten
Attr-S m.Rel-Pron
E_{Nom} - Abt-Part - präd E_{Nom} - $V_{fin}V_{Inf}V_{Inf}$
der eben S.P. hätte sein sollen

Erläuterungen zur Analyse

Im Attributsatz zur Dativergänzung des Trägersatzes wird das Reflexivpronomen *sich* als Akkusativergänzung aufgefaßt; als valenzbedingter Satzbauplan liegt zugrunde *jemand rühmt sich einer Sache*; vergleichbar ist mit Ersatz des Reflexivpronomens *jemand rühmt jemanden oder etwas wegen einer Sache.*
Im Trägersatz ist die Position der Nominativergänzung nur durch das Korrelat *es* besetzt, die als Subjekt fungierende Infinitivergänzung ist ausgeklammert.
In der Infinitivergänzung wird der Komplex *durch Beistellung einer Menge Ritter- und Räuberromane in den Abend- und Nachtstunden* als ein Satzglied aufgefaßt, da er geschlossen umstellbar und erststellenfähig ist; eine Annahme von zwei selbständigen Angaben A_{mod} und A_{temp} ist auch inhaltlich weniger wahrscheinlich.
In der Infinitivergänzung ist eine weitere Modalangabe zunächst nur durch das Korrelat *derart* realisiert; der Angabesatz ist ausgeklammert.
In diesem Angabesatz mit der Konjunktion *daß* ist die Akkusativergänzung durch einen Relativsatz attribuiert, der wiederum ausgeklammert ist.
In diesem Attributsatz ist *aber* nur beschränkt umstellbar und nicht erststellenfähig; doch läßt sich seine Funktion durch eine Ersatzprobe verdeutlichen: *die entgegen allen Erwartungen ... niemandem schadeten.* Es handelt sich um eine auf den ganzen Satz bezogene Abtönungspartikel.
In dem diesem Attributsatz untergeordneten letzten Attributsatz wird *eben* auch als Abtönungspartikel aufgefaßt, mit der eine gewisse Folgerung aus dem Vorhergesagten vermittelt wird.

Text L 5, Satz 1:

In Würzburg, wo der Main, die Stadt durchfließend, seinen schönsten Bogen zieht, wo die dreißig patinierten Kirchtürme stadtbeherrschend in den Himmel stoßen und generationenlang sich nichts geändert hat, wo von alters her der Sohn, wenn der Vater starb, die Metzgerei übernahm und führte, bis auch er starb, waren durch den Krieg und seine Folgen Bankguthaben und Sparkassenbücher zu Papier geworden.

Attr-S m.Rel-Adv	A_{lok} -	E_{Nom} -	A_{mod} -	E_{Akk} -	V_{fin}
	wo	*der Main*	*die Stadt durchflie-ßend*	*seinen … Bogen*	*zieht*

Attr-S m.Rel-Adv	A_{lok} -	E_{Nom} -	A_{mod} -	E_{Adv} -	V_{fin}
	wo	*die… Kirch-türme*	*stadtbe-herr-schend*	*in den Himmel*	*stoßen*

-*und*-

Attr-S m.ellipt. Rel-Adv	(A_{lok}) - (ellipt)	A_{temp} -	E_{Akk} -	E_{Nom} -	$V_{Part}V_{fin}$
		genera-tionen-lang	*sich*	*nichts*	*geändert hat*

Attr-S m.Rel-Adv	A_{lok}	- A_{temp} -	E_{Nom} -	A_{temp} =AS	- E_{Akk}	- V_{fin}
	wo	*von alters her*	*der Sohn*		*die Metz-gerei*	*übernahm*

AS m.Konj.*wenn*	E_{Nom} -	V_{fin}
	der Vater	*starb*

-*und*-

Attr-S m.ellipt. Rel-Adv	(A_{lok}) -	(E_{Nom}) -	(E_{Akk}) -	V_{fin} -	A_{temp} =AS
				führte	

AS m.Konj.*bis*	E_{Nom} -	V_{fin}
	auch er	*starb*

S	A_{lok} - m.Attr-S	V_{fin} -	A_{mod} -	E_{Nom} -	$E_{Präp\ zu}$	- V_{Part}
	In Würz-burg	*waren*	*durch … Folgen*	*Bank- … -bücher*	*zu Papier*	*geworden*

Erläuterungen zur Analyse

Die Lokalangabe des Gesamtsatzes ist durch fünf koordinierte Relativsätze attribuiert. Der dritte und fünfte Relativsatz sind durch die Konjunktion *und* angeschlossen, während das als Lokalangabe fungierende Relativadverb hier jeweils weggelassen ist.

Im ersten Attributsatz ist das Syntagma *die Stadt durchfließend* in der 3. Auflage dieses Buches als nachgestelltes Attribut aufgefaßt worden (Umstellprobe: *Der die Stadt durchfließende Main zieht ...*). Angesichts der Umstellmöglichkeit *Die Stadt durchfließend zieht der Main ...* ist das Syntagma wohl eher als Modalangabe aufzufassen, wie auch die Umformung in einen Adverbialsatz zeigt: *wo der Main seinen schönsten Bogen zieht, indem er die Stadt durchfließt.*

Im dritten Attributsatz ist das Reflexivpronomen als Akkusativergänzung bestimmt, da es ersetzbar ist: *jemand oder etwas ändert sich oder jemanden oder etwas.*

In den vierten Attributsatz ist ein temporaler Angabesatz eingebettet.

In dem fünften Attributsatz liegt Ellipse der Lokalangabe und der mit dem vierten Satz identischen Nominativ- und Akkusativergänzungen vor. Ein temporaler Angabesatz ist ausgeklammert. In diesem Satz wird *auch* als Teil der Nominativergänzung verstanden, mit der es gemeinsam erststellenfähig ist: *auch er starb.*

Das gesamte Gefüge ist dadurch charakterisiert, daß die erste Satzgliedstelle des Trägersatzes durch eine außerordentlich umfangreiche Lokalangabe besetzt ist. Die Nominativergänzung ist dadurch fast ans Ende gerückt; sie hat gemeinsam mit der Präpositionalergänzung und dem Verb den höchsten Mitteilungswert; vgl. zu dem temporalen Aufbau des Gefüges Kapitel V.1, Abschnitt 'Analyse von Tempusformen'.

Text S 4, Satz 1:

Die zweite Antwort, die ich mir ausgedacht hatte, war, daß die binokulare Tiefenumkehr zwar tatsächlich binokular sein könnte, also die von beiden Augen gelieferte Information berücksichtigt, daß das Gehirn aber möglicherweise bei allen Querdisparations-Werten einfach die Vorzeichen umkehrt, daß es beide Augen also gewissermaßen verwechselt und annimmt, die vom linken Netzhautbild stammende Information komme vom rechten Auge und umgekehrt.

Attr-S m. Rel-Pron	E_{Akk} -	E_{Nom} -	$V_{Refl\text{-}Pron}$ -	$V_{Part}V_{fin}$
	die	*ich*	*mir*	*ausgedacht hatte*

S	E_{Nom} - m. Attr-S	V_{fin} -	präd E_{Nom} =ES
	Die zweite Antwort	*war*	

ES_1 m. Konj. *daß...zwar*	E_{Nom} -	$A_{Modalität}$	- E_{Adj} -	$V_{Inf}V_{fin}$
	die...Tiefenumkehr	*tatsächlich*	*binokular*	*sein könnte*

ES_2 (*daß*)	(E_{Nom})-	A_{kaus}	- E_{Akk} -	V_{fin}
		also	*die ... Information*	*berücksichtigt*

ES_3 m. Konj. *daß...aber*	E_{Nom}	$A_{Modalität}$	- A_{lok} -	Abt-Part	- E_{Akk} -	V_{fin}
	das Gehirn	*möglicher-weise*	*bei ... -werten*	*ein-fach*	*die Vor-zeichen*	*um-kehrt*

ES_4 m. Konj. *daß*	E_{Nom}	- E_{Akk} -	A_{kaus}	- Abt-Part -	V_{fin}
	es	*beide Augen*	*also*	*gewissermaßen*	*verwechselt*

und —

ES_5 (*daß*)	(E_{Nom}) -	V_{fin} -	E_{Akk} =ES
		annimmt	

ES nicht eingeleitet	E_{Nom} -	V_{fin} -	E_{Adv}
	die...Information	*komme*	*vom...Auge*

und —

ES	(E_{Nom}) -	(V_{fin}) -	A_{mod} -	(E_{Adv})
			umgekehrt	

Erläuterungen zur Analyse

In dem Attributsatz zur Nominativergänzung des Trägersatzes ist das Reflexivpronomen als Bestandteil des verbalen Komplexes aufgefaßt, da es nicht durch andere Dativergänzungen ersetzbar ist: *jemand denkt sich etwas aus.* Die prädikative Nominativergänzung des Trägersatzes hat Satzform; sie besteht aus fünf koordinierten *daß*-Sätzen (ES_1 - ES_5). Die Koordination wird ausgedrückt durch die dreimalige Wiederholung der Konjunktion *daß*, durch die koordinierenden Konjunktionen *zwar* und *aber* sowie die koordinierende Konjunktion *und.* Im zweiten und fünften Satz liegt Ellipse der Konjunktion und der Nominativergänzung vor.
Im letzten *daß*-Satz ist die Akkusativergänzung durch zwei mit *und* koordinierte nichteingeleitete Ergänzungssätze realisiert. Der zweite Ergänzungssatz zeigt Ellipse bis auf die Modalangabe: *und (die vom rechten Netzhautbild stammende Information komme) umgekehrt (vom linken Auge).* Die Modalwörter *tatsächlich* (ES_1) und *möglicherweise* (ES_3) modifizieren den Geltungsgrad der Aussagen. Sie sind Angaben zur Modalität. Die Abtönungspartikeln *einfach* (ES_3) und *gewissermaßen* (ES_4) sind demgegenüber keine Satzglieder und geben den Aussagen eine bestimmte schwer beschreibbare Färbung. Das Wort *also* wird in beiden Fällen (ES_2 und ES_4) als Kausalangabe aufgefaßt, da es Satzglied ist und eine kausale Beziehung zwischen den Sachverhalten ausdrückt.

Text L 11, Satz 1:

Die Großen, das sind die achtzehnjährige und braunäugige Ingrid, ein sehr reizvolles Mädchen, das zwar vor dem Abiturium steht und es wahrscheinlich auch ablegen wird, wenn auch nur, weil sie den Lehrern und namentlich dem Direktor die Köpfe bis zu absoluter Nachsicht zu verdrehen gewußt hat, von ihrem Berechtigungsschein aber keinen Gebrauch zu machen gedenkt, sondern auf Grund ihres angenehmen Lächelns, ihrer ebenfalls wohltuenden Stimme und eines ausgesprochenen und sehr amüsanten parodistischen Talentes zum Theater drängt - und Bert, blond und siebzehnjährig, der die Schule um keinen Preis zu beenden, sondern sich so bald wie möglich ins Leben zu werfen wünscht und entweder Tänzer oder Kabarett-Rezitator oder aber Kellner werden will: dies letztere unbedingt in »Kairo« - zu welchem Ziel er schon einmal, morgens um fünf, einen knapp vereitelten Fluchtversuch unternommen hat.

S	$E_{Nom\ I}$ -	$E_{Nom\ II}$ - Korrelat	V_{fin} -	präd $E_{Nom\ I}$ m.Attr-S *und*	präd $E_{Nom\ II}$ m.Attr-S
	Die Großen	*das*	*sind*	*die…Mädchen*	*Bert,…-jährig*

-zwar

Attr-S m.Rel-Pron	E_{Nom} -	E_{Adv} -	V_{fin}
	das	*vor dem Abitur*	*steht*

-und

Attr-S	(E_{Nom})	-E_{Akk}	-$A_{Modalität}$ -	Abt-Part	-$V_{Inf}V_{fin}$ -	A_{kaus} =AS
		es	*wahrscheinlich*	*auch*	*ablegen wird*	

AS m.Konj.*wenn auch nur weil*	E_{Nom}	-freier-Dativ	E_{Akk}-	A_{mod}-	$V_{Inf}V_{Part}V_{fin}$
	sie	*den…-tor*	*die Köpfe*	*bis…-sicht*	*zu verdrehen gewußt hat*

-aber

Attr-S	(E_{Nom})-	$E_{Präp\ von}$	- E_{Akk}	- $V_{Inf}V_{fin}$
		von…-schein	*keinen Gebrauch*	*zu machen gedenkt*

-sondern

Attr-S	(E_{Nom})	- A_{kaus} -	E_{Adv} -	V_{fin}
		auf…Talentes	*zum Theater*	*drängt*

Attr-S m.Rel-Pron	E_{Nom}	- E_{Akk} -	A_{mod}	- V_{Inf} (V_{fin})
	der	*die Schule*	*um…Preis*	*zu beenden*

-sondern

Attr-S	(E_{Nom})	-E_{Akk}	- A_{temp} -	E_{Adv} -	$V_{Inf}V_{fin}$
		sich	*so…möglich*	*ins Leben*	*zu werfen wünscht*

-und

Attr-S	(E_{Nom})	präd $E_{Nom\ I}$ -	$V_{Inf}V_{fin}$ -	präd $E_{Nom\ II}$ m.weiterf.RS
		entweder…Kellner	*werden will*	*dies…in Kairo«*

weiterf.RS	A_{kaus} -	E_{Nom} -	A_{temp} -	E_{Akk} -	$V_{Part}V_{fin}$
	zu… Ziel	*er*	*schon… fünf*	*einen… -versuch*	*unternommen hat*

Erläuterungen zur Analyse

Die Nominativergänzung des Trägersatzes besteht aus dem substantivierten Adjektiv *die Großen*; sie wird eigens noch einmal durch das als Korrelat fungierende neutrale Pronomen *das* aufgenommen, wodurch die Thematisierung der *Großen* verstärkt und die Spannung auf ihre Charakterisierung erhöht wird. Der Nominativergänzung wird eine sehr komplexe prädikative Nominativergänzung gleichgesetzt, die aus zwei durch *und* verbundenen Teilen besteht. Den ersten Teil bildet das Nominalsyntagma mit dem Kern *Ingrid,* das durch eine Apposition attribuiert ist. Dieser erste Teil ist durch vier koordinierte Relativsätze attribuiert, die durch die koordinierenden Konjunktionen *zwar, und, aber* sowie *sondern* verknüpft sind. Dabei stehen *zwar* und *aber* in einer engeren Beziehung. Allerdings ist *zwar* der Wortart nach eigentlich Adverb und somit satzgliedfähig. Das als Nominativergänzung fungierende Relativpronomen wird im zweiten bis vierten Attributsatz nicht wiederholt.
Der zweite Attributsatz enthält das satzgliedwertige Modalwort *wahrscheinlich* als Modifizierung der Sicherheit der Aussage und die nicht-satzgliedwertige Abtönungspartikel *auch.*
Aus dem zweiten Attributsatz ist ein kausaler Angabesatz ausgeklammert, der durch die Konjunktionen *wenn auch nur weil* eingeleitet wird. Die Einleitung könnte man wohl auflösen und als Ellipse eines ganzen Satzes annehmen: *wenn (sie es) auch nur (deshalb ablegen wird), weil ...*
Dieser Angabesatz weist seinerseits insofern eine Besonderheit auf, als er ein nominales Syntagma im Dativ als Satzglied enthält, das nicht direkt vom Verb abhängt, sondern von einem nominalen Satzglied (deshalb hier als freier Dativ bezeichnet): Hier werden Personen bezeichnet (*den Lehrern ... Direktor*), zu denen ein Körperteil (*die Köpfe*) gehört, der seinerseits Akkusativergänzung zum Verb *verdrehen* ist.
Den zweiten Teil der prädikativen Nominativergänzung des Trägersatzes, dessen Beginn im Text ein Gedankenstrich markiert, besteht aus dem Namen *Bert* als Kern mit nachgestelltem Adjektivattribut und drei koordinierten Relativsätzen in Attributfunktion. Die Relativsätze sind durch die koordinierenden Konjunktionen *sondern* und *und* verbunden. Dem ersten Relativsatz fehlt das finite Verb, das mit dem des zweiten identisch ist; im zweiten und dritten Relativsatz ist das als Nominativergänzung fungierende Relativpronomen nicht wiederholt.
Der dritte Attributsatz hat eine komplexe prädikative Nominativergänzung; sie besteht aus einem ersten Teil mit den durch die Konjunktionen *entweder ... oder ... oder* koordinierten Elementen und aus einem ausgeklammerten Attributteil zu dem dritten Element (*Kellner*) des ersten Teils. An das Präpositionalattribut dieses Attributkomplexes ist ein Relativsatz angeschlossen, der hier als weiterführender Relativsatz bestimmt ist. Die Kausalanga-

be dieses Satzes ist durch *wozu* ersetzbar; dadurch wird der Bezug auf den Inhalt des ganzen Satzes (*Kellner werden in Kairo*) deutlich. Wenn man aber *Ziel* enger auf den Ort *Kairo* und den *Fluchtversuch* bezieht, könnte man den Satz auch als Attributsatz zum Präpositionalattribut *in Kairo* verstehen.

Textsätze / Satztexte

Zum Abschluß der Analysebeispiele werden zwei Sätze behandelt, die jeweils den ganzen betreffenden Text ausmachen, also in diesem Sinne Textsätze sind. Da es sich um Texte handelt, die nur aus einem einzigen Satz bestehen, könnte man sie auch als Satztexte bezeichnen. Die Strukturdarstellung wird nicht weiter kommentiert. Sie ist auch nur soweit auf der Satzgliedebene ausgeführt, als es zur Bestimmung von Gliedsätzen und Gliedteilsätzen nötig ist. Sie bedarf des kritischen Nachvollzugs, bei dem auch die Textebene zu berücksichtigen wäre, insbesondere der Sinn des Textes.

Text L 13:

Fritz, den Jungen aus dem vogtländischen Dorf, der still war, aber fröhlich, der lieber allein spielte, der nicht gelitten war von seinem Vater, der traurig war, der Klavier spielen konnte und es nicht gelernt hatte, der an seiner Mutter hing, der keinen Freund hatte,
Fritz, den Jüngling, der Klavierspieler werden wollte, aber nicht durfte, der, weil der Vater es befahl, Handlungsgehilfe wurde, der in dem Laden des Vaters zu arbeiten hatte, der für den Vater mit einem Motorrad Ware über Land fuhr, der vom Motorrad stürzte, der seinen Vater nicht liebte, weil der ein Trinker war und die Mutter schlug,
Fritz, der sich nicht mehr anziehen wollte wie ein Handlungsgehilfe, der sich nicht mehr glattrasieren mochte, der nicht mehr ins Kontor des Vaters gehen mochte, der einfach übers Feld lief, in den Wald, der erst in der Dunkelheit zurückkam und nichts sagte, der mitten im Winter fortfuhr ohne Mantel und Geld, der von der Polizei aufgegriffen wurde in der Stadt München, der von seinem Vater für verrückt erklärt wurde, der von seinem Vater in eine Irrenanstalt gebracht wurde, Neunzehnhundertdreißig,
Fritz, den Mann, der zwei verschiedene Augen hatte, ein helles und ein dunkles, ein graues und braunes, ein mißtrauisches und ein argloses, der in der Irrenanstalt an allen irre wurde, der in der Irrenanstalt ausgewählt wurde als ein Leben von Unwert, der fortgefahren wurde auf das Schloß Hartheim bei Linz an der Donau, der in dem Schloß mit Gas geduscht

wurde, der im Backofen verbrannt wurde, Neunzehnhundertvierzig, der nach Hause geschickt wurde in einer Urne zu der Mutter und zu dem Vater, Fritz, den habe ich nicht mehr kennengelernt; die anderen haben mir von ihm erzählt.

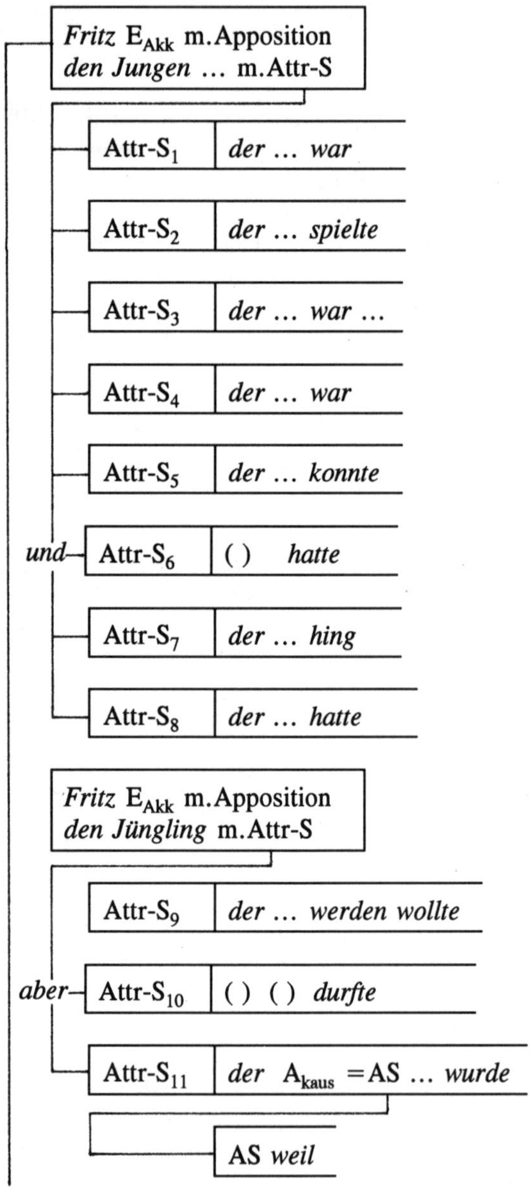

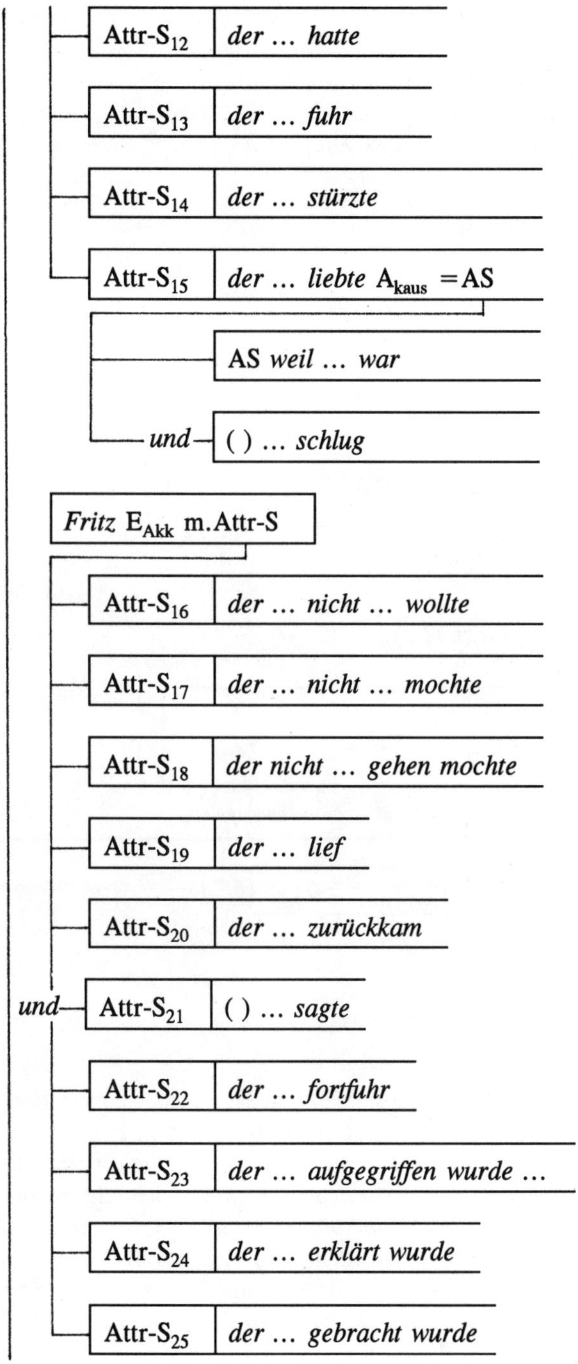
Attr-S12 der … hatte
Attr-S13 der … fuhr
Attr-S14 der … stürzte
Attr-S15 der … liebte Akaus =AS
AS weil … war
und ( ) … schlug
Fritz EAkk m.Attr-S
Attr-S16 der … nicht … wollte
Attr-S17 der … nicht … mochte
Attr-S18 der nicht … gehen mochte
Attr-S19 der … lief
Attr-S20 der … zurückkam
und Attr-S21 ( ) … sagte
Attr-S22 der … fortfuhr
Attr-S23 der … aufgegriffen wurde …
Attr-S24 der … erklärt wurde
Attr-S25 der … gebracht wurde

Fritz E_{Akk}
m.Apposition: *den Mann* m.Attr-S

Attr-S_{26}	*der zwei verschiedene Augen hatte, ...*
Attr-S_{27}	*der ... irre wurde*
Attr-S_{28}	*der ... ausgewählt wurde*
Attr-S_{29}	*der fortgefahren wurde ...*
Attr-S_{30}	*der ... geduscht wurde ...*
Attr-S_{31}	*der ... verbrannt wurde*
Attr-S_{32}	*der ... geschickt wurde*

S_1	E_{Akk} - m.Apposition u. Attr-S	V_{fin} -	E_{Nom} -	A_{Neg} -	V_{Part}
	Fritz, den	*habe*	*ich*	*nicht mehr*	*kennengelernt*

S_2	E_{Nom} -	V_{fin} -	E_{Dat} -	$E_{Präp\ von}$	- V_{Part}
	die anderen	*haben*	*mir*	*von ihm*	*erzählt*

Text L 4:

[1]*Natürlich könnte ich jetzt dort anrufen,* [2]*denn sicher erwartet man dort meinen Anruf,* [3]*aber es mag auch sein,* [4]*daß mein Anruf just in diesem Augenblick ungelegen käme,* [5]*darum wäre es vielleicht besser,* [6]*ich warte ab,* [7]*bis man sich von dort bei mir meldet,* [8]*wenngleich nicht auszuschließen ist,* [9]*daß man dort wiederum befürchtet,* [10]*ein solcher Anruf käme mir ungelegen,* [11]*und darum zögert,* [12]*bei mir anzurufen,* [13]*so daß ich nun fast versucht bin,* [14]*dort nur anzurufen,* [15]*um kundzutun,* [16]*daß ein Anruf von dort keineswegs ungelegen käme,* [17]*ja, sogar durchaus willkommen wäre,* [18]*betont beiläufig natürlich,* [19]*um den Eindruck zu vermeiden,* [20]*daß ich gerade-*

zu darauf brenne, [21]*von dort angerufen zu werden,* [22]*auch wenn ich mir dabei nichts vergeben würde,* [23]*aber es wäre mir sehr peinlich,* [24]*fühlte man sich dort unter Druck gesetzt,* [25]*weshalb es mir,* [26]*sollte dies der Fall sein,* [27]*tatsächlich lieber wäre,* [28]*unter diesen Umständen nicht von dort angerufen zu werden,* [29]*darum wäre es ratsam,* [30]*sollte mich ein Anruf von dort erreichen,* [31]*durch eine gewisse kühle Zurückhaltung in meiner Stimme erkennen zu geben,* [32]*daß ich nicht gerade neben dem Telefon saß,* [33]*um diesen Anruf nicht zu versäumen,* [34]*überlegte Herr Bellheim,* [35]*als das Telefon läutete und* [36]*er zum Hörer griff.*

Die Periode wird von dem Hauptsatzrest *überlegte Herr Bellheim* (34) getragen, dem zwei durch *und* koordinierte temporale Angabesätze folgen (35 und 36). Die Akkusativergänzung zu *überlegte* ist durch den gesamten übrigen Text im Vorfeld des Verbs realisiert. In diesem Vorfeld sind zunächst sechs (teils syndetisch) koordinierte Ergänzungssätze erkennbar, die in uneingeleiteter Form mit Zweitstellung des Verbs den Inhalt der Überlegungen bezeichnen:

1 *Natürlich könnte ich jetzt dort anrufen*
2 *denn sicher erwartet man dort meinen Anruf,*
3 *aber es mag auch sein,*
...
5 *darum wäre es vielleicht besser,*
...
23 *aber es wäre mir sehr peinlich,*
...
29 *darum wäre es ratsam,*
...

Ehe auf die von diesen Sätzen abhängigen Sätze eingegangen wird, erscheint es angebracht, einige formal anders gestaltete Sätze den sechs Ergänzungssätzen aus inhaltlichen Gründen gleichzuordnen. Es sind dies:

8 *wenngleich nicht auszuschließen ist,*
...
13 *so daß ich nun fast versucht bin,*
...
25 *weshalb es mir ... lieber wäre* (27)
...

Diese Sätze lassen sich nicht ohne weiteres als Satzglieder in ihnen übergeordneten Sätzen innerhalb der besprochenen Ergänzungssätze bestimmen. Sie stehen ihnen inhaltlich gleich, führen den Gedankengang weiter und sind als weiterführende Nebensätze zu bestimmen. Sie lassen sich leicht in eine den sechs Ergänzungssätzen entsprechende Form bringen:

8 *Andererseits ist nicht auszuschließen, ...*
13 *So bin ich nun fast versucht, ...*
25 *Deshalb wäre es mir, ...*

Es ist daher von einem Bestand von neun koordinierten Ergänzungssätzen als E_{Akk} auszugehen.
ES_1 (1) und ES_2 (2) enthalten keine weiteren abhängigen Sätze.
In ES_3 (3) hat die E_{Nom} die Form eines *daß*-Satzes: $ES_{3.1.}$ (4).
In ES_4 (5) hat die E_{Nom} die Form eines nichteingeleiteten Nebensatzes mit Zweitstellung des Verbs: $ES_{4.1.}$ (6).
$ES_{4.1.}$ enthält eine E_{Adv} in Gestalt eines Temporalsatzes (*bis* ...): $ES_{4.1.1.}$ (7).
In ES_5 (8) hat die E_{Nom} die Form eines *daß*-Satzes: $ES_{5.1.}$ (9). $ES_{5.1.}$ enthält einen nichteingeleiteten Nebensatz mit Zweitstellung des Verbs als E_{Akk}: $ES_{5.1.1.}$ (10). Koordiniert mit $ES_{5.1.}$ ist ein weiterer Ergänzungssatz $ES_{5.2.}$ mit Ellipse der Konjunktion *daß* und des Subjekts *man* (11). In $ES_{5.2.}$ hat die $E_{Präp\ mit}$ [*jemand zögert damit, etwas zu tun*] die Form einer Infinitivkonstruktion: $E_{Inf\ 5.2.1.}$ (12).
In ES_6 (13) hat die $E_{Präp\ zu}$ [*jemand ist dazu versucht, etwas zu tun*] die Form einer Infinitivkonstruktion: $E_{Inf\ 6.1.}$ (14). Teil der $E_{Inf\ 6.1.}$ ist eine A_{kaus} in Infinitivform: $A_{Inf\ 6.1.1.}$ (15). Die zur $A_{Inf\ 6.1.1.}$ gehörige E_{Akk} hat die Gestalt eines *daß*-Satzes: $ES_{6.1.1.1.}$ (16). Damit koordiniert (unter Ellipse der Konjunktion und der E_{Nom}) folgt ein weiterer $ES_{6.1.1.2.}$ (17). Zur $A_{Inf\ 6.1.1.}$ wird dann eine Modalangabe nachgetragen (18) sowie eine Kausalangabe in Infinitivform: $A_{Inf\ 6.1.1.3.}$ (19). Aus $A_{Inf\ 6.1.1.3.}$ ist ein Attributsatz zur E_{Akk} in Gestalt eines *daß*-Satzes ausgeklammert: Attr-$S_{6.1.1.3.1.}$ (20), dessen $E_{Präp\ auf}$ in Infinitivform ausgeklammert ist: $E_{Inf\ 6.1.1.3.1.1.}$ (21). Der *auch-wenn*-Satz (22) ist wohl als Kausalangabe zum Attr-$S_{6.1.1.3.1.}$ aufzufassen: $AS_{6.1.1.3.1.2.}$
In ES_7 (23) hat die E_{Nom} die Gestalt eines nichteingeleiteten Nebensatzes mit Erststellung des Verbs: $ES_{7.1.}$ (24). [Daß es sich nicht um einen Konditionalsatz handelt, läßt sich mit der Umformung in einen *daß*-Satz zeigen, der bei Anfangsstellung das Subjekt *es* überflüssig macht.]
In ES_8 (25, 27) ist ein nichteingeleiteter Konditionalsatz als Angabe eingebettet: $AS_{8.1.}$ (26). Die E_{Nom} von ES_8 ist durch eine Infinitivkonstruktion realisiert: $E_{Inf\ 8.2.}$ (28).
ES_9 (29) enthält einen nichteingeleiteten Konditionalsatz als Angabe: $AS_{9.1.}$ (30). Ferner ist die E_{Nom} von ES_9 als Infinitivkonstruktion realisiert: $E_{Inf\ 9.2.}$ (31). Die E_{Akk} dieser $E_{Inf\ 9.2.}$ erscheint als *daß*-Satz: $ES_{9.2.1.}$ (32). Zu diesem $ES_{9.2.1.}$ gehört eine Kausalangabe in Infinitivform: $A_{Inf\ 9.2.1.1.}$ (33).

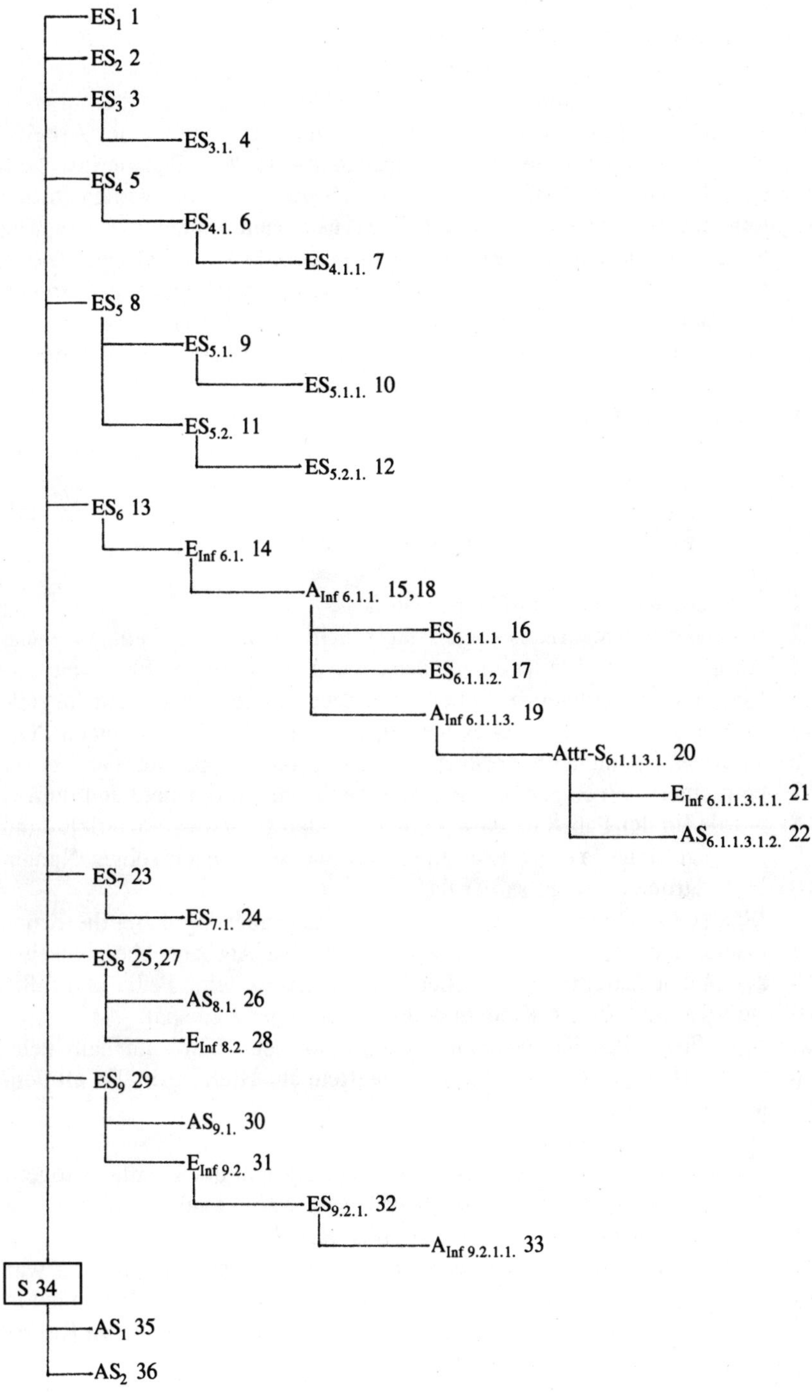
ES_1 1
ES_2 2
ES_3 3
$ES_{3.1.}$ 4
ES_4 5
$ES_{4.1.}$ 6
$ES_{4.1.1.}$ 7
ES_5 8
$ES_{5.1.}$ 9
$ES_{5.1.1.}$ 10
$ES_{5.2.}$ 11
$ES_{5.2.1.}$ 12
ES_6 13
$E_{Inf\ 6.1.}$ 14
$A_{Inf\ 6.1.1.}$ 15,18
$ES_{6.1.1.1.}$ 16
$ES_{6.1.1.2.}$ 17
$A_{Inf\ 6.1.1.3.}$ 19
Attr-$S_{6.1.1.3.1.}$ 20
$E_{Inf\ 6.1.1.3.1.1.}$ 21
$AS_{6.1.1.3.1.2.}$ 22
ES_7 23
$ES_{7.1.}$ 24
ES_8 25,27
$AS_{8.1.}$ 26
$E_{Inf\ 8.2.}$ 28
ES_9 29
$AS_{9.1.}$ 30
$E_{Inf\ 9.2.}$ 31
$ES_{9.2.1.}$ 32
$A_{Inf\ 9.2.1.1.}$ 33
S 34
AS_1 35
AS_2 36

IX. Textanhang

Der Anhang enthält die Texte, die jeweils an mehreren Stellen des Arbeitsbuches als Quellen für Beispiele herangezogen werden. Die literarischen Texte sind nach den Verfassern alphabetisch geordnet. Sie werden in den Kapiteln mit der Sigle L und der hier verwendeten Nummer zitiert. Die Sachtexte sind nach den Titeln alphabetisch geordnet. Sie werden in den Kapiteln mit der Sigle S und der hier verwendeten Nummer zitiert. Soweit ein Text hier vollständig aufgenommen ist, wird das eigens angegeben. Bei allen anderen Texten handelt es sich um Ausschnitte aus größeren Texten, die in sich selbstverständlich nicht gekürzt sind. Die Satz- und Zeilenzählung wurde hinzugefügt.

<u>Literarische Texte</u>

L 1: Peter Bichsel, San Salvador (vollständig)

[1]Er hatte sich eine Füllfeder gekauft.

[2]Nachdem er mehrmals seine Unterschrift, dann seine Initialen, seine Adresse, einige Wellenlinien, dann die Adresse seiner Eltern auf ein Blatt gezeichnet hatte, nahm er einen neuen Bogen, faltete ihn sorgfältig und schrieb: "Mir ist es hier zu kalt", dann, "ich gehe nach Südamerika", dann hielt er inne, schraubte die Kappe auf die Feder, betrachtete den Bogen und sah, wie die Tinte eintrocknete und dunkel wurde [in der Papeterie garantierte man, daß sie schwarz werde], dann nahm er seine Feder erneut zur Hand und setzte noch seinen Namen Paul darunter. [3]Dann saß er da.

[4]Später räumte er die Zeitungen vom Tisch, überflog dabei die Kinoinserate, dachte an irgend etwas, schob den Aschenbecher beiseite, zerriß den Zettel mit den Wellenlinien, entleerte seine Feder und füllte sie wieder. [5]Für die Kinovorstellung war es jetzt zu spät.

[6]Die Probe des Kirchenchores dauert bis neun Uhr, um halb zehn würde Hildegard zurück sein. [7]Er wartete auf Hildegard. [8]Zu all dem Musik aus dem Radio.

[9]Jetzt drehte er das Radio ab.

[10]Auf dem Tisch, mitten auf dem Tisch, lag nun der gefaltete Bogen, darauf stand in blauschwarzer Schrift sein Name Paul.

[11]"Mir ist es hier zu kalt", stand auch darauf.

[12]Nun würde also Hildegard heimkommen, um halb zehn. [13]Es war jetzt neun Uhr. [14]Sie läse seine Mitteilung, erschräke dabei, glaubte wohl das mit Südamerika nicht, würde dennoch die Hemden im Kasten zählen, etwas müßte ja geschehen sein.

[15]Sie würde in den "Löwen" telefonieren.

[16]Der "Löwen" ist mittwochs geschlossen.

[17]Sie würde lächeln und verzweifeln und sich damit abfinden, vielleicht.

[18]Sie würde sich mehrmals die Haare aus dem Gesicht streichen, mit dem Ringfinger der linken Hand beidseitig der Schläfe entlang fahren, dann langsam den Mantel aufknöpfen.

[19]Dann saß er da, überlegte, wem er einen Brief schreiben könnte, las die Gebrauchsanweisung für den Füller noch einmal - leicht nach rechts drehen - las auch den französischen Text, verglich den englischen mit dem deutschen, sah wieder seinen Zettel, dachte an Palmen, dachte an Hildegard.

[20]Saß da.

[21]Und um halb zehn kam Hildegard und fragte: "Schlafen die Kinder?"

[22]Sie strich sich die Haare aus dem Gesicht.

aus: Peter Bichsel, Eigentlich möchte Frau Blum den Milchmann kennenlernen. 21 Geschichten, 12.A. Olten und Freiburg 1978, S. 34f.

L 2: Heinrich Böll, Die verlorene Ehre der Katharina Blum

Als Katharina am späten Nachmittag mit diesen Aussagen konfrontiert und aufgefordert wurde, dazu Stellung zu nehmen, war es Hach, der ihr, noch bevor er die Frage formulierte, entgegenzukommen versuchte und ihr nahelegte, ob diese Herrenbesuche etwa die Herren gewesen wären, die sie gelegentlich nach Hause gebracht hätten.

aus: Heinrich Böll, Die verlorene Ehre der Katharina Blum oder: Wie Gewalt entstehen und wohin sie führen kann, in: Heinrich Böll, Werke. Romane und Erzählungen 4. 1974-1985. Hg. von Bernd Balzer, Köln 1987, S. 31.

L 3: Heimito von Doderer, Unser Zeitalter (vollständig)

[1]Meine Hausmeisterin hat sich von ihrem Manne scheiden lassen, was für mich insoferne eine gewisse Erleichterung bedeutet, als jenem die Kragen-Nummer mit mir gemeinsam war. [2]Seit jedoch ihr neuer Freund darauf gekommen ist, daß man im Sommer die Hemden auch offen tragen könne, sind schon wiederum zwei neue seidene, die ich erst kürzlich in Gebrauch nahm, in der Waschanstalt verloren gegangen.

aus: Heimito von Doderer, Die Erzählungen, hg. v. Wendelin Schmidt-Dengler, dtv 1519, München 1980, S. 315-318: Neun Kürzestgeschichten (2. Geschichte, S. 315).

L 4: Wolfgang Ebert, Herr Bellheim 15 (vollständig)

[1]Natürlich könnte ich jetzt dort anrufen, [2]denn sicher erwartet man dort meinen Anruf, [3]aber es mag auch sein, [4]daß mein Anruf just in diesem Augenblick ungelegen käme, [5]darum wäre es vielleicht besser, [6]ich warte ab, [7]bis man sich von dort bei mir meldet, [8]wenngleich nicht auszuschließen ist, [9]daß man dort wiederum befürchtet, [10]ein solcher Anruf käme mir ungelegen, [11]und darum zögert, [12]bei mir anzurufen, [13]so daß ich nun fast versucht bin, [14]dort nur anzurufen, [15]um kundzutun, [16]daß ein Anruf von dort keineswegs ungelegen käme, [17]ja, sogar durchaus willkommen wäre, [18]betont beiläufig natürlich, [19]um den Eindruck zu vermeiden, [20]daß ich geradezu darauf brenne, [21]von dort angerufen zu werden, [22]auch wenn ich mir dabei nichts vergeben würde, [23]aber es wäre mir sehr peinlich, [24]fühlte man sich dort unter Druck gesetzt, [25]weshalb es mir, [26]sollte dies der Fall sein, [27]tatsächlich lieber wäre, [28]unter diesen Umständen nicht von dort angerufen zu werden, [29]darum wäre es ratsam, [30]sollte mich ein Anruf von dort erreichen, [31]durch eine gewisse kühle Zurückhaltung in meiner Stimme erkennen zu geben, [32]daß ich nicht gerade neben dem Telefon saß, [33]um diesen Anruf nicht zu versäumen, [34]überlegte Herr Bellheim, [35]als das Telefon läutete und [36]er zum Hörer griff.

aus: Wolfgang Ebert, Herr Bellheim. Sekundenprosa. Zeichnungen von Papan. Mit einem Brief von Peter Handke, Bergisch Gladbach 1987, S. 25.

L 5: Leonhard Frank, Das Ochsenfurter Männerquartett

In Würzburg, wo der Main, die Stadt durchfließend, seinen schönsten Bogen zieht, wo die dreißig patinierten Kirchtürme stadtbeherrschend in den Himmel stoßen und generationenlang sich nichts geändert hat, wo von alters her der Sohn, wenn der Vater starb, die Metzgerei übernahm und führte, bis auch er starb, waren durch den Krieg und seine Folgen Bankguthaben und Sparkassenbücher zu Papier geworden.

aus: Leonhard Frank, Das Ochsenfurter Männerquartett. Roman, Kindler Taschenbücher 67, München 1965, S. 7.

L 6: Herbert W. Franke, Asyl

[1]Drei Jahre waren wir nun unterwegs.

[2]Mit welcher Verbitterung hatten wir die Erde verlassen! [3]Flucht aus dem Sonnensystem - wir hatten uns wie Helden gefühlt. [4]Erst später

kamen die Zweifel: Niemand hatte uns aufgehalten. [5]Wahrscheinlich waren sie froh, daß sie uns loswaren!

[6]Natürlich waren wir enttäuscht! [7]Unsere Revolution war zu Ende, bevor sie richtig angefangen hatte. [8]Die Gruppen von Sportlern und Studenten, mit denen wir Verbindung aufgenommen hatten, ließen uns einfach im Stich. [9]Hatten sie es von Anfang an nicht ernst gemeint?

[10]Es war uns damals nicht schwergefallen, uns von der Erde zu trennen. [11]Was wir zurückließen, erschien uns unwichtig. [12]Wir verachteten die Menschen, die sich ohne einen Schimmer von eigenem Willen dem Reglement der Weltregierung unterwarfen. [13]Es lohnte sich nicht, für sie einzutreten.

[14]Drei Jahre sind eine lange Zeit. [15]Drei Jahre in beengtem Raum - einige Wohnzellen, ein Kommunikationszentrum, eine Sport- und Trainingskabine. [16]Abgesehen natürlich von den Maschinenräumen - aber was hatten Menschen dort zu suchen!

[17]Die erforschten Distrikte lagen weit hinter uns. [18]Noch niemand hatte sich in diesen abgelegenen Spiralarm des Sonnensystems verirrt. [19]Wir hatten ungeheure Entfernungen zurückgelegt. [20]Und doch veränderten sich die Muster der Sterne vor dem nachtschwarzen Himmel kaum. [21]Das war alles, was uns der Blick durch die Luken bot.

aus: Herbert W. Franke, Einsteins Erben. Science-fiction-Geschichten. Phantastische Bibliothek 41, suhrkamp taschenbuch 603, Frankfurt am Main 1980, S. 58.

L 7: Franz Kafka, Vor dem Gesetz (vollständig)

[1]Vor dem Gesetz steht ein Türhüter. [2]Zu diesem Türhüter kommt ein Mann vom Lande und bittet um Eintritt in das Gesetz. [3]Aber der Türhüter sagt, daß er ihm jetzt den Eintritt nicht gewähren könne. [4]Der Mann überlegt und fragt dann, ob er also später werde eintreten dürfen. [5]"Es ist möglich", sagt der Türhüter, "jetzt aber nicht." [6]Da das Tor zum Gesetz offensteht wie immer und der Türhüter beiseitetritt, bückt sich der Mann, um durch das Tor in das Innere zu sehn. [7]Als der Türhüter das merkt, lacht er und sagt: "Wenn es dich so lockt, versuche es doch, trotz meines Verbotes hineinzugehn. Merke aber: Ich bin mächtig. Und ich bin nur der unterste Türhüter. Von Saal zu Saal stehn aber Türhüter, einer mächtiger als der andere. Schon den Anblick des dritten kann nicht einmal ich mehr ertragen." [8]Solche Schwierigkeiten hat der Mann vom Lande nicht erwartet; das Gesetz soll doch jedem und immer zugänglich sein, denkt er, aber als er jetzt den Türhüter in seinem Pelzmantel genauer ansieht, seine große Spitznase, den lange, dünnen, schwarzen tatarischen Bart, entschließt er sich, doch lieber zu warten, bis er die Erlaubnis zum Eintritt bekommt. [9]Der Türhüter gibt ihm einen Schemel und läßt ihn

seitwärts von der Tür sich niedersetzen. [10]Dort sitzt er Tage und Jahre. [11]Er macht viele Versuche, eingelassen zu werden, und ermüdet den Türhüter durch seine Bitten. [12]Der Türhüter stellt öfters kleine Verhöre mit ihm an, fragt ihn über seine Heimat aus und nach vielem andern, es sind aber teilnahmslose Fragen, wie sie große Herren stellen, und zum Schlusse sagt er ihm immer wieder, daß er ihn noch nicht einlassen könne. [13]Der Mann, der sich für seine Reise mit vielem ausgerüstet hat, verwendet alles, und sei es noch so wertvoll, um den Türhüter zu bestechen. [14]Dieser nimmt zwar alles an, aber sagt dabei: "Ich nehme es nur an, damit du nicht glaubst, etwas versäumt zu haben." [15]Während der vielen Jahre beobachtet der Mann den Türhüter fast ununterbrochen. [16]Er vergißt die andern Türhüter, und dieser erste scheint ihm das einzige Hindernis für den Eintritt in das Gesetz. [17]Er verflucht den unglücklichen Zufall, in den ersten Jahren rücksichtslos und laut, später, als er alt wird, brummt er nur noch vor sich hin. [18]Er wird kindisch, und, da er in dem jahrelangen Studium des Türhüters auch die Flöhe in seinem Pelzkragen erkannt hat, bittet er auch die Flöhe, ihm zu helfen und den Türhüter umzustimmen. [19]Schließlich wird sein Augenlicht schwach, und er weiß nicht, ob es um ihn wirklich dunkler wird, oder ob ihn nur seine Augen täuschen. [20]Wohl aber erkennt er jetzt im Dunkel einen Glanz, der unverlöschlich aus der Türe des Gesetzes bricht. [21]Nun lebt er nicht mehr lange. [22]Vor seinem Tode sammeln sich in seinem Kopfe alle Erfahrungen der ganzen Zeit zu einer Frage, die er bisher an den Türhüter noch nicht gestellt hat. [23]Er winkt ihm zu, da er seinen erstarrenden Körper nicht mehr aufrichten kann. [24]Der Türhüter muß sich tief zu ihm hinunterneigen, denn der Größenunterschied hat sich sehr zuungunsten des Mannes verändert. [25]"Was willst du denn jetzt noch wissen?" fragt der Türhüter, "du bist unersättlich." [26]"Alle streben doch nach dem Gesetz", sagt der Mann, "wieso kommt es, daß in den vielen Jahren niemand außer mir Einlaß verlangt hat?" [27]Der Türhüter erkennt, daß der Mann schon an seinem Ende ist, und, um sein vergehendes Gehör noch zu erreichen, brüllt er ihn an: "Hier konnte niemand sonst Einlaß erhalten, denn dieser Eingang war nur für dich bestimmt. Ich gehe jetzt und schließe ihn."

aus: Franz Kafka, Das Urteil und andere Erzählungen, Fischer Bücherei 19, Frankfurt am Main - Hamburg 1957, S. 117-119.

L 8: Franz Kafka, Die Wahrheit über Sancho Pansa (vollständig)

[1]Sancho Pansa, der sich übrigens dessen nie gerühmt hat, gelang es im Laufe der Jahre, durch Beistellung einer Menge Ritter- und Räuberromane in den Abend- und Nachtstunden seinen Teufel, dem er später den Namen Don Quixote gab, derart von sich abzulenken, daß dieser dann haltlos die verrücktesten Taten aufführte, die aber mangels eines vorbestimmten Gegenstandes, der eben Sancho Pansa hätte sein sollen, niemandem schadeten. [2]Sancho Pansa, ein freier Mann, folgte gleichmütig, vielleicht aus einem gewissen Verantwortlichkeitsgefühl, dem Don Quixote auf seinen Zügen und hatte davon eine große und nützliche Unterhaltung bis an sein Ende.

aus: Franz Kafka, Sämtliche Erzählungen, hg.v. Paul Raabe, Frankfurt/Main 1976, Nr. 12, S. 349f.

L 9: Thomas Mann, Der kleine Herr Friedemann

[1]Das graue Giebelhaus, in dem Johannes Friedemann aufwuchs, lag am nördlichen Tore der alten, kaum mittelgroßen Handelsstadt. [2]Durch die Haustür betrat man eine geräumige, mit Steinfliesen versehene Diele, von der eine Treppe mit weißgemaltem Holzgeländer in die Etagen hinaufführte. [3]Die Tapeten des Wohnzimmers im ersten Stock zeigten verblichene Landschaften, und um den schweren Mahagonitisch mit der dunkelroten Plüschdecke standen steiflehnige Möbel.

[4]Hier saß er oft in seiner Kindheit am Fenster, vor dem stets schöne Blumen prangten, auf einem kleinen Schemel zu den Füßen seiner Mutter und lauschte etwa, während er ihren glatten, grauen Scheitel und ihr gutes, sanftmütiges Gesicht betrachtete und den leisen Duft atmete, der immer von ihr ausging, auf eine wundervolle Geschichte. [5]Oder er ließ sich vielleicht das Bild des Vaters zeigen, eines freundlichen Herrn mit grauem Backenbart. [6]Er befand sich im Himmel, sagte die Mutter, und erwartete dort sie alle.

[7]Hinter dem Hause war ein kleiner Garten, in dem man während des Sommers einen guten Teil des Tages zuzubringen pflegte, trotz des süßlichen Dunstes, der von einer nahen Zuckerbrennerei fast immer herüberwehte. [8]Ein alter, knorriger Walnußbaum stand dort, und in seinem Schatten saß der kleine Johannes oft auf einem niedrigen Holzsessel und knackte Nüsse, während Frau Friedemann und die drei nun schon erwachsenen Schwestern in einem Zelt aus grauem Segeltuch beisammen waren. [9]Der Blick der Mutter aber hob sich oft von ihrer Handarbeit, um mit wehmütiger Freundlichkeit zu dem Kinde hinüberzugleiten.

[10]Er war nicht schön, der kleine Johannes, und wie er so mit seiner spitzen und hohen Brust, seinem weit ausladenden Rücken und seinen viel zu langen, mageren Armen auf dem Schemel hockte und mit einem behenden Eifer seine Nüsse knackte, bot er einen höchst seltsamen Anblick. [11]Seine Hände und Füße aber waren zartgeformt und schmal, und er hatte große, rehbraune Augen, einen weichgeschnittenen Mund und feines, lichtbraunes Haar. [12]Obgleich sein Gesicht so jämmerlich zwischen den Schultern saß, war es doch beinahe schön zu nennen.

aus: Thomas Mann, Sämtliche Erzählungen, Frankfurt am Main 1963, S. 60f.

L 10: Thomas Mann, Der Tod in Venedig

[1]Ob er nun aus dem Innern der Halle durch das bronzene Tor hervorgetreten oder von außen unversehens heran und hinauf gelangt war, blieb ungewiß. [2]Aschenbach, ohne sich sonderlich in die Frage zu vertiefen, neigte zur ersteren Annahme. [3]Mäßig hochgewachsen, mager, bartlos und auffallend stumpfnäsig, gehörte der Mann zum rothaarigen Typ und besaß dessen milchige und sommersprossige Haut. [4]Offenbar war er durchaus nicht bajuwarischen Schlages: wie denn wenigstens der breit und gerade gerandete Basthut, der ihm den Kopf bedeckte, seinem Aussehen ein Gepräge des Fremdländischen und Weitherkommenden verlieh. [5]Freilich trug er dazu den landesüblichen Rucksack um die Schultern geschnallt, einen gelblichen Gurtanzug aus Lodenstoff, wie es schien, einen grauen Wetterkragen über dem linken Unterarm, den er in die Weiche gestützt hielt, und in der Rechten einen mit eiserner Spitze versehenen Stock, welchen er schräg gegen den Boden stemmte und auf dessen Krücke er, bei gekreuzten Füßen, die Hüfte lehnte. [6]Erhobenen Hauptes, so daß an seinem hager dem losen Sporthemd entwachsenden Halse der Adamsapfel stark und nackt hervortrat, blickte er mit farblosen, rotbewimperten Augen, zwischen denen, sonderbar genug zu seiner kurz aufgeworfenen Nase passend, zwei senkrechte, energische Furchen standen, scharf spähend ins Weite. [7]So - und vielleicht trug sein erhöhter und erhöhender Standort zu diesem Eindruck bei - hatte seine Haltung etwas herrisch Überschauendes, Kühnes oder selbst Wildes; denn sei es, daß er, geblendet, gegen die untergehende Sonne grimassierte oder daß es sich um eine dauernde physiognomische Entstellung handelte: seine Lippen schienen zu kurz, sie waren völlig von den Zähnen

zurückgezogen, dergestalt, daß diese, bis zum Zahnfleisch bloßgelegt, weiß und lang dazwischen hervorbleckten.

aus: Thomas Mann, Sämtliche Erzählungen, Frankfurt am Main 1963, S. 354.

L 11: Thomas Mann, Unordnung und frühes Leid

Die Großen, das sind die achtzehnjährige und braunäugige Ingrid, ein sehr reizvolles Mädchen, das zwar vor dem Abiturium steht und es wahrscheinlich auch ablegen wird, wenn auch nur, weil sie den Lehrern und namentlich dem Direktor die Köpfe bis zu absoluter Nachsicht zu verdrehen gewußt hat, von ihrem Berechtigungsschein aber keinen Gebrauch zu machen gedenkt, sondern auf Grund ihres angenehmen Lächelns, ihrer ebenfalls wohltuenden Stimme und eines ausgesprochenen und sehr amüsanten parodistischen Talentes zum Theater drängt - und Bert, blond und siebzehnjährig, der die Schule um keinen Preis zu beenden, sondern sich so bald wie möglich ins Leben zu werfen wünscht und entweder Tänzer oder Kabarett-Rezitator oder aber Kellner werden will: dies letztere unbedingt «in Kairo» - zu welchem Ziel er schon einmal, morgens um fünf, einen knapp vereitelten Fluchtversuch unternommen hat.

aus: Thomas Mann, Sämtliche Erzählungen, Frankfurt am Main 1963, S. 491.

L 12: Sten Nadolny, Die Entdeckung der Langsamkeit

[1]Im Traum sah John eine neue Figur. [2]Das mondhelle nächtliche Meer wuchs zu einer eigenen Gestalt auf, es bäumte sich empor zu einer gelockten Wasserwolke, die spiralenförmig um sich selbst kreiste, nach oben im Umfang zunehmend wie eine wuchernde Pflanze, wie ein flackernder und brennender Busch aus Wasser oder ein Strudel, aber nicht aus Wind und Strömung, sondern aus eigener Kraft. [3]Das Meer gab sich selbst einen Körper, es konnte sich neigen, Haltungen einnehmen, Richtungen anzeigen. [4]Aus der scheinbar ewigen Geraden des Horizonts stieg im Traum mühelos diese riesenhafte Figur auf, sie war wie eine Wahrheit, durch die alles anders werden mußte. [5]Himmelwärts öffnete sich ein Krater, ein Mund oder Schlund. [6]Vielleicht war das Ganze ein Leviathan, vielleicht ein Tanz von Millionen kleiner Wesen. [7]John träumte das oft. [8]Manchmal folgten nach dem Aufwachen lange Gedanken.

aus: Sten Nadolny, Die Entdeckung der Langsamkeit. Roman, München - Zürich 1983, S. 85f.

L 13: Hans Joachim Schädlich, Fritz (vollständig)

Fritz, den Jungen aus dem vogtländischen Dorf, der still war, aber fröhlich, der lieber allein spielte, der nicht gelitten war von seinem Vater, der traurig war, der Klavier spielen konnte und es nicht gelernt hatte, der an seiner Mutter hing, der keinen Freund hatte,

Fritz, den Jüngling, der Klavierspieler werden wollte, aber nicht durfte, der, weil der Vater es befahl, Handlungsgehilfe wurde, der in dem Laden des Vaters zu arbeiten hatte, der für den Vater mit einem Motorrad Ware über Land fuhr, der vom Motorrad stürzte, der seinen Vater nicht liebte, weil der ein Trinker war und die Mutter schlug,

Fritz, der sich nicht mehr anziehen wollte wie ein Handlungsgehilfe, der sich nicht mehr glattrasieren mochte, der nicht mehr ins Kontor des Vaters gehen mochte, der einfach übers Feld lief, in den Wald, der erst in der Dunkelheit zurückkam und nichts sagte, der mitten im Winter fortfuhr ohne Mantel und Geld, der von der Polizei aufgegriffen wurde in der Stadt München, der von seinem Vater für verrückt erklärt wurde, der von seinem Vater in eine Irrenanstalt gebracht wurde, Neunzehnhundertdreißig,

Fritz, den Mann, der zwei verschiedene Augen hatte, ein helles und ein dunkles, ein graues und braunes, ein mißtrauisches und ein argloses, der in der Irrenanstalt an allen irre wurde, der in der Irrenanstalt ausgewählt wurde als ein Leben von Unwert, der fortgefahren wurde auf das Schloß Hartheim bei Linz an der Donau, der in dem Schloß mit Gas geduscht wurde, der im Backofen verbrannt wurde, Neunzehnhundertvierzig, der nach Hause geschickt wurde in einer Urne zu der Mutter und zu dem Vater,

Fritz, den habe ich nicht mehr kennengelernt; die anderen haben mir von ihm erzählt.

aus: Hans Joachim Schädlich, Ostberlin. Prosa, Reinbek bei Hamburg 1987, S. 146f.

L 14: Robert Walser, Herkules (vollständig)

[1]Seine Geburt war glänzend. [2]Irr ich nicht, so entstammte er einem unehelichen Verhältnis. [3]Er war der Sohn einer Fürstin und Abkömmling eines Gottes. [4]Zeus, sein Vater, schlich eines Nachts zur Gattin Amphitryons, um sich zu belustigen, was ihm ja denn auch gelang. [5]Der Junge legte frühzeitig Proben einer bemerkenswerten Stärke ab. [6]Er trieb wohl mit Vorliebe viel Sport und so weiter. [7]Wie's mit seiner Erziehung stand, wissen wir nicht. [8]Vielleicht ging er gar nicht mal zur Schule. [9]Uns scheint, er müsse mehr auf körperliche als auf geistige Entwicklung Wert gelegt und eher bloß Arme und Beine als den Kopf in Bewegung gesetzt haben. [10]Seine Bildung war wohl ziemlich

lückenhaft. [11]Fest steht immerhin, daß er Riesenarbeit leistete, denn er häufte Werk auf Werk. [12]So hat er zum Beispiel einen Stall gründlich gereinigt. [13]Heutzutage würde freilich hieraus wenig Wesens gemacht. [14]Ferner säuberte er eine weitläufige Landschaft mit der ihm eigenen Energie von allerlei unnützem Gesindel, bekämpfte mit Erfolg einen Löwen und legte einen Wegelagerer lahm, der die Reisenden belästigte, indem er mit ihnen verfuhr, wie sie's ungern genug erlebten. [15]Als der Athlet genug getan zu haben glaubte und sich, von Strapazen ermüdet, nach dem zweifellos wohlverdienten Ruhestand sehnte, traf es sich zufällig, daß er zu einer Dame kam, die ihn ungemein umstrickte. [16]Der berühmte Kämpfer trug nun Wasser, strickte Strümpfe, schüttelte Kissen, schälte Kartoffeln. [17]Ach, welch ein Fall! [18]Doch wozu klagen? [19]Er, der die Schrecknisse besiegte und große Taten vollführte, fand nun am Geschirrabwaschen Geschmack, hielt sich artig zu Hause auf und gehorchte einem zarten Frauchen. [20]Ein Unbändiger wurde sanftmütig und sittsam. [21]So was kann vorkommen. [22]Gescheh nichts Böseres!

aus: Robert Walser, Kleine Wanderung. Geschichten, Mit einem Nachwort von Herbert Heckmann, Reclams Universal-Bibliothek 8851, Stuttgart 1967, S. 39f.

Sachtexte

S 1: Bayerisches Hochschulgesetz

[1]Das Hochschulwesen dient der Pflege und Entwicklung der Wissenschaften und der Künste durch Forschung, Lehre und Studium. [2]Die Hochschulen bereiten auf eine berufliche Tätigkeit vor, welche die Anwendung wissenschaftlicher Erkenntnisse und wissenschaftlicher Methoden oder die Fähigkeit zu künstlerischer Gestaltung erfordert. [3]Hierzu tragen die verschiedenen Hochschulen entsprechend ihrer besonderen Aufgabenstellung bei. [4]Die Universitäten dienen vornehmlich der Forschung und Lehre und verbinden diese zu einer vorwiegend wissenschaftsbezogenen Ausbildung. [5]Die Kunsthochschulen dienen vor allem der Pflege der Künste, der Entwicklung künstlerischer Fähigkeiten und der Vermittlung künstlerischer Kenntnisse und Fertigkeiten. [6]Die Fachhochschulen vermitteln durch anwendungsbezogene Lehre eine Bildung, die zu selbständiger Anwendung wissenschaftlicher Methoden und künstlerischer Tätigkeiten in der Berufspraxis befähigt; an Fachhochschulen können anwendungsbezogene Entwicklungsvorhaben durchgeführt werden, soweit diese dem Bildungsauftrag der Fachhochschulen dienen und überwiegend aus Drittmitteln finanziert sind. [7]Die Hochschulen fördern die Urteilsfähigkeit ihrer Mitglieder im Sinn der freiheitlichen demokratischen Grundord-

nung des Grundgesetzes und der Verfassung. [8]Sie wirken bei der Wahrnehmung ihrer Aufgaben auf die Beseitigung der Nachteile für Wissenschaftlerinnen hin.

aus: Bayerisches Hochschulgesetz, Bayerisches Staatsministerium für Wissenschaft und Kunst, München 1989, Artikel 2, Absatz 1.

S 2: Brockhaus-Wahrig, Deutsches Wörterbuch

[1]Der Aufbau der Wörterbuchartikel

[2]Aufgabe eines Wörterbuchartikels ist es, die Vielfalt der Verwendungsmöglichkeiten eines Wortes darzustellen; die Bedeutungen der Wörter sollen in ihrem jeweiligen - im System der deutschen Sprache vorkommenden - Zusammenhang erklärt werden.

[3]Neben "standardisierten" Wendungen läßt die Sprache eine Unzahl freier Erfindungen und Kombinationsmöglichkeiten, Wortableitungen und Zusammensetzungen zu, die im Rahmen eines solchen Vorhabens nicht erfaßt werden können und sollen.

[4]Die Artikel des vorliegenden Werkes sind so aufgebaut, daß die einzelnen Bedeutungen des Stichwortes möglichst vollständig beschrieben sind.

[5]Aufgrund der Tatsache, daß wir die Wörter unserer Sprache mittels derselben Sprache erläutern und beschreiben müssen, lassen sich Zirkeldefinitionen nicht immer vermeiden; d.h., wenn man ein zur Erklärung eines Wortes verwendetes Wort nachschlägt, findet man in dessen Erklärung vielleicht schon das Wort wieder, von dem man ausgegangen ist. [6]Eine Lösung dieses Problems ist nicht möglich, wenn man für alle Wörter eine Erklärung geben will.

[7]Die Artikel dieses Wörterbuches sind nach einem einheitlichen System aufgebaut, mit dem ein größtmögliches Maß an Objektivität erreicht werden soll. [8]Im folgenden wird dieses System in der Reihenfolge der Teile eines Artikels dargestellt, erläutert und durch Beispiele illustriert.

aus: Brockhaus Wahrig, Deutsches Wörterbuch in sechs Bänden, hg. v. Gerhard Wahrig, Hildegard Krämer, Harald Zimmermann, Erster Band A-Bt, Wiesbaden - Stuttgart 1980, S. 9.

S 3: Kompensan [Arzneimittel - Beipackzettel] (vollständig)

[1]Liebe Patientin, lieber Patient.

[2]Sie haben Magenbeschwerden. [3]Und Sie haben ein bewährtes Arzneimittel zur Hand. [4]Es wird Ihren Magen beruhigen und Ihnen rasch Hilfe bringen, wenn Sie es vorschriftsmäßig einnehmen, d.h. regelmä-

ßig und so lange wie nötig. [5]Und wie lange ist die regelmäßige Einnahme nötig? [6]Nun, das fühlen Sie selbst. [7]Im Zweifelsfall fragen Sie noch einmal Ihren Arzt oder Apotheker.

[8]Haben Sie sich eigentlich schon einmal Gedanken über Ihren Magen gemacht?

[9]Ihr Magen leistet Schwerstarbeit. [10]Tag für Tag muß er Speisen und Getränke verdauen. [11]Er ist normalerweise nicht wählerisch. [12]Ob heiß oder kalt, fest oder flüssig, fett oder mager - alles nimmt er an und verarbeitet es. [13]Nach üppigen Mahlzeiten muß er sich dehnen und strecken, zeitweise ist er leer, und dann knurrt er. [14]Dazu kommen häufig Alkohol, Nikotin und Medikamente, die den Magen noch zusätzlich belasten. [15]Ärger, Streß und Sorgen schlagen ebenfalls auf den Magen.

[16]Aber so geduldig der Magen auch ist, irgendwann ist das Maß voll, und der Magen reagiert sauer. [17]Er wehrt sich und macht Ihnen Kummer. [18]Sodbrennen, Appetitlosigkeit, Völlegefühl, Aufstoßen und Schmerzen sind deutliche Warnzeichen dafür, daß Sie Ihrem Magen zuviel zumuten.

[19]Aber selbst wenn Sie Ihren Magen mit einem guten Medikament wieder ins Gleichgewicht bringen, gilt: bei länger anhaltenden Schmerzen den Arzt aufsuchen. [20]Hinter Magenbeschwerden können auch ernstzunehmende Erkrankungen stecken.

[21]Neben dieser fremden Hilfe können Sie auch selbst viel für Ihren Magen tun.[22]Denn bedenken Sie: In der Regel tut der Magen erst dann weh, wenn Sie ihm weh getan haben.

[23]Seien Sie also nett zu Ihrem Magen, entlasten Sie ihn, wo Sie können, und tragen Sie so selbst dazu bei, daß es Ihnen wieder besser geht.

[24]Nehmen Sie Ihrem Magen Arbeit ab.

[25]Essen Sie langsam und in Ruhe. [26]Kauen Sie Ihre Mahlzeiten kräftig durch, denn gut kauen hilft verdauen.

[27]Gönnen Sie Ihrem Magen geregelte Arbeitszeiten.

[28]Der Magen ist ein Organ, das seinen Rhythmus nach den Mahlzeiten einstellt: Frühstück, Mittagessen, Abendessen. [29]Unregelmäßig oder hastig eingenommene Mahlzeiten bringen den Magen aus dem Tritt, und irgendwann macht er das nicht mehr mit.

[30]Muten Sie Ihrem Magen nichts zu, was er nicht verträgt.

[31]Sie wissen selbst am besten, was Ihrem Magen weh tut. [32]Wenn nicht, beobachten Sie sich doch einmal. [33]Sind es zu kalte Getränke? [34]Zu fette Speisen? [35]Oder sind es "Genußmittel" wie Alkohol, Kaffee, Nikotin oder gar Medikamente, die Ihre Beschwerden hervorrufen?

[36]Dann haben Sie zwei Möglichkeiten: meiden oder leiden!

[37]Leben Sie bewußter.

[38]Der Magen hat einen direkten Draht zur Seele. [39]Seine Funktion wird in hohem Maße von psychischen Vorgängen beeinflußt. [40]Streß, Ärger und Sorgen wirken sich auch auf den Magen aus. [41]Versuchen Sie, von den Ereignissen des Tages Abstand zu bekommen und ruhiger zu werden. [42]Wenn Sie es alleine nicht schaffen, können Ihnen Meditation oder autogenes Training helfen.

[43]Sie sehen, Sie können viel für Ihren Magen tun. [44]Sie müssen deshalb nicht gleich ein neues Leben beginnen. [45]Sie sollten nur ein paar entscheidende Kleinigkeiten ändern.

[46]Ihrem Magen und sich selbst zuliebe.

aus: Kompensan [Pfizer GmbH], Karlsruhe 1991.

S 4: Spektrum der Wissenschaft

Die zweite Antwort, die ich mir ausgedacht hatte, war, daß die binokulare Tiefenumkehr zwar tatsächlich binokular sein könnte, also die von beiden Augen gelieferte Information berücksichtigt, daß das Gehirn aber möglicherweise bei allen Querdisparations-Werten einfach die Vorzeichen umkehrt, daß es beide Augen also gewissermaßen verwechselt und annimmt, die vom linken Netzhautbild stammende Information komme vom rechten Auge und umgekehrt.

aus: Spektrum der Wissenschaft, September 1981, S. 59.

X. Sachregister

XI. Abkürzungsverzeichnis und Zeichenerklärung zur Satzanalyse

Verzeichnis der Abkürzungselemente

A	=	Angabe
Abt-Part	=	Abtönungspartikel
Adj	=	Adjektiv
Adv	=	Adverb
Akk	=	Akkusativ
Attr	=	Attribut
Best-Wort	=	Bestimmungswort
Dat	=	Dativ
E	=	Ergänzung
fin	=	finit
Funkt	=	Funktionsverbgefüge (nominaler Teil)
Gen	=	Genitiv
Inf	=	Infinitiv
kaus	=	kausal
Konj	=	Konjunktion
lok	=	lokal
mod	=	modal
Neg	=	Negation
Nom	=	Nominativ
Part	=	Partizip
präd	=	prädikativ
Präp	=	Präposition
Pron	=	Pronomen
Refl	=	Reflexiv
Rel	=	Relativ
S	=	Satz
temp	=	temporal
U	=	Umlaut
V	=	Verb

Verbaler Satzkern

V_{fin} = finite Verbform
Er *möchte* spielen.

Die nichtfiniten Teile des verbalen Satzkerns werden folgendermaßen dargestellt:

V_{Inf} = Infinitiv (mit einer finiten Form zusammen den Satzkern bildend)
Er möchte *spielen.*

V_{Part} = Partizip Präteritum (mit einer finiten Form zusammen den Satzkern bildend)
Er hat *gespielt.*

V_{Funkt} = substantivischer Teil des Funktionsverbgefüges
in Bewegung setzen

$V_{Best\text{-}Wort}$ = trennbares Bestimmungswort eines zusammengesetzten Verbs
Er legt alles *offen.* - Er fährt *ab.*

$V_{Refl\text{-}Pron}$ = obligatorisch zum Verb gehöriges Reflexivpronomen
Er befindet *sich* in Rom.

Abkürzungen für valenzabhängige Satzglieder (Ergänzungen)

E_{Nom} = Nominativergänzung (Subjekt)
Leo ißt einen Apfel.

präd E_{Nom} = prädikative Nominativergänzung (Subjektprädikativ)
Er ist *ein Künstler.*

E_{Gen} = Genitivergänzung (Genitivobjekt)
Ich erinnere mich *des Vorfalls.*

E_{Dat} = Dativergänzung (Dativobjekt)
Er gibt *dem Kind* einen Apfel.

E_{Akk} = Akkusativergänzung (Akkusativobjekt)
Er gibt dem Kind *einen Apfel.*

präd E_{Akk} = prädikative Akkusativergänzung
(Objektprädikativ)
Er nennt ihn *einen Lügner.*

$E_{Präp}$ = Präpositionalergänzung
(Präpositionalobjekt mit fester Präposition)
Er beruft sich *auf seinen Lehrer* (=$E_{Präp\ auf}$)
Ersatzprobe: *darauf*

E_{Adv} = Adverbialergänzung, realisiert durch Adverbien oder Präpositionalsyntagmen mit wechselnden Präpositionen, im einzelnen näher bestimmbar als lokale, modale oder temporale Adverbialergänzung. Die temporale Adverbialergänzung kann auch durch den Akkusativ der Zeit realisiert sein.
Das Buch liegt *auf dem Tisch* (Ersatzprobe: *dort*)
Wir verfahren *nach diesem Schema* (Ersatzprobe: *so*)
Die Probe dauert *bis neun Uhr* (Ersatzprobe: *so lange*)
Die Probe dauert *zwei Stunden* (Ersatzprobe: *so lange*)

E_{Adj} = Adjektivergänzung (prädikatives Adjektiv)
Das Buch ist *alt.*

Abkürzungen für freie Angaben
→ weglassbar / Streichungsprobe

A_{kaus} = Kausalangabe (einschließlich konsekutiver, konditionaler, konzessiver, finaler Angaben)
Er liest das Buch *aus Neugierde.*
Die Lektüre hat ihn erschöpft, *so daß er gleich ins Bett ging.*
Wenn er Zeit hat, kommt er morgen.
Er liest das Buch *trotz der negativen Kritik.*
Er liest viele Bücher, *um sich zu informieren.*

Atemp Er tut es jetzt,

A_{lok} = Lokalangabe
Er liest das Buch *im Garten.*

A_{mod} = Modalangabe, die den Umstand des Geschehens betrifft (Angaben zur Art und Weise eines Geschehens einschließlich instrumentaler Angaben)
Er liest das Buch *schnell.*
Er malt das Bild *mit den Fingern.*

Kausal-, Lokal- und Modalangaben werden als Umstandsangaben zusammengfaßt.

$A_{Modalität}$ = Modalitätsangaben (Angaben, die den Geltungsgrad der Aussage modifizieren) → realisiert durch Modalwörter
Er liest *vermutlich* ein Buch.
Er liest *angeblich* ein Buch.

A_{Neg} = Negationsangabe
Er kommt *nicht.*

Abkürzungen für Gliedsätze und Gliedteilsätze

AS = Angabesatz
Zu den semantischen Klassen der Angaben sieh die Erklärungen der entsprechenden Abkürzungen A_{kaus} usw.

ES = Ergänzungssatz
Die jeweilige Satzgliedfunktion des Ergänzungssatzes im übergeordneten Satz wird mit den Ergänzungsbezeichnungen ausgedrückt; E_{Nom} = ES bedeutet, daß der Ergänzungssatz die Rolle der Nominativergänzung (des Subjekts) wahrnimmt.

E_{Inf} = Infinitivgruppe als Ergänzung
Die Satzgliedfunktion wird wie beim Ergänzungssatz bezeichnet.

Attr-S = Attributsatz
Wenn der Attributsatz dem Kern unmittelbar folgt, wird er in der Formulierung 'm.Attr-S'

(mit Attributsatz) unter die Satzgliedbezeichnung des Kerns gesetzt; z.B. E_{Nom}
m.Attr-S

Zeichenerklärung

( ) — In runden Klammern stehen Satzglieder, die durch Ellipse nicht realisiert sind, aber zur Strukturbeschreibung ergänzt werden.

I … II — Getrennt stehende Teile nichtverbaler Satzglieder werden neben der wiederholten Satzgliedbezeichnung durch I und II gekennzeichnet, so etwa bei Distanzstellung von Kern und Attributsatz,
z.B. $E_{Dat\ I}$ … $E_{Dat\ II}$
= Attr-S

oder bei Korrelaten und von diesen repräsentierten Einheiten,
z.B. $E_{Präp\ I}$ (*darauf*) … $E_{Präp\ II}$ (*daß* …)
= Korrelat = ES

= — Gleichheitszeichen zwischen einer Satzgliedbezeichnung und einer Satzbezeichnung drücken aus, daß der betreffende Satz in dem übergeordneten Satz als das betreffende Satzglied fungiert.

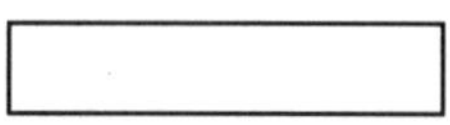

Die Umrahmung bezeichnet jeweils einen Satz.

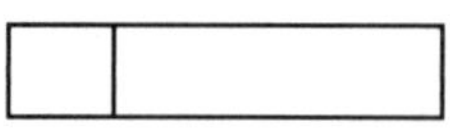

Im vorderen Feld der Satzbeschreibung steht die Kennzeichnung der Satzfunktion und gegebenenfalls die Konjunktion.

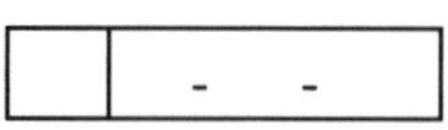

Durch Gedankenstriche sind die Satzglieder getrennt.

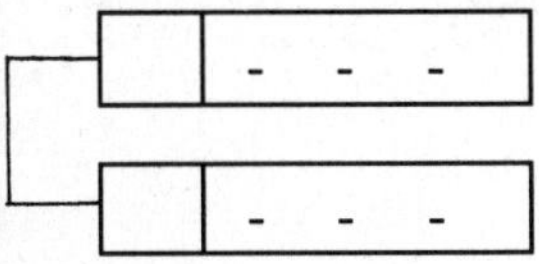

Sätze, die im Verhältnis der Koordination stehen, werden auf gleicher Höhe angeordnet.

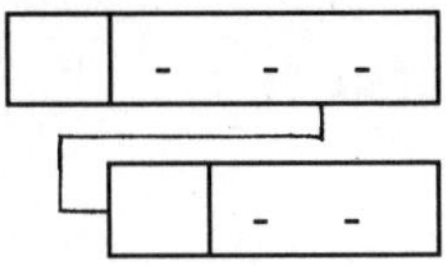

Sätze, die im Verhältnis der Subordination stehen, werden eingerückt. Die Bezeichnung der Satzglied- oder Satzgliedteilfunktion im übergeordneten Satz wird von dem Verbindungsstrich aufgenommen; sie kehrt bei dem untergeordneten Satz in der Bezeichnung als Gliedsatz oder Gliedteilsatz wieder.

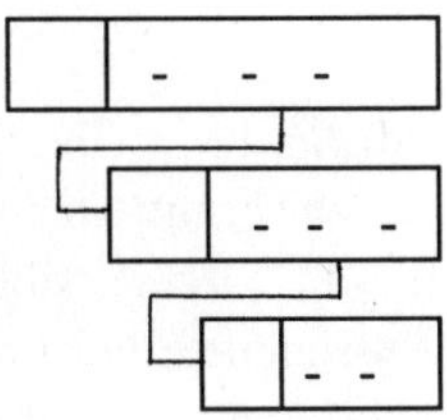

Die schrittweise Einrückung nach rechts bildet die Stufung von eingebetteten Sätzen 1., 2. usw. Grades ab.

Rolf Bergmann / Peter Pauly

Alt- und Mittelhochdeutsch

Arbeitsbuch zur Grammatik der älteren deutschen Sprachstufen und zur deutschen Sprachgeschichte. 3., neubearbeitete Auflage 1985. 144 Seiten mit zahlreichen Figuren und Tabellen und 1 Karte, kartoniert.
ISBN 3-525-20763-8

»Das Wagnis ist gelungen, keine Grammatik des Alt- und Mittelhochdeutschen darzubieten, sondern Kenntnisse der Grundzüge zu vermitteln, mit denen die im Textanhang (z. B. Tatian, Otfried, Heliand, Notker, Nibelungenlied, Hartmann von Aue, Walther) gesammelten Ausschnitte übersetzt werden können. Wo sinnvoll für die Erklärung des synchronen Zustandes, werden Vergleiche mit noch älteren Sprachzuständen gezogen, so daß deutlich wird, wie auch nicht schriftlich bezeugte Entwicklungsstufen annäherungsweise erschlossen werden können.

Auch sprachgestaltende Kräfte können herausgearbeitet werden, wenn z. B. im Kapitel über die Wortegeschichte und Lexikographie die zeitbedingten Wandlungen des Wortschatzes, die Neubildung von Wörtern oder der Wandel von Wortbedeutungen vorgeführt werden. Daß Hinweise auf entsprechende wissenschaftliche Hilfsmittel nicht fehlen, versteht sich bei dieser gelungenen Konzeption von selbst.«

Kultus und Unterricht